KB198043

코칭과 멘토링

무엇으로 완성되는가

코칭과 멘토링 무엇으로 완성되는가

초판 1쇄 발행 | 2024년 12월 20일

지은이 | 데이비드 클러터벅   펴낸이 | 이성수   옮긴이 | 고현숙 선현주 이혜숙
주간 | 김미성   편집장 | 황영선   디자인 | 여혜영   마케팅 | 김현관
펴낸곳 | 올림   주소 | 서울시 양천구 목동서로 38, 131-305
등록 | 2000년 3월 30일 제2021-000037호(구:제20-183호)
전화 | 02-720-3131 | 팩스 | 02-6499-0898   이메일 | pom4u@naver.com
홈페이지 | http://cafe.naver.com/ollimbooks

ISBN 979-11-6262-063-2 (03320)

50년 연구와 실전에서 발굴한 소통의 지혜

코칭과 멘토링
무엇으로
완성되는가

데이비드 클러터벅 지음 | 고현숙 선현주 이혜숙 옮김

클러터벅의 모델,
이론, 프레임워크,
내러티브를 통한
여정

올림

전 세계의 많은 좋은 친구와 동료들이 제 생각에 도전하고 멘토가 되어 주었으며 수백 개의 프로젝트에서 저와 함께 협업해준 것을 행운으로 여깁니다. 제가 감사함을 느끼는 모든 분들을 언급하려면 여러 페이지가 될 것입니다. 그래서 여기서는 이미 세상을 떠난 분들만 언급하겠습니다. 제 첫번째 멘토 월프 탈리스, 롤 모델 피터 드러커, 위대한 친구이자 공동 집필자 데이비드 메긴슨, 활기찬 존 휘트모어 경과 에릭 파슬로, 이들은 모두 코칭 분야를 만들어나가는데 도움을 주셨습니다. 그리고 아직 생존해 계신 모든 분들께 감사의 말씀을 드리며, 코칭, 멘토링, 리더십, 그리고 그 이상의 분야에서 또 다른 25년 동안 창의적인 자극과 함께 일하기를 기대하고 있다고 말씀드리고 싶습니다!

과거의 자신을 돌아보며

'와, 1년 전에는 내가 무척이나 어리석었구나'라고 생각하지 않는다면,

지난 1년 동안 당신은 거의 배운 것이 없었던 것이다.

－브리지워터 창립자 레이 달리오

코칭과 멘토링, 팀 코칭, 리더십의 연결성을 보여주는 책

데이비드 클러터벅은 글로벌 코칭계에서 가장 유명하고 영향력 있는 리더 중 한 사람이자, 개성이 넘치는 코치이다. 그가 지금까지 써온 75권의 책과 프로그램은 주제의 다양성과 시의성 면에서 견줄 사람이 없을 정도다. 게다가 그는 개성을 감추지 않는 솔직한 화자(話者)다. 그와 대화해보면 권위보다는 친밀함을 느끼게 되고, 매력적인 영국식 유머와 장난기에 놀랄 정도다.

이 책은 또한 클러터벅이 어떻게 성장해왔고, 전문가로서 어떤 여정을 거쳐왔는지 개인적인 삶과 가족 이야기까지 담고 있다. 그런 대목은 자전적 에세이처럼 읽는 재미가 있다. 또 각 장의 주제들을 따라 읽다 보면 저자가 출간해온 여러 책에 소개된 이론과 모델들이 어떻게 이어지는지를 더 잘 이해할 수 있다. 코칭과 멘토링뿐 아니라 커뮤니케이션과 팀 코칭에 이르기까지 그가 천착해온 주제들의 맥락을 보여주며, 바로 활용할 수 있는 유용한 도구와 모델도 풍성하다.

공동 역자 중 한 사람은 EMCC 팀 코칭 시니어 프랙티셔너 과정에서 그에게 직접 배웠다. 과정을 마칠 무렵 '어떻게 배움을 지속해 나갈 것인가'

라는 질문에 '팀 코칭 책을 번역해보겠다'고 답했던 것이 이 책의 번역으로 이어졌다. 우리는 올해 서울에서 데이비드와 만나 깊은 대화를 나누며 공감을 나누기도 했다. 번역을 하는 동안 그의 학습 여정에서 위로를 얻기도 하고, 스스로의 코치 성숙도를 성찰하기도 했다.

코칭이 1990년대부터 미국을 중심으로 발전해왔다면, 유럽에서는 상담과 멘토링, 슈퍼비전의 전통이 강하다. 미국에서 개발된 코칭 교육을 받은 사람이라면, 클러터벅의 글을 통해서 유럽의 관점과 접근법을 더 깊이 이해하게 될 것이다. 국제코치연맹ICF이 현재의 글로벌 코칭 세계의 표준을 확립했다면, 클러터벅은 유럽 멘토링코치협회EMCC의 창립 멤버이다. 그는 가끔 ICF에 대해 비판적인 시각을 취하기도 하는데, 그런 면에서 이 책은 코칭과 멘토링, 미국과 유럽의 시각을 균형 있게 조망하는 데 도움이 된다.

번역을 마치면서, 이 책이 한국의 코칭이 보다 폭넓은 관점을 수용하고 진화하는 데 큰 도움이 될 것이라는 기대를 갖게 되었다. 코치가 무엇을 하면 안 된다는 식의 규범적 사고에서 벗어나, 고객에게 진정으로 이익이 되는 방법이 무엇일지를 고민하게 되기 때문이다. 이 책은 코칭과 멘토링에 대한 통찰력과 전략을 제시하고, 코치와 멘토 간 동반 성장의 길을 제시한다. 여기 소개된 프레임워크, 모델 및 전략은 개인이 자신의 고유한 과제를 의미 있게 헤쳐 나갈 수 있도록 도와줄 것이다.

책이 다양한 주제를 오가는 탓에 우리는 마치 풍성한 한상차림을 받은 기분으로 번역을 마쳤다. 이 책을 선택한 독자들도 그러한 풍성함을 만끽하길 바란다.

2024년 12월
고현숙 선현주 이혜숙

차례

3 기업 리더십과 지배구조

4 멘토링

75세를 맞이하는 것은 대단한 일이 아닐 수도 있지만 개인적으로 그동안 이룬 것들을 생각하면 의미 있는 일이다. 그간 저자, 공동 저자 또는 편집자로서 75권의 책을 출간한 것은 주목할 만한 성과일 것이다.(이 숫자에는 동화책은 포함되어 있지 않다!) 75세를 맞이하기 6개월 전에 나는 이 중요한 이정표의 의미를 생각해보았다. 이는 지난 50년 동안 쌓아온 배움을 되돌아보고, 그동안 수십 명의 관대하고 열정적인 동료들과 함께 개발한 개념, 모델 그리고 프레임워크를 한데 모을 수 있는 기회라는 것을 깨달았다. 나는 그간 전 세계 수십만 명의 삶에 직간접적으로 영향을 미칠 수 있는 특권을 누려왔다. 그들에게 새로운 사고 방식을 공유하며 그들이 자신과 타인을 발전시키는 데 적용할 수 있도록 돕는 과정에서 말이다. 이처럼 폭넓은 나의 연구와 경험들을 전체적으로 접한 사람은 많지 않을 것이기에, 이 책은 그 공백을 메우려는 시도이다.

이 책에 관한 아이디어를 떠올리면서 나 자신에게 던진 첫 번째 질문은

'이것이 혹시 단지 노인의 허영심일까?'였다. 나는 최고의 구루 명단에 이름을 올리는 것을 피할 정도로 자기 홍보에 대한 뿌리 깊고 오랜 혐오감을 가지고 있다. 가끔씩 강연이나 워크숍에 내 책을 가져갈 때가 있을 뿐이다. 이 질문에 답하기 위해 나는 세 가지 질문을 더 생각해 보았다.

- 독자들은 무엇을 유용한 학습으로 여길까?
- 이 책을 통해 무엇을 배울 수 있을까?
- 윌프는 뭐라고 말할까?

윌프는 나의 첫 번째 멘토였다. 그는 내가 본 사람 중 요다(스타워즈 시리즈의 등장인물)에 가장 가까운, 작은 체구에 주름이 많은 분이었으며 나의 영어 선생님이었다. 작곡가 토마스 탈리스Thomas Tallis의 후손인 그는 전형적인 절충주의자였다. 우리의 수업은 항상 대수학Algebra, 건축Architecture, 천문학Astronomy 등 끝없는 흥미로운 사실과 아이디어의 깊은 우물로 빠져들곤 했다 – 이것들의 공통점은 단지 A로 시작한다는 것뿐. 나는 윌프에게서 두 가지 귀중한 교훈을 배웠는데, 하나는 호기심을 가지고 열린 마음으로 접근하면 모든 과목이 매력적이라는 것과, 창의성과 혁신은 서로 관련이 없는 여러 분야의 아이디어를 혼합할 때 나온다는 것이다.

영어와 문학(고대 노르웨이어 부전공 포함)을 전공한 나에게 저널리즘 분야에서의 첫 경력은 어쩌면 필연적인 선택이었던 것 같다. 하지만 과학 저널리스트가 된 것은 윌프가 나에게 심어준 절충주의 정신 덕분이었다. 50여 년이 지난 지금도 구독하고 있는 「뉴 사이언티스트New Scientist」에서 내가 맡은 역할은 한 분야의 과학 및 기술 발전을 다른 분야의 과학자들이 이해하고 접근할 수 있도록 하는 것이었다. 나에게는 이제 여러 분야를 연결하는 일은 습관이 되었다.

3년 후 나는 과학에서 경영학으로 옮겨 지금은 없어진 「국제경영학International Management」이라는 저널을 발간하던 맥그로힐McGraw-Hill에서 일하게 되었다. 나는 곧 경영학이나 사회과학 분야의 학자들도 자신들의 좁은 범위의 연구를 더 큰 주제나 다른 지식과 연결하는 데 어려움을 겪고 있다는 사실을 알게 되었다. 그들의 연구를 더 널리 세상에 알리는 것이 다시 내 역할이 되었다. 10년 후, 나는 독립적 경영 저널리스트로 활동하는 동시에 사내 소통 분야에서의 첫 공식 사업을 시작하기 위해 회사를 떠났다. 독립한 첫 주에는 어떻게 생계를 꾸려 나갈지 걱정이 많았다. 둘째 주에는 잘 해낼 수 있겠다는 생각이 들었고 세 번째 주에는 처음으로 젊은 조수들을 고용했는데, 그중 대부분은 나의 멘토링을 통해 각자의 분야에서 성공적인 저널리스트가 되었다.

그 당시 나는 기업의 사회적 책임에 관한 책을 한 권 썼고 이후 몇 권의 책이 더 출간되었지만 가장 중요한 것은 1985년에 출간된 『누구나 멘토가 필요하다Everyone Needs a Mentor』였다. 이제 곧 6쇄를 찍을 이 책은 성장 멘토링에 관한 최초의 책으로, 멘토링에 관한 나의 관심을 자극한 미국 학자 캐시 크램Kathy Kram의 책과 같은 시기에 출간되었다. 캐시 크램의 멘토링 묘사는 매우 미국 중심적이었고, 스폰서십과 멘토링의 개념(지금은 거의 양립할 수 없는 것으로 알려져 있음)이 섞여 있었다. 그 당시에는 몰랐지만 멘토링과 새로 태어난 동생 같은 코칭은 나를 단숨에 사로잡았고, 관심을 놓을 수 없었다.

저널리스트에서 학자(또는 내가 선호하는 '프라카데믹pracademic: 실무자이면서 학자')로의 전환은 점진적이었지만 냉혹했다. 결과적으로 경영권 인수 방식으로 직원들에게 매각된 사내 소통 사업은 해당 분야의 실질적 기여(그들이 스스로 평가했던 성과와는 무관하게!)나 커뮤니케이션 스타일과 같은 분야에서 다양한 연구를 촉진했다.

멘토링에 관한 연구를 하면서 나의 가장 친한 친구이자 협력자이자 비평가가 된 학자 데이비드 메긴슨David Megginson을 만나게 되었다. 우리는 1991년 유럽 멘토링 센터European Mentoring Centre를 설립했고, 이듬해 셰필드할람대학교Sheffield Hallam University에서 첫 번째 컨퍼런스를 개최했다. 코칭의 세계가 무시할 수 없을 정도로 커지면서 이 조직은 유럽 멘토링 및 코칭 협회EMCC, European Mentoring and Coaching Council로 발전했다.

그 과정에서 나는 기업 지배구조의 세계로도 자연스럽게 끌려들어갔으며, 비상임이사에 관한 최초의 책 가운데 한 권을 공동 저술하고, 체코 정부에 민영화 관련 자문을 제공했으며, 영국 국립정부학교National School of Government의 신임 이사 프로그램을 이끌었다. 결국 이 역시 여러 연구 프로젝트로 이어졌고, 이사회 효율성에 관한 프레임워크 개발로 이어졌다.

또한 마케팅과 HR의 세계를 결합하여 조직 내에서 HR이 자신을 진정성 있게 마케팅함으로써 더 효과적으로 작동할 수 있는 방법을 탐구했다. 그러다가 세기가 바뀔 무렵에는 코칭 문화, 코치 성숙도, 체계적 인재관리, 팀 코칭이라는 서로 얽혀 있는 네 가지 주제로 관심을 전환했는데, 이 주제들은 지금도 나를 사로잡고 있다. 그 과정에서 나는 인공지능이 코칭을 어떻게 향상시킬 수 있을지(또는 위협할 수 있는지), 그리고 최근에는 가상현실에서의 코칭의 잠재력에 대해 관심을 갖게 되었다.

경계 넓히기: 매년 새로운 도전

사람들은 가끔 나를 아드레날린 중독자로 오해하기도 한다. 나는 헬리콥터에서 낙하산(강사에게 단단히 묶인 채)을 타고 뛰어내렸고, 악어가 출몰하는 강에서 카누를 탔으며, 낙하산(그리고 다른 강사)을 등에 업고 산에서 스키를 타고 내려갔고, 동굴 탐험에 직접 도전했으며, 무엇보다도 가장 무서웠던 것은 스탠드업 코미디언이 되는 법을 배웠다는 점이다. 사실 스탠드업 코미디와 즉흥 연기는 대중 연설가로서 나의 역할에 도움이 되었지만, 사실 나는 이 중 어느 것 하나도 잘하지 못한다. 나는 그냥 해낼 수 있는 정도다. 아주 두렵지만, 그래도 해낸다. 나 자신과 주변 세상, 그리고 그 안에 있는 사람들에 대해 배우기 위해 그런 일을 한다. 나는 나의 두려움에 대해 궁금하고, 그 두려움을 이해함으로써 다른 사람들을 더 효과적으로 도울 수 있는 방법이 무엇인지 궁금해한다. 그리고 내가 조금 더 성장했다는 사실을 알게 되면 짜릿하다.

캐나다 로키 산맥의 절벽에 서 있던 기억이 생생하다. 그 산의 이름은 클러터벅 산Mount Clutterbuck1이었고, 몇 년 전에 단 한 번 올랐던 곳이었다. 내 60번째 생일을 기념하기에 적합한 도전처럼 보였다. 우리는 특별 허가를 받아야만 들어갈 수 있는 보호구역에서 며칠 동안 황야를 헤치며 트레킹한 끝에 이 지점에 도착했다. 이른 아침 베이스캠프에서 출발한 우리는 빙하를 따라 올라가다가 험준한 봉우리의 옆으로 서서히 오르기 시작했다. 내가 멈춘 그 지점 앞에는 수백 미터의 낭떠러지 외에는 아무것도 없었다. 두 명의 가이드 중 한 명은 정상에 올랐고, 그곳은 불과 50미터 떨어져 있었다. 내 뒤에는 아들 다니엘이 있었고, 그 뒤에는 두 번째 가이드가 있었다. 나는 어떻게 올라가는 데 필요한 발판을 찾아야 할지 알 수 없었다. 결국 나는 스스로에게 말했다. "가이드가 나를 안전하게 지켜줄 것이다. 여기까지 오기 위해 먼 길을 왔어. 여기서 포기하지 않겠어." 정상 등반을 가능하게 해준 포인트들을 어떻게 찾았는지 모르겠다.

다만, 반가운 손이 나를 마지막 가장자리로 끌어당겨주기 전까지 나는 순간순간 집중하고 있었다는 사실만 기억한다.

나는 매년 적어도 한 가지 이상의 새로운 도전 과제를 설정한다. 대부분은 두려움을 극복해야 하는 것은 아니었다. 코로나로 인해 원래 계획했던 여러 가지 일에 차질이 생겼지만, 요리 실력을 키우거나 유리 조각에 도전하는 등 더 평온한 활동으로 새로운 돌파구를 찾았다. 새로운 배움의 영역을 받아들일 때마다 내가 하는 일과 내가 누구인지에 대한 새로운 통찰을 얻을 수 있었다.

나는 이제 이러한 통합의 과정이 두 가지 형태의 절충주의를 구분하는 요소라는 것을 깨달았다. 한 가지 형태는 코칭의 세계에서 자주 볼 수 있는 형태로, 둥지를 장식할 새롭고 반짝이는 것을 끊임없이 획득하는 갈까마귀 접근 방식이다. 다른 형태의 절충주의는 습득한 지식과 경험 사이의 연관성을 찾는 방식이다. 그래서 우리 소그룹이 캐나다의 봉우리 정상에 서 있는 모습을 그려보며, 어느 방향으로도 50마일 내에는 다른 사람이 없는 그 고요함 속에서, 나는 나의 가장 깊은 신념을 의심할 용기를 떠올린다. 그리고 그 신념들을 내려다보며 이렇게 말한다. "내가 틀렸다면 정말 흥미롭지 않을까?"

절충적인 접근 방식이 어려울 수도 있지만(어디까지가 한계일까?) 나에게는 큰 힘이 되었다. 나는 항상 적어도 3개의 연구 프로젝트를 동시에 진행하고 있다. 모델과 프레임워크를 만드는 것은 부분적으로는 나와 동료들이 관찰하는 현상을 이해하는 데 도움이 되지만, 다른 사람들이 접근할 수 있도록 하는 것 역시 중요하다.

이 책에 제시된 모델과 프레임워크는 가장 큰 영향을 미쳤거나, 내가 특별히 좋아하거나, 독자들에게 새로운 사고를 자극할 수 있다고 생각한 것들이다. 처음부터 끝까지 읽든, 핵심만 골라 읽든, 가끔씩 훑어보든, 절충적 접근의 가치를 염두에 두는 것이 좋을 것이다. 단절된 지식의 조각을 많이 가지고 있으면 유용성이 떨어진다. 중요한 것은 어떻게 연결하느냐이다. 이 책의 아이디어와 기존 지식은행 사이의 연결점을 찾아보라. 그리고 이 책에서 내가 생각하지 못한 아이디어 사이의 연결고리를 발견하고 알려준다면 매우 감사하겠다!

2022
데이비드 클러터벅

참고

1 100년 전 캐나다 정부에 의해 붙여진 이름이지만, 의심할 여지 없이 원주민의 이름을 따서 지어진 것이다.

1

증거기반 접근 방식의 중요성

경영 저널리스트로 일하면서 경영 분야의 세계적 사상가와 혁신가들을 만날 수 있었다. 나의 롤 모델이자 한동안 멘토였던 사람은 전설적인 피터 드러커Peter Druker였다. 내가 가장 좋아하는 그의 명언 중 하나는 "내가 기자였을 때, 저널리즘은 제대로 된 학술 연구가 아니라고 생각했다. 지금 내가 학자가 되어 보니, 연구는 종종 제대로 된 저널리즘이 아닐 뿐이라는 것을 깨달았다."라는 말이다. 내 커리어가 이 비슷한 형태를 띠고 있기 때문에 마음에 새기는 교훈이다.

어느 날 피터는 옥스퍼드에 있는 우리 그룹에게 눈을 반짝이며 "권위자가 되면 장점이 있어. 가끔은 통계가 막힐 때가 있는데, 내가 만들어내면 아무도 의문을 제기하지 않을 테니까!"라고 농담처럼 말했다. 이런 이유로 하나의 실험이 탄생했다. 파이낸셜 타임스 컨퍼런스에서 나는 수백 명의 청중을 대상으로 총체적 품질관리와 고객관리에 관한 프레젠테이션을 하고 있었다. 세션 중간에 "연구에 따르면 신규 고객을 확보하는 데는 기존 고객을 유지하는 것보다 항상 최소 5배 이상의 비용이 든다고 한다."라는 말을 슬쩍 끼워 넣었다. 나는 적어도 누군가는 이 통계에 관해 질문할 것이라고 예상했다. 하지만 아무도 그런 질문을 하지 않았고, 이 통계는 이제 고객관리에 관한 모든 교과서의 98.34%에서 찾아볼 수 있다. (농담이다. 하지만 얼마나 많은 학생들이 이 잘못된 통계에 속아 넘어가는지 알면 놀랄 것이다!) 몇 년 전 노벨 경제학상 수상자인 대니얼 카너먼Daniel Kahneman과 이런 심리에 대해 이야기를 나눈 적이 있다. 그의 설명에 따르면, 우리가 기대하는 것과 일치하고 어느 정도 권위를 가진 사람이 말하는 경우, 인간의 뇌는 그것을 의심하지 않도록 설정되어 있다고 한다.

경영 저널리스트로서 나는 많은 흥미로운 아이디어를 접했다. 그중 하나가 지금 우리가 아는 360도 피드백이다. 이 개념은 상트페테르부르크, 당시 레닌그라드의 중공업 공장에서 시작되었다. 공산주의 노조가 직속 관리자들이 자만하지 않도록 하기 위해 설계한 이 개념을 나는 서양에서 처음으로 실험해보았다. 나는 대형 금융 회사의 최고 경영진에게 이전에는 한 번도 받지 못했던 피드백을 주는 것이 얼마나 큰 영향을 미칠지 과소평가했다. 그러나 충격에서 회복한 후, 모든 경영진이 1년 후에 이것을 다시 실행해보기를 원했다.

여기서 얻은 교훈 중 하나는 360도 피드백을 감시 도구로 사용하는 함정에 빠지지 말아야 한다는 것이다. 안타깝게도 360도 피드백은 원래는 좋은 아이디어였는데, 돈을 벌려는 컨설턴트들에 의해 왜곡된 전형적인 사례이다. 이들은 도구 사용의 맥락을 이해하기 위한 연구를 하지 않고 단순히 상업적 목적으로 활용했다.

따라서 오늘날 우리가 보는 대부분의 360도 평가 도구는 증거기반이라

표 1.1 **나의 학습 여정**

나의 학습 여정		
과학은 팩트다	과학은 지금 우리가 가지고 있는 증거에 대한 최선의 이해이다. 하지만 우리가 배움을 지속하는 동안 '팩트'는 변화할 것이다	과학과 철학은 복잡하게 연결되어 있으며 끊임없이 서로 영향을 주고 받는다.
가설에 대한 지지와 반대 증거 찾기	증거에서 가설 찾기	우리가 증거를 통해 알고 있다고 생각하는 모든 것이 '일시적인 진실'이라고 가정한다
연구는 명확성을 확보한다	연구는 종종 맥락이 중요하다. 맥락을 바꾸면 모든 것이 함께 바뀐다	연구는 연구자의 변화까지 포함하는 모험이다

는 좋은 관행의 모든 규칙을 아래와 같이 위반하고 있다.

- 상황이나 직무 역할에 관계없이 모든 사람에게 동일한 설문지를 사용한다.
- 피드백 제공자가 의무적으로 선정된다.
- 그들은 결과를 사용하여, 대상자가 자신의 역할에 필요한지 여부와 상관없이 광범위한 역량 개발에 집중하도록 강요한다.
- 공동 학습 대화를 강화시키기보다는 대체하는 용도로 쓰인다.

효과적인 360도 피드백 프로세스는 다음과 같다.

- 피드백 수신자는 프로세스를 제어하고 이해관계자의 동의를 얻어 피드백을 원하는 몇 가지 주요 영역을 선택한다.

- 원하는 질문을 만들 수 있도록 지원받는다(피드백 제공자가 도움이 될 수 있다).
- 의견을 존중하고 가치 있게 여길 수 있는 사람을 선택하여 피드백을 부탁한다(역설적이게도 친구로 간주하지 않는 사람을 포함할 가능성이 더 높다).
- 피드백 제공자는 대상자가 변화할 수 있도록 후속적인 책임을 진다(예: 즉각적인 피드백 제공).

나는 10여 년 전에 미국의 한 대형 컨설팅 회사에서 일한 적이 있다. 나는 내가 거의 만나지 않는 사람들에 대해 360도 설문지를 작성해달라는 요청을 받았다. 설문지는 '회사의 가치를 실천한다'와 같은 모호한 문항들로 가득 차 있었고, 그 가치가 정확히 무엇인지 물어보니 아무도 대답하지 못했다.

나는 일찍부터 모든 컨설팅 모델을 매우 회의적으로 바라보는 법을 배웠다. 실제 증거는 무엇인가? 학자들도 컨설팅 비용에 현혹되어 자신의 연구 결과를 왜곡할 수 있다는 사실도 알게 되었다.

잘못된 컨설팅 모델을 만드는 두 가지 현상이 있다. 하나는 컨설턴트들이 제한된 개인적 경험을 바탕으로, 증거기반 문헌에서 선택적으로 정보를 추려서 과학적 타당성을 가장하는 경우다(그럴듯하게 들리지만 소비자에게는 아무런 의미가 없는 과학적 언어를 사용하는 샴푸 광고가 항상 떠오른다.). 그 예로 패트릭 렌시오니Patrick Lencioni의 『팀워크의 부활The Five Dysfunctions of a Team』을 들 수 있다. 실용적인 조언과 도구로 가득 찬 좋은 책이다. 이 모델의 모든 요소는 팀 효과성에 관한 연구에서 나온 증거를 반영한다. 문헌 전체는 많은 다른 요소들을 언급하고 있으며, 그중 가장 중요한 것 가운데 하나인 외부 영향은 렌시오니 모델 어디에도 나타나지 않는다. 특히 복잡하고 적응적인 시스템을 선형 모델로 설명하려고 하기 때문에 원인과 결과의 주장이 타당하지 않다.

다른 현상은, 좋은 연구 결과가 의도하지 않은 맥락에서 왜곡되어 사용되는 경우이다. 그 예로 터크먼Tuckman의 '형성기 – 격동기 – 규범기 – 성과기' 모델을 들 수 있다. 원래는 우울증 같은 질환을 치료하는 환자 그룹의 진화에 대한 탁상 연구(어떤 주제에 관한 기초적 이해를 얻기 위해 기존 정보를 수집하고 분석하는 예비 조사)였고, 팀과는 거의 관련이 없었다. 미국 정부를 대상으로 한 대규모 연구에 따르면 실제로 새로운 프로젝트 팀 중 2%만이 이 패턴을 따르는 것으로 나타났다. 팀과 그룹의 역학 관계는 동일하지 않으며, 이 모델을 따르려고 하면 오히려 팀워크의 발전 속도가 느려질 수 있다는 사실을 이제야 깨닫게 되었다.

이 두 가지 예는 나의 고객관리 실험연구에서 나타난 현상을 반영한 것이다. 그럴듯하게 들리고 권위 있게 제시되면 받아들여질 가능성이 높다.

나는 과학과 철학을 구분하는 것도 도움이 된다고 생각한다. 과학은 세계가 작동하는 방식을 뒷받침하는 패턴과 규칙을 인식하는 데 도움이 된다. 철학은 세상에 대한 이해를 우리 자신과 다른 사람들의 가치와 연결하는 데 도움이 된다. 에니어그램Enneagram은 철학의 산물이다. 그 이면에는 과학적 근거가 없으며, 사실 과학적 근거를 부여하려고 하면 요점을 놓칠 수 있다. 과학과 철학 모두 우리에게 문제를 탐구하고 통찰력을 키울 수 있는 언어와 관점을 제공한다. 가장 심오한 학습을 제공하는 것은 두 가지 관점을 통합할 수 있는 능력이다. 결국 박사학위PhD는 철학 박사Doctor of

그림 1.1 **직장에서의 일상적인 연구**

| 주의가 필요한 문제 인식 | 데이터 수집 | 패턴 식별 | 의미 추출 | 변화의 잠재력 파악 | 변화를 위한 원동력 창출 |

Philosophy의 약자이니 그리 놀랄 일은 아니다.

내가 직접 회사를 운영하면서 다양한 실험을 할 수 있는 기회가 많았다. 우리는 내가 알기로는 모든 직원이 자신의 직무 타이틀을 만들도록 장려하는 세계 최초의 조직이었다. 그 이유는 직원들이 나나 동료 이사들보다 자신이 어떻게 가치를 창출하는지 훨씬 더 잘 알고 있기 때문이었다. 각 부서 직원들은 전체 직무 타이틀과 직무 전문성을 반영하는 개별 직무 타이틀에 대해 동의했다. 하지만 회사에서 단 한 사람, 바로 나에게는 이 작업이 허용되지 않았다! 나는 회장으로서 거절할 수 있지만 직원들의 동기 유발에 미칠 영향을 염두에 두고 다소 떨리는 마음으로 그들이 만들어주는 내 직함을 기다렸다.

그들은 내 역할이 긍정적 파괴자이자 혁신가라 하여 '혼돈의 그랜드 마스터'라는 직함을 선정해주었다. 나는 자랑스럽게 이 직함을 사용했다!

지난 25년여 동안 나는 학계와 실무 양쪽 모두에 발을 담그고 살았다. 그래서 나의 신조어인 '프라카데믹'이 탄생했다. 특히 코칭과 멘토링 분야에서는 증거기반 접근법을 취하고 좋은 사례를 위한 증거기반 개발에 참여하는 실무자들과 고도의 실무 경험을 갖춘 학자들이 점점 더 늘어나고 있다. 나의 관심 분야의 연구 방법 개발에 더 많이 기여하고 싶었지만, 나의 박사 학위 논문에서와 같이 질적 연구와 양적 연구, 종단 연구와 이원 연구 등 다양한 방법의 사용과 학계 – 실무자 파트너십의 가치를 옹호했다고 주장할 수 있을 뿐이다.

그러나 이 책이 모델, 프레임워크 및 개념에 관한 책이라는 점을 감안하여 연구 방법을 다루는 한 가지 모델(앞의 그림 1.1 참조)을 소개한다. 이 모델은 직장에서의 증거기반 의사결정 및 문제 해결과 관련이 있다. 문제에서 해결책으로 본능적으로 뛰어들 때 발생하는 어려움과 노력 낭비(때로는 재앙)는 대니얼 카너먼의 저서 『노이즈Noise』에서 자세히 살펴볼 수 있다.[1] 의사 결정을 위한 여러 가지 잘 설계된 효과적인 도구와 프로세스가 있지만, 이들은 데이터가 정확하고 관련성이 있으며 맥락에 맞을 때만 작동할 수 있다.

이 모델의 출발점은 이슈 자체에 주의집중이 필요하다는 점을 인식하는 것이다. 이는 피드백의 결과일 수도 있고, 뭔가 잘못된 결과일 수도 있으며, 또는 감지된 기회일 수도 있다. 예를 들어 아래와 같은 경우 문제가 발생한다.

- 실제 문제는 더 큰 문제의 일부이거나 관련 있는 문제들의 집합인데 개별적이고 독립적인 것으로 간주될 때
- 질문이 아닌 진술로 제시될 때(예: "고객은 이 문제에 대해 우리가 무엇을 하기를 원하는가?"가 아니라 "고객을 위해 이 문제를 해결해야 한다"라고 할 때)
- 개인이나 팀이 무엇이 바뀌었는지 또는 무엇이 다른지 고려하지 않고 이전에 효과가 있었던 솔루션으로 바로 이동할 때

두 번째 단계는 데이터 수집이다. 여기서 잘못될 수 있는 여러 가지 사항은 다음과 같다.

- 배경이나 문화가 다른 사람들이 질문을 어떻게 해석할지 확인하지 않고 설문을 실시함
- 서로 다른 관점을 가진 사람들을 한 그룹으로 묶음
- 다른 관점을 가질 수 있는, 중요하지만 눈에 덜 띄는 이해관계자를 놓침

데이터가 확보되면 분석을 시작할 수 있다. 정량적 데이터 분석을 사용하든 정성적 주제별 분석을 사용하든, 데이터를 유용하게 만드는 것은 나타나는 패턴을 파악하는 것이다. 여기서 큰 위험 중 하나는 우리가 예상하는 패턴에 더 쉽게 주목하고 더 많은 비중을 두는 경향이 있다는 점이다. 반면, 예상하지 못하거나 문제에 대한 기존 내러티브에 도전하는 패턴에는 덜 주목하게 된다는 것이다. 여러 해 동안 내가 얻은 큰 교훈 중 하나는 가능하면 설문조사 참여자들이 데이터를 검토하도록 하는 것이었다. 그들은 종종 내가 미처 발견하지 못했던 패턴을 발견하곤 한다. 이것이 바로 전문가의 단점 중 하나이다![2]

또 다른 일반적인 오류는 패턴 식별에서 바로 솔루션으로 넘어가는 것이다. 해결하고자 하는 문제를 제대로 파악했는지 확인하려면 1단계로 돌아가 조사의 목적과 다시 연결해야 한다. 그리고 나서 다음 단계인 의미 추출로 넘어가야 한다. 여기에서는 자신과 이해관계자들에게 미치는 함의를 살펴본다. 또한 시간적 맥락과 같은 요소를 고려할 수도 있다. 빠른 수

정이 필요한 사안인가? 아니면 지속적인 모니터링이 필요한 훨씬 더 장기적이고 심층적인 문제인가?

그래야만 변화의 가능성을 파악할 수 있다. 데이터를 기반으로 어떤 변화가 가능하고 실용적일까? 변화를 수용하려면 이해관계자들과 어떤 대화를 나누어야 할까?

마지막으로, 변화를 위한 원동력을 만들어야 한다. 역설적이게도 우리는 이 단계에 대해 처음부터 고민해야 한다. 결국, 연구의 결과로 아무것도 하지 않는다면 그 모든 노력을 투자할 필요가 있을까? 글로벌 500대 기업의 한 마케팅 고위 임원과 고객의 마음을 어떻게 파악하는지에 관해 인터뷰한 기억이 난다. 그는 나를 파일과 보고서로 가득 찬 선반이 있는 옆 사무실로 안내했다. "매달 12개 정도의 보고서를 추가합니다."라고 그는 말했다. "그중 몇 개가 중요한 변화로 이어지나요?" 내가 물었다. "20건 중 1건 정도입니다."라고 그가 대답했다. 그가 필요로 하는 코칭이 무엇일지 짐작하는 것은 어렵지 않았다.

나는 설문조사에 완전히 중독되어 있다는 것을 인정한다. 설문조사는 책과 기사의 맥락을 파악하고, 트렌드를 파악하고, 더 깊이 있고 집중할 연구 질문을 만들기 위한 출발점을 만드는 데 매우 유용하다. 나는 미개척 또는 미탐구 주제 영역에 대한 간략한 헬리콥터 뷰를 제공하는 초기 범위 설정 설문조사를 설명하기 위해 QUAD Quick and Dirty 리서치라는 용어를 만들었다. 여기에는 어떤 분석도 포함되지 않으며, 단지 탐구할 주제와 관점을 제시할 뿐이다. 그러나 이는 매우 중요한 첫 단계이다. 헌신적인 우상파괴자로서 나는 왕이 벌거벗었다고 지적하는 군중 속의 아이가 되는 것도 즐긴다. 리더십, 인적 자원, 코칭, 멘토링 등 모든 관심 분야에서 나는 학술 문헌의 양에 감동하기보다는 그 질에 훨씬 더 관심이 많다. 4장에서 살펴보겠지만, 멘토링에 관한 대부분의 학술 문헌은 그 가치가 미미하다. 왜냐하면 그것이 매우 다른 역할을 혼합하고 특정 문화적 관점으로 주제를 바라보는 불안정한 기반 위에 세워진 집이나 카드와 같기 때문이다.

모든 과학적 '팩트'는 현재 우리가 가지고 있는 데이터에 근거한 한 시점의 상태이며, 나중에 다른 실험을 통해 뒤집힐 수 있다는 사실을 어느 시점에서 깨달았는지는 잘 모르겠다. 이 책은 새로운 증거를 고려한 내 사고의 변화와 동시에 코칭, 멘토링, 리더십이라는 직업에 대한 이해의 진화를 상당 부분 담고 있다. 나는 이러한 직업에서 남보다 앞서 생각하는 것이 재미있다는 것을 알게 되었다. 예를 들어, HR 관중들에게 HR 표준 접근법의 인재관리 및 승계에 관한 효과성 연구 결과를 발표했던 기억이 난다. 이러한 관행의 상당 부분이 해결책의 일부가 아니라 문제의 일부라고 설명하자, 꽤 많은 사람들이 자리를 박차고 나갔다. 하지만 불과 2~3년 후, 데이터가 스스로를 대변하면서 논란의 여지가 많았던 이러한 개념이 일반적인 이야기가 되었다.

물론 아이콘이 되기 위해 지불해야 할 대가가 있다. 다른 사람들이 자신의 아이디어에 강력하게 도전할 때를 대비해야 한다. 나는 여러 동료들과 함께 일할 수 있는 행운을 누렸고, 그 동료들은 나를 위해 자주 그렇게 해주었다. 앞으로도 계속 그랬으면 좋겠다!

참고

1 대니얼 카너먼, 올리비에 시보니, 캐스 선스타인(2021), 『노이즈: 생각의 잡음』
2 전문가에 대한 나의 정의는 '뛰어난 지식이 학습에 방해가 되는 사람'이다.

2

커뮤니케이션

열 살 무렵부터 나는 내가 작가가 될 거라는 걸 알았다. 아가사 크리스티의 소설에 매료되어 그녀의 스타일을 따라 하려고 (아주 심하게) 노력했던 기억이 난다. 당연히 학교에서 과학보다는 예술 과목을 수강했고, 첫 번째 멘토였던 월프 탈리스를 통해 대학에서 영어영문학을 공부하는 길로 들어서게 되었다. 당시에는 몰랐지만, 젊은이로서 바랄 수 있는 최고의 멘토를 만나게 된 것은 행운이었다. 과학, 건축, 역사, 천체물리학, 기타 난해한 주제에 이르기까지 다양한 분야를 섭렵한 월프의 가르침은 다방면에 걸쳐 있었다.

나는 그 수업을 통해 사람들에게 영감을 주고, 생각하게 하고, 창의력을 발휘하게 하고, 서로 다른 지식을 연결할 수 있는 말의 힘을 배웠다. 나는 푹 빠졌다!

영어와 문학 학위(고대 노르웨이어 부전공)를 취득한 후 자연스럽게 과학에 관심을 갖게 되었다. 나는 「뉴 사이언티스트」의 첫 번째 비과학자 작가가 되었고, 한 분야의 기술을 다른 분야의 과학자들에게 이해하기 쉽게 전달하는 임무를 맡게 되었다. 나는 과학자들이 난해한 전문 용어를 다른 전문 분야의 사람들에게 의미 있고 관련성 있는 언어로 바꿔줄 수 있는 번역가를 필요로 한다는 사실을 금방 깨달았다. 3년 후 경영 저널리즘 분야로 옮겼는데, 경영 과학자들도 같은 문제를 겪고 있다는 것을 알게 되었다.

시간이 지나면서 나는 조직에서 발생하는 대부분의 문제가 커뮤니케이션 문제라는 것을 깨달았다. 커뮤니케이션의 부재, 잘못된 커뮤니케이션, 진정성 없는 커뮤니케이션 등 리더십 실패의 핵심에는 늘 이러한 문제들이 자리 잡고 있었다.

1982년, 맥그로힐에서 10년을 근무한 후 같은 회사의 동료와 나는 최초의 사내 커뮤니케이션 부티크를 설립했다. 많은 노력을 기울인 결과, 1990년대 후반 업계가 붕괴되면서 모두가 생존을 위해 몸을 움츠리기 전까지 50명 가까운 직원을 둔 회사로 성장했다. 이 업계에서 유일하게 살아남은 실질적인 부티크 회사였기에 나는 점점 더 내 역할을 줄이는 방법을 배울

표 2.1 **나의 학습 여정**

나의 학습 여정		
경청은 타고난 스킬	경청은 흔하지 않은 스킬	경청은 내부와 외부의 인식을 연결하기 위해 귀를 기울이는 상태
좋은 커뮤니케이션의 핵심은 명확하게 표현하는 것	좋은 커뮤니케이션의 핵심은 다른 사람들이 명확하게 말할 수 있도록 하는 것	좋은 커뮤니케이션의 핵심은 여러 층의 대화를 포함하는 것
명확성은 구조와 논리에서 비롯됨	명확성은 맥락에 따라 달라지며 문화의 영향을 받음	명확성은 환상 – 우리는 끊임없이 진화하는 근사치로 작업함

수 있었고, 사무실에 나올 때마다 걸림돌이 된다고 느꼈다. 한 차례의 경영권 인수 후, 나는 직원 커뮤니케이션에 대한 적극적인 참여를 점차 줄이기 시작했다. 하지만 그 과정에서 이 분야에 대한 광범위한 독창적 연구에 참여했고, 커뮤니케이션 전략 기획 협회를 만들었으며, 적절한 때에 적절한 대화의 힘에 대한 믿음이 강화되었다.

실제로 내가 생각하는 리더십의 정의 중 하나는 가장 큰 긍정적 영향을 미쳐야 할 때 올바른 대화를 나눌 수 있는 능력이다.

이 장에서는 이 시기와 그 이후에 내가 배운 몇 가지 주요 내용을 살펴볼 것이다. 특히 경청의 복잡성, 피를 말리는 어려운 질문(BDQ Bloody Difficult Questions)의 힘, 질문 관점의 매트릭스, 대화의 본질, 사람들이 소통하는 방식에 미치는 맥락의 영향, 커뮤니케이션 스타일, 회의의 질을 높이는 질문, 학습 대화의 구조, 리더십의 7가지 대화, 체계적인 인재관리의 4가지 대화, 커뮤니케이션이 조직에서 가치를 창출하는 방법, 말이 아이디어를 만들어내는 방법 등에 대해 살펴보자.

경청의 복잡성

자신을 얼마나 잘 듣는 사람이라고 평가하는지 사람들에게 물어보면 대부분 평균 이상이라고 답할 것이다. 내가 관찰한 바에 따르면 내성적인 사람들은 외향적인 사람들에 비해 경청하는 사람으로서 자신을 낮게 평가하는 경향이 있지만, 일반적으로는 더 잘 듣는 편이다. 더 복잡하게 만드는 점은, 누군가 말하지 않고 있다고 해서 그들이 경청하고 있다는 의미는 아니라는 것이다. 그들의 주의가 멀리 떠나 있을 수도 있다. 또한 누군가가 우리에게 듣지 않는다고 비난할 때 우리가 얼마나 방어적이 되는지도 놀라운 일이다. "나는 듣고 있거든! 당신이 내 말을 안 듣고 있는 거잖아!"

경청에는 최소 5단계가 있다. 첫 번째는 말할 차례를 기다리면서 듣는 것이다. 이는 상대방에 대한 존중을 나타내지만, 듣는 사람의 사고 과정은 주로 자신이 말할 차례가 왔을 때 무엇을 말할지 결정하는 데 초점을 맞춘다. 코칭이나 멘토링 초기 단계에서는 상대방이 말을 멈췄을 때 침묵이 생길까 봐, 다음에 어떤 질문을 할지에 집중하는 경우가 흔하다. 하지만 성숙해지면 코치나 멘토는 침묵을 오히려 클라이언트가 더 깊이 성찰할 수 있는 기회로 여기는 법을 배운다. 두 번째는 반대 의견을 내기 위해 경청하는 것이다. 반대 의견을 경청하는 것은 상대방의 말에 더 주의를 기울이되, 상대방의 논리나 가정에서 잘못된 점을 찾아내는 것이다. 학자들은 이 단계에서 매우 능숙할 수 있다. 이 두 가지 수준 모두에서 듣는 사람은 고객의 요구보다 자신의 자존심에 더 관심이 있다.

세 번째 경청의 형태는 이해하기 위해 경청하는 것이다. 여기서는 상대방의 말에 훨씬 더 깊이 집중하지만, 여전히 상대방의 말에서 의미와 중요성을 추출하여 자신의 용어로 이해하려고 노력한다. 네 번째 단계는 고객의 이해를 돕기 위해 경청하는 단계로, 코치의 주의 집중이 코치 자신에서 고객으로 이동하여 고객이 말하는 내용을 어떻게 이해하는지 살펴보는 것이다. 마지막으로 다섯 번째 단계는 의도 없이 경청하는 단계로, 대화의 단어, 어조, 몸짓, 분위기와 기타 무형적 요소를 의식하면서 그 순간에 편안하게 몰입하는 것이다. 이 단계에서는 의미가 저절로 떠오르며 코치는 진정으로 온전히 경청하고 있다고 할 수 있다. 때로는 이 최고 수준의 경청에는 대화가 전혀 포함되지 않을 수도 있으며, 두 사람은 침묵을 통해 소통할 수도 있다. 노래 가사처럼 "아무 말도 하지 않을 때 가장 잘 말하는 것이다You say it best, when you say nothing at all."

코치 및 멘토들과 함께 일하면서 나는 사람들에게는 자연스럽게 끌리는 '무게 중심'이 있다는 것을 알게 되었다. 대부분의 사람들은 이해하기 위해 듣는 것이다. 성숙한 코치와 멘토는 고객의 이해를 돕기 위해 듣는 데 중점을 둔다. 좋은 소식은, 새로운 습관이 형성될 때까지 상대방의 말에 귀를 기울이고 상대방에게 무슨 일이 일어나고 있는지에 대한 호기심을 키움으로써 무게 중심을 옮기는 것이 비교적 쉽다는 것이다.

내가 나 자신과 다른 사람들의 경청 능력을 개발하는 데 유용하다고 생각하는 격언은 '이해했다고 생각하는 바로 그 순간이 두 배 더 열심히 들어야 할 때다'라는 것이다.

코칭이나 멘토링에서 가장 속기 쉬운 순간 가운데 하나이다. 상대방의 이야기를 경청하고 상황을 이해하려고 노력한 뒤 마침내 모든 것이 제자리를 찾은 것 같은 순간이 찾아온다. 우리는 경청의 긴장을 풀고 상대방이 제기한 문제를 해결하기 위해 무엇을 할 수 있을지 생각하기 시작한다.

우리가 지금까지 한 일은 단지 우리 자신의 경험과 우리가 인식하는 패턴을 통해 상황을 이해했을 뿐이다. 하지만 여기서 정말 중요한 것은 고객이 자신의 내러티브에 대해 어떤 의미를 부여하고 있는지, 또는 부여하고 싶어 하는지에 관한 것이다. 우리 자신의 의미를 우선시하면 고객의 의미를 평가절하하게 된다. 따라서 우리가 이해가 부족하다고 생각하는 순간이 바로 고객이 보이는 패턴과 인사이트를 명확하게 표현하도록 돕는 데 더욱 집중해야 할 때이다. 그러기 위해서는 우리 자신의 통찰을 잠시 접어두고, 그것을 '흥미롭지만 아직은 시기상조'라고 마음속에 표시해두어야 한다.

특히 고객을 해결책으로 이끌고 싶은 욕구가 강한 코치들은 자신이 지시적이지 않다고 착각하는 경향이 있는데, 실제로는 우리 자신의 해석과 감각에 근거한 질문을 하는 것이다. 따라서 우리는 합리적이고 우리에게 적합해 보이는 해결책으로 고객을 이끌게 된다. 코치/멘토와 고객 간에 존재하는 신뢰는 고객으로 하여금 스스로 문제를 탐구하고 이해하려는 시도를 포기하게 하고, 우리가 더 큰 지혜를 가지고 있다고 생각하여 그 의견에 따르게 한다.

그렇다면 이러한 본능적인 경향을 어떻게 극복할 수 있을까? 몇 가지 실용적인 방법이 있다.

- 우리의 본능이 더 말하라고 할 때, 오히려 덜 말하라. 반드시 바로 우리의 생각을 공유할 필요는 없다. 사실, 우리가 만들어낸 그림이 더 풍부해지도록 잠재의식이 더 많은 연결과 연관성을 발전시키도록 하는 것이 낫다.
- 그들이 자신이 말하는 것을 어떻게 이해하고 있는지에 관해 호기심을 가져라. 다음과 같은 질문을 사용해보라.
  - 그림 속에 없지만 중요한 사람이나 사물은 무엇인가?
  - 어떤 패턴이 나타나고 있나?
  - 이 이야기를 하면서 자신에 대해 무엇을 알아차렸나?
  - 지금 가장 해방감을 느낄 수 있는 생각은 무엇인가?
  - 이 상황을 경험하는 방식에서 독특한 점은 무엇인가?
  - 자신에게 완전히 솔직하다면 이 상황을 어떻게 다르게 설명할까?(이 질문들은 상황에 대한 당신 자신의 이해와 아무 상관이 없다는 점에

유의하라.)

- 상황을 그림으로 표현하게 하는 등의 도구를 사용하여 그들의 지배적인 은유를 포착하라. 그들이 은유 속의 각 구성원(사람이나 사물)을 다른 관점에서 바라보도록 격려하라. 만약 이 그림이 당신이 문제를 더 잘 이해하도록 해준다면, 호기심을 가져라. 스스로에게 물어보라. "내가 가진 경험 중 어떤 점이 나로 하여금 이 패턴을 보게 만드는가?"

이러한 단계를 거치고 나면 문제와 맥락에 대한 초기 해석이 매우 정확하고 고객이 말하고자 한 관점과 매우 유사하다는 것을 알게 될 것이다. 하지만 이제 이것은 당신의 발견이 아니라 그들의 발견이며, 그 결과로 그들에게 훨씬 더 큰 영향을 미칠 가능성이 크다.

마지막으로 코칭 세션에 대한 후속 성찰에서 다음을 고려한다.

- 고객에 대해 무엇을 알게 되었는가?
- 나 자신에 대해 무엇을 배웠는가?

피를 말리는 어려운 질문(BDQ)의 힘

나는 사람들을 멈추게 하고 평소에는 도달하지 못할 수준에서 생각하게 만드는 강력한 질문들을 수집한다. 이 질문들이 강력한 이유는 그들의 즉각적인 관련성, 예상치 못한 요소, 그리고 공감을 담은 도전의 깊이 때문이다. 나는 여러 해에 걸쳐 개발하여 얻은 수백 가지의 질문 중 일부를 『코치와 멘토를 위한 강력한 질문Powerful Questions for Coaches and Mentors』과『팀 코치를 위한 강력한 질문Powerful Questions for Team Coaches』이라는 책으로 출판했다. 내가 모은 질문들을 분석한 결과, 질문을 생성하고 묻는 방식을 성찰하고 개선하는 데 매우 유용한 패턴이 발견되었다. 영향력 있는 질문은 보통 직관적으로 나타나지만, 그러한 직관은 패턴에 대한 잠재의식적인 인식을 통해 정제되고 강화될 수 있다.

강력한 질문의 특징을 분석한 결과, PRAIRIE라는 약어가 도출되었다. 그 의미는 다음과 같다.

- *개인적인Personal*. 질문이 맞춤형이 아닌 '틀에 박힌' 질문이라 하더라도 이 사람과 이 시점에 특별히 선택되거나 만들어진 질문인 것처럼 느껴진다. 대부분의 경우 '당신'이라는 단어가 포함될 것이다. 질문을 받는 사람의 본능적인 반응은 누군가 나를 위해 특별히 이 질문을 만들려고 수고를 했다는 것이다.
- *공명Resonant*. 감정적인 영향을 미친다. 수신자는 이성적이고 감정적인 수준, 두 가지 측면 모두에서 이를 경험한다.
- *예리하고 직설적인Acute and incisive*. 핵심을 정확히 찌른다. 해머로 치는 것이 아니라 단검으로 찌르는 것이다!
- *여운이 남는Reverberant*. 그 순간에는 피상적으로만 대답할 수 있으나 고객은 점점 더 깊이 있는 답을 찾기 위해 계속 생각하게 된다. 나는 코칭이나 멘토링을 받는 고객들이 "몇 년 전에 나에게 물어보셨던 그 질문에 대해 – 오랫동안 이 문제에 대해 고민해왔고 – 이제야 비로소 답을 찾은 것 같아요."라고 다시 연락해오는 경우가 종종 있다. 삶이

나 커리어의 중요한 변화는 종종 강력한 질문에서 비롯되는 경우가 많다.

- *순수한 Innocent.* 질문자의 의도가 전혀 들어 있지 않으며 숨겨진 이해관계도 없다. 어떠한 조건이나 숨겨진 의도 없이 제시된다.
- *명확한 Explicit.* 이전에는 연결되지 않았던 두 개 이상의 아이디어를 연결하는 경우에도 매우 간단하게 표현한다.

다음은 위에 소개된 두 가지 자료집에 없는 몇 가지 강력한 질문이다. 고객이나 함께 일하는 사람들에 대해 생각해본다. 어떤 질문이 상대방에게 꼭 필요한 질문이 될 수 있을까?

- 나 자신으로 사는 것은 얼마나 외로운 일인가?
- 누구에게 어떻게 영향을 미치고 싶은가?(이는 특히 리더십 파이프라인을 올라갈수록 내려놓아야 하는 것, 즉 통제와 성취와 관련이 있다. 직급이 올라갈수록 이러한 것들을 하나씩 더 많이 내려놓아야 한다.)
- 사람들이 나에게 솔직하게 말하지 못하게 만드는 내 행동은 무엇일까?
- 오늘의 내가 미래의 나와 최고의 친구가 되려면 어떻게 해야 할까?
- 세상에 무엇을 선물하고 싶은가?
- 그 선물을 만들기 위해 어떤 역할을 스스로 만들 수 있을까?
- 이 역할에서 요구되는 역량을 어떻게 높일 수 있을까?

강력한 질문의 한 종류는 벤치마크 질문이나 판별기준 질문이다. 이는 개인, 팀, 또는 조직이 어려운 결정을 내릴 때 기준으로 사용할 수 있는 질문이다. 이 질문은 개인적 또는 공유된 가치와 깊이 연결되어 있다. 내가 처음 이 개념을 접한 곳은 클락스Clarks라는 구두 제조업체였으며, 그곳에서는 비용을 쓰기 전에 "하지만 이것이 신발을 파는 데 도움이 될까요?"라는 질문으로 검증했다. 회의실의 리모델링은 이 테스트를 통과하지 못했지만, 직원 개발과 복지에 대한 투자는 통과했다.

여러 해 동안, 나는 다른 사람들을 위해 수많은 벤치마크 질문을 만들었고, 때로는 나 자신을 위해서도 만들었다. 이러한 질문의 변화는 나와 나의 우선순위의 변화를 반영한다. 몇 년마다 나는 내 벤치마크 질문이 여전히 적절하고 의미가 있는지 검토한다. 초기에는 '이것이 내 고객이 필요로 하는 것인가?'라는 질문이었다. 나중에는 '이것이 나 자신을 더 존경하게 만들 것인가, 덜 존경하게 만들 것인가?'라는 질문이었고, 현재는 '이것이 재미있을까?'와 '이것이 내가 남기고 싶은 유산과 어떻게 관련이 있을까?'라는 두 가지 질문을 자주 한다. 하나의 질문이 다른 질문을 대체하는 것이 아니라 상황, 나이, 시각에 따라 중요성이 변화하는 것이다.

질문하는 관점

효과적인 멘토와 코치의 작업을 관찰해보면, 그들은 주로 시각을 전환함으로써 대화를 계속 진행시키는 능력을 가지고 있음을 알 수 있다. 그들은 학습자가 오랫동안 같은 정신 상태에 머물도록 거의 허용하지 않는다. 그들은 질문의 성격과 스타일을 끊임없이 변화시킨다. 그들이 시각을 어떻게 변화시키는지 분석해보면, 아래 매트릭스의 사분면을 옮겨다니는 것을 알 수 있다. (그림 2.1 참조)

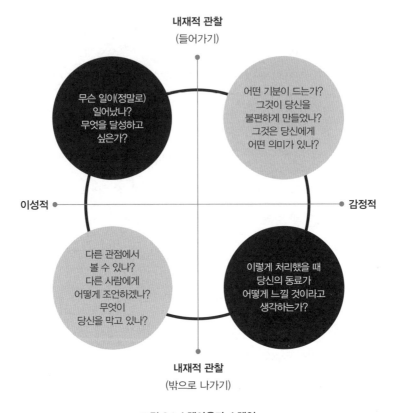

무슨 일이(정말로) 일어났나? 무엇을 달성하고 싶은가?

어떤 기분이 드는가? 그것이 당신을 불편하게 만들었나? 그것은 당신에게 어떤 의미가 있나?

이성적

감정적

다른 관점에서 볼 수 있나? 다른 사람에게 어떻게 조언하겠나? 무엇이 당신을 막고 있나?

이렇게 처리했을 때 당신의 동료가 어떻게 느낄 것이라고 생각하는가?

내재적 관찰
(밖으로 나가기)

그림 2.1 **스텝아웃과 스텝인**

상자의 안으로 들어가기stepping in는 개인의 관점을 인정하고 그들과 함께 그들이 무엇을 생각하고 느끼는지, 그리고 왜 그런지를 이해하려고 시도하는 것이다. 어떤 사람들은 자신에 대해 발견할 수 있는 것에 대한 두려움 때문에 감정을 탐색하고 싶지 않을 수 있으며, 순수히 이성적인 관점에서 문제에 접근할 수 있다. 반면, 다른 사람들은 감정에 너무 휘말려서 이성적으로 생각하기 어려울 수 있다.

표 2.2 **토론, 토의 및 대화**

	토론	토의	대화
목적	단일 관점 또는 의견 홍보	타협점 찾기	공동 창조
다른 사람과의 관계	자아 기반	대안적 관점 인식	모든 목소리에 귀 기울이기
대화의 성격	오류 또는 비논리적인 내용 파악	문제 해결	깊은 경청, 학습

상자 밖으로 나가기stepping out는 다른 사람의 관점 또는 더 넓은 관점에서 이성적으로 문제를 보도록 도와주거나, 상황 내 다른 사람들의 감정을 공감하고 이해하도록 돕는 것이 포함된다.

문제를 진정으로 이해하고 다루기 위해서는 이러한 각 관점에서 문제를 자주 탐색할 필요가 있다. 하나의 관점에서의 작은 통찰이 다른 관점에서의 진전을 만들어낼 수 있어, 숙련된 코치나 멘토는 질문의 관점을 자주 바꾸어가면서 이러한 점진적인 발전을 이루어낸다. 일반적으로, 경험이 풍부한 코치나 멘토는 같은 사분면에서 네 가지 또는 다섯 가지 이상의 질문을 하지 않는다. 하나의 사분면에서 다음 사분면으로 이동할 때는 연결 질문(예: 이 감정이 얼마나 도움이 되는가? 또는 지금 어떤 감정을 느끼고 싶은가?)이 필요할 수 있다. 대부분의 경우 인접한 사분면으로 이동하는 대신 대각선으로 이동하는 것은 대부분의 경우 너무 큰 점프가 될 수 있다.

대화가 충분하지 않다

토론Debate,, 토의Discussion, 대화Dialogue, 이들은 자주 혼동되는 용어다. 내가 가장 먼저 해결해야 할 과제 중 하나는 차이점을 정리하는 것이었다. 앞의 표2.2에 그 결과가 나와 있다.

사내 커뮤니케이션 회사를 이끌면서 자연스럽게 국제 비즈니스 커뮤니케이터 협회International Association of Business Communicators에 적극적으로 참여하게 되었고, 그 과정에서 전문가들조차도 문화적 가정에 얽매여 의사소통을 제대로 하지 못한다는 사실을 알게 되었다. 예를 들어, '이것을 테이블로 가져오라'라는 간단한 문구가 북미 청중에게는 한 가지 의미이지만 유럽이나 남아프리카 청중에게는 완전히 정반대의 의미로 받아들여지기도 해서 양쪽 모두에 큰 분노를 불러일으킨다. 이러한 대화의 불일치를 인식할 수 있는 메커니즘이 없었다!

언어적 혼란의 가능성은 다른 맥락에서 나에게 큰 도움이 되었다. 예를 들어, 미국에 본사를 둔 한 다국적 기업에서 직원 의견 조사 결과를 둘러싸고 왜 그렇게 많은 갈등이 발생하는지 조사해달라고 나에게 연락이 왔다. 다른 나라 사람들이 질문의 의미를 해석하는 방식이 일관성이 있는지 아무도 확인하지 않았다는 사실이 금방 드러났다. "업무에서 도전을 느끼십니까?"라는 질문에 대해 북미인들은 "업무에 몰입하고 활력을 얻습니까?"라는 의미로 받아들였다. 반면 유럽인, 특히 영국인은 "업무에 대처하는 데 어려움을 겪고 있습니까?"라는 의미로 받아들였다.[1]

내가 참여한 커뮤니케이션 연구 중 가장 심도 있는 연구 중 하나는 사내소통 기능이 어떻게 부가가치를 창출하는지에 대한 것이었다. 커뮤니케이션 전문가들은 일반적으로 직원 소식지의 수상 실적과 같은 요소로 성공 여부를 측정했다. 하지만 이러한 요소는 사내 소통 기능의 효과성에 미치는 영향이 미미했다. 변화를 가져온 것은 리더들과 조직의 나머지 구성원들 간의 대화를 얼마나 잘 촉진했는가였다. 예를 들어, 정보의 흐름, 특히 목적 공유와 경청의 질에 대한 정보 전달이 중요했다.

사람들이 소통하는 방식에 미치는 맥락의 영향

아주 말단 관리자였을 때 나는 커뮤니케이션 스타일에 대한 심리검사가 포함된 리더십 과정에 참여하게 되었다. MBTI의 일부를 기반으로 한 것이었다. 당시 나는 순진해서 두 가지 모두 믿을 만한 과학적 근거를 가지고 있다고 받아들였다. 그렇지 않다는 첫 번째 징후는, 우리가 관찰한 서로 다른 커뮤니케이션 스타일 사이의 경계선은 성격 프로필과 일치하지 않는다는 사실이었다. 그런 다음 몇몇 고객사로부터 성과 평가 시스템에서 자주 발생하는 문제를 조사해달라는 요청을 받았다. 관리자가 부하직원의 의사소통 능력이 부족하다고 평가했을 때, 부하직원은 실제로 의사소통 능력이 부족한 사람은 관리자라고 대답했다.

　우리는 런던 버크벡대학Birkbeck College의 연구팀과 협력하여 실제 무슨 일이 일어나고 있는지 조사한 후 상황별 커뮤니케이션 모델을 개발했다. 그 결과 커뮤니케이션의 명확성이 낮은 경우가 많다는 사실을 알게 되었다.

- 사람들은 문화, 성격 또는 경험에 따라 듣는 내용에 대해 다양한 필터를 적용한다.

- 사람들은 종종 자신이 하고 싶은 말과 그 말이 어떤 영향을 미치기를 원하는지 마음속으로 정리하기 전에 말을 한다.(그러다가 상대방의 반응에 놀라기도 한다!)
- 사람들은 잘못되었다고 생각하는 것을 직접 지적함으로써 자신이나 타인에게 고통이나 당혹감을 주는 것을 꺼려한다.
- 사람들은 자신이나 타인의 고정관념을 인식하지 못한다.
- 사람들은 아이디어를 간결하고 정확하게 또는 상대방에게 적합한 언어로 표현하는 언어적 역량이 부족할 때가 종종 있다.
- 좋은 커뮤니케이션을 위해서는 지적인 관찰/분석과 감정적인 참여가 적절히 균형을 이루어야 한다. 어느 방향이라도 균형이 깨지면 커뮤니케이션이 중단된다.
- 동시에 전달해야 할 아이디어가 너무 많으면 발신자나 수신자(또는 둘 다)가 '채널 과부하'를 겪을 가능성이 높다.

의사소통의 명확성을 떨어뜨리는 7가지 원인은 개인과 조직에 동일하게 적용된다. 두 경우 모두, 각 요인을 개발 이슈로 다루는 계획적인 접근 방식을 통해 상당한 개선을 이룰 수 있다. 대화의 역량을 개발하는 데는 행동과 프로세스 모두에서 변화가 필요하다.

개념 설명을 위한 교훈적 이야기 한 가지(또는 두 가지)

아서 하딩Arthur Harding이 자랑스러워했던 한 가지가 있다면 그것은 바로 훌륭한 커뮤니케이터였다는 점이다. 그의 구두 지시와 메모는 항상 모호하지 않고 명확했으며 이메일도 신중하게 작성했다. 아서는 또한 꽤 훌륭한 인맥 관리자였다. 그는 항상 알아야 할 중요한 사람을 파악하고 그들과 정기적으로 연락을 유지했다.

그런데 한 주 내에 두 곳에서 자신이 좋은 커뮤니케이터가 아니라는 말을 듣게 된 것은 큰 충격이었다. 그는 퇴근 후 헬스장에서 만난 친구에게 얘기를 털어놓았다. "360도 피드백 실습을 처음 해봤는데, 다시는 하고 싶지 않을 것 같아. 나는 소통을 위해 많은 노력을 기울였는데, 직원들과 일부 동료들은 내가 소통을 잘하지 못한다고 하더군. 더 안 좋은 것은, 상사에게 말했더니 상사도 내가 소통을 잘하지 못한다고 생각한다고 말하더군. 나는 평생 소통을 해왔는데 갑자기 소통을 잘 못한다고! 내가 어떻게 하면 되냐고 물었더니, 아마도 내게 필요한 교육과정을 찾을 수 있을 거라고 하더군. 내가 의사소통을 못한다고 말하는 것은 내가 생각이 없거나 판단력이 부족하다고 말하는 것과 같아."

존은 대답하기 전에 잠시 멈췄다. "어떤 교육과정이 제공되는데?" "음, 주로 발표 스킬에 관한 과정인 것 같아. 그런데 그건 내가 잘하는 분야이지. 단기적으로 근본적인 차이를 만들어줄 것 같지는 않아"라고 아서는 대답했다.

"네 말이 맞을 거야." 존이 실내 자전거에서 내려오면서 인정했다. 로잉머신 쪽으로 걸어가며 존이 물었다. "네가 잘하거나 못하는 상황에 어떤 패턴이 있지 않아? 결국 의사소통은 상황에 따라 달라지는 스킬이잖아. 어떤 상황에서는 정말 잘할 수 있지만, 다른 상황에서는 엉망일 수도 있지." "예를 들자면?"

존은 잠시 생각한 후, "네가 내게 성과평가를 하는 자리라고 가정해보

자. 넌 내 말을 듣고 있을 거야 — 적어도 그렇기를 바래 — 하지만 지금 듣고 있는 방식과는 완전히 다를 거야. 혹은 네가 연설을 할 때 청중의 말을 듣는 방식이랑도 다를 거고. 좋은 소통자가 된다는 건 이런 상황들의 차이를 인식하고, 그에 맞춰 대응하는 거지.”

"그럼 개선하기가 더 어려워지지 않아?”

"꼭 그렇진 않아. 변화가 필요한 상황들을 네가 파악할 수 있다면 말이지. 예를 들어, 듣기에 집중해보자. 분명히 상사가 하는 말에는 관심이 많아서 네가 열심히 들었을 거야. 하지만 나중에 우리가 바에서 루크를 만날 때 너의 듣는 능력을 개선하고 싶겠어? 지난주에 네가 루크를 ‘클럽에서 제일 지루한 사람’이라고 묘사한 거 기억나? 소통 전문가들은 관리자가 자주 겪는 소통 상황을 아홉 가지로 파악했어. 빨리 나아지고 싶다면, 네 일에서 가장 빈번하고 중요한 상황들을 찾아서 집중하는 게 좋아.”

회사에 돌아온 아서는 종이 한 장을 꺼내 놓고 자기가 겪어야 하는 소통 상황들을 적어 내려갔다. 그리고 팀과 이야기하면서 그 목록에 몇 가지를 더 추가했다. 그 후 상사, 그리고 믿을 만한 몇 명의 동료와 이야기를 나누고, 이 상황들을 중요도 순으로 나열했다. 존이 이메일로 보낸 소통 스킬에 관한 노트를 참고해서, 아서는 각 상황에서 자기가 그 스킬들을 어떻게 사용하는지에 대해 피드백을 요청했다. 체육관에서 존을 다시 만났을 때, 그는 꽤 충격적이었다고 말했다. "모든 상황에서 공통으로 나타나는 문제를 하나 알게 되었어. 내가 한 말을 사람들이 충분히 생각할 수 있도록 시간을 주지 않는다는 거야. 그리고 팀 브리핑에서 다른 사람들이 자기 생각을 말하게 하는 데도 서툴러. 하지만 기쁜 건, 사람들이 내가 지시를 잘 한다고 생각한다는 거야. 그게 안 된다고 생각했을 때는 정말 자존심이 상했거든.”

이제 문제는 이런 개선 과제를 어떻게 해결할 것인지라고 그는 설명했다. "전부 나에게만 해당되는 아주 구체적인 문제들이라, 도움될 만한 강좌를 찾을 수가 없어"라고 말했다. "코치를 구하는 것도 생각해봤는데, 그건 비용이 많이 들고, 내가 진짜 필요한 건 연습할 기회야."

존이 물었다. "너랑 비슷한 상황에 있는 다른 관리자들도 있지 않을까?"

"아마도 있을 거야, 하지만 다들 그 사실을 모를 수도 있어. 혹시 상호지원 그룹 같은 게 필요하다고 생각하는 거야?"

큰 용기가 필요했지만, 다른 관리자들에게 의사소통에 관해 비슷한 문제를 겪고 있는 사람이 있는지를 묻는 이메일을 보냈을 때, 아서는 그 답변 수와 열정에 놀랐다. 몇몇은 그가 의사소통 상황을 어떻게 분류했는지 더 알고 싶어 했고, 거의 모두가 중요한 상황에서 특정 스킬을 연습할 수 있는, 위협적이지 않은 환경을 원한다고 말했다.

"그래서 받은 응답을 HR에 가지고 가서 도움을 줄 수 있는지 물어봤어." 아서가 존에게 보고했다. "HR은 처음엔 놀랐지만, 매우 큰 도움을 주었어. 우리에게 퍼실리테이터를 제공해줬어. 그는 좋은 의사소통에 관한 이론을 좀 더 알려주었고, 우리가 서로 의사소통 상황을 연습할 수 있는 기회를 마련해줬어. 덕분에 진짜로 개선된 부분을 보여줄 수 있다는 자신감이 많이 생겼지. 하지만 가장 걱정되는 건, 어떻게 이걸 지속할 수 있을지야. 그동안 많은 교육을 받았고, 좋은 의도를 가지고 돌아왔지만, 현장에서 압박이 심해지면 다 사라져버리곤 했거든."

존의 대답은 아서가 예상했던 것과는 달랐다. "의사소통이 어떻게 작동한다고 생각해? 이론은 잊고, 기본적인 내용을 말해봐."

"음, 한 사람이 말하고 다른 사람이 듣는 거지. 그다음에는 역할이 바뀔 수도 있고." 아서가 대답했다.

"그래서, 두 사람이 함께 춤을 추는 것처럼, 두 사람 모두가 효과적으로 의사소통하기 위해 노력해야 해. 그들이 당신과의 의사소통 개선에 어떻게 기여할 수 있을지, 즉 책임을 어떻게 나눌 수 있을지 고민해보면 기분이 나아질까?"

"응, 그럴 거야. 그리고 만약 그들이 연결되어 있지 않다고 느끼면, 그 자리에서 피드백을 주도록 할 수 있을 것 같아. 그렇게 하면 매번 구체적인 것에 내 노력을 맞출 수 있을 거야."

시간이 지나면서 아서는 우선순위 목록을 하나씩 해결해 나가면서, 자신이 승진하고자 하는 직무와 더 관련 있는 의사소통 상황에 집중했다. 또한 다른 사람들에게 직접적이고 실시간으로 피드백을 주는 것이 꽤 편해졌다고 한다. "자주 '내가 이해할 수 있게 도와줘'라는 표현을 사용하는 것 같아"라고 아서는 존에게 말했다. "이렇게 하면 누군가에게 의사소통이 잘 안 된다고 말하기보다는 나는 책임을 공유하는 것이 되고, 그들도 예전보다 더 잘 반응해."

아서의 이야기는 여러 사람의 이야기를 종합한 것이지만, 커뮤니케이션 스킬 교육에 관한 몇 가지 기본적인 진실, 특히 다음과 같은 사실을 보여준다.

- 대부분의 사람들은 의사소통이 안 된다는 말을 들으면 불쾌하게 여긴다. 문제는 이쪽만큼 상대방에게도 있는 경우가 대부분이다. 상호 책임을 인식하는 것은 올바른 학습 태도를 만드는 데 필수적이다.
- 개인이 당면한 몇 가지 상황별 스킬을 집중해서 개선하는 것이, 발표

나 경청 스킬 같은 일반적인 교육에 참여하는 것보다 더 빠르고 좋은 결과를 낼 가능성이 크다.

- 비슷한 문제를 안고 있는 동료들과 고민을 나누며 함께 배우면, 연습할 수 있는 안전한 환경을 제공받고, 나아가 실천하려는 동기도 얻을 수 있다.
- 직장에서의 특정 행동 강화는 상황에 따른 우선순위에 초점을 맞출 때 가장 효과적이다.

숙련된 트레이너라면 이러한 사실을 잘 알고 있겠지만, 대부분의 조직은 여전히 일반적이고 획일적인 커뮤니케이션 교육을 진행하고 있다. 21세기 조직은 커뮤니케이션의 질에 점점 더 의존하고 있으며, 실제로 국제 비즈니스 커뮤니케이터 협회와 함께 수행한 연구 항목에 따르면 커뮤니케이션의 질과 비즈니스 성과 사이에는 매우 강력한 연관성이 있으며, 이는 이제 중요한 경쟁적 차별화 요소가 될 정도로 그 중요성이 커지고 있다. 전통적인 교육 방식으로는 필요한 의사소통 역량의 폭과 깊이를 변화시키기 어렵다. 우리 조직에 있는 수많은 '아서'들을 돕기 위해 근본적으로 다시 생각해봐야 할 때이다.

커뮤니케이션 스타일

우리는 또한 4가지 차원을 중심으로 8가지 커뮤니케이션 스타일의 원형을 확인했다(그림 2.2 참조). 이것이 사람들의 습관적인 커뮤니케이션 스타일을 정의하는 유일한 요소는 아니지만, 가장 중요한 요소들을 포착한 것 같다.

만약 이 요소들을 중심으로 진단 도구를 만들었다면, 나는 그것을 오래전에 잊었을 것이다. 우리는 표준을 정립하기 위해 엄격한 테스트를 거치지 않은 것도 사실이다.

원형은 다음과 같다.

- *확장자 대 집중자Expander vs Focuser*. 확장자는 아이디어와 새로운 것에 매료되는 직관적인 사고를 하는 경향이 있다. 이들은 끊임없이 새로운 가능성을 보기 때문에 특정 주제에 머무르는 데 큰 어려움을 겪는 경우가 많다. 비교적 적은 데이터에서 추론하는 데 매우 능숙하며, 때로는 자신만 이해할 수 있는 논리를 비약적으로 발전시키기도 하지만, 대체로 옳은 경우가 많다. 다른 사람들에게는 종종 횡설수설하고 일관성이 없는 사람으로 보일 수 있다. 이들이 가장 좋아하는 문구는 "예…그리고…"와 "문제를 바라보는 또 다른 방법은…"이다. 집중자는 한 번에 한 가지에 집중하여 철저하게 처리하는 것을 좋아한다. 개념이 모호할수록 명확하게 정의할 수 있는 무언가가 나올 때까지 토론을 좁혀야 할 필요성을 더 많이 느낀다. 창의성이 없는 것은 아니지만 불확실성과 모호함을 잘 견디지 못한다. 토론이나 대화에 관한 명확한 의제가 있어야 한다. 이들이 가장 좋아하는 문구는 "우리가 의미하는 바를 명확히 하자" "요점으로 돌아가자" "우리가 여기서 달성하고자 하는 것이 무엇인가?"이다.

- *거북이 대 토끼Tortoise vs Hare*. 거북이는 말하기 전에 생각하는 것을 좋아한다. 이는 부분적으로는 창피당할까 하는 우려에서 비롯된 것

일 수도 있지만, 주로 진행하면서 평가하고 판단해야 하기 때문이다. 거북이는 다음 단계로 넘어가기 전에 논쟁의 각 단계를 이해했는지 확인해야 한다. 거북이는 종종 많은 것을 말하지 않는다. 거북이의 태도에 따라 극단적으로 '깊은 생각을 하는 사람'으로 보이기도 하고 둔한 사람으로 보이기도 한다. 거북이는 어떤 진술이나 개념을 숙고하기 위해 잠시 토론을 중단했다가 상황이 진전되면 다시 전환할 수 있다. 이들이 가장 좋아하는 문구는 다음과 같다.

"잠시 멈추고 우리가 어디로 가고 있는지 생각해보면 안 될까?" "조금만 뒤로 물러서면 안 될까?"

토끼는 말을 빠르고 많이 한다. 거북이에게 토끼는 종종 내용보다는 표현에 지나치게 신경을 쓰는 얕은 사람으로 인식될 수 있다. 이들은 종종 다른 사람들보다 먼저 논쟁의 함의를 파악하고 논쟁을 충분히 듣기도 전에 어떻게 해야 할지를 결정하기도 한다. 이들은 결단력 있고 효율적이라는 긍정적인 평가를 받기도 하지만, 다른 사람들에게는 성급한 사람으로 비춰질 수도 있다. 이들이 가장 좋아하는 문구는 다음과 같다.

"회의가 너무 많다." "너무 세부적인 것으로 가고 있다."

• *논리주의자 대 공감자Logician vs Empath*. 논리주의자는 토론이 지적이며 건전하게 이루어지도록 노력한다. 이들은 개념의 틀을 보고 그것을 자신의 현실 인식과 일관성에 비추어 실험해보기를 좋아한다. 이들은 최상의 상태에서는 철저한 사람으로 보일 수 있지만, 최악의 상태에서는 차갑고 현학적이며 논쟁적인 사람으로 보일 수 있다. 이들

은 어떤 진술도 액면 그대로 받아들이지 않으며, 자신의 논리에 맞지 않으면 다른 사람들의 주의를 분산시키기 위해 사소한 세부 사항에 집착하는 것처럼 보일 수 있다. 이들은 공감대를 형성하는 것보다 자신이 옳다는 것을 증명하는 데 더 관심이 많다. 이들이 가장 좋아하는 문구는 다음과 같다.

"증거가 어디 있지?" 또는 "이건 앞뒤가 맞지 않는 것 같아."

- *영향력 발휘자 대 조정자Influencer v Conciliator*. 영향력 발휘자는 자신

그림 2.2 **커뮤니케이션 스타일**

만의 방식을 좋아한다. 이들은 소통의 목표를 명확히 하고 때로는 목표를 달성하기 위해 공격적으로 행동한다. 이들은 자신들이 원하는 답을 얻을 때까지만 합의 형성 과정을 활용한다. 이들은 다른 사람들을 자신의 관점으로 끌어들이기 위해 많은 에너지를 소비한다. 비전 지향적이고 결과 지향적이라는 긍정적인 평가와 강박적이고 대립적이며 이기적이라는 부정적인 평가가 있을 수 있다. 이들이 가장 좋아하는 문구는 다음과 같다.

"당신의 문제가 뭔지 모르겠네." 또는 "우리(즉, 나)가 결정을 내려야 해."

조정자는 그룹을 하나로 묶고 단결시키는 역할을 한다. 그들은 토론의 결과보다는 의사결정에 도달하는 과정을 더 중요하게 생각한다. 이들은 그룹 전체의 의견이나 일대일 토론에서 어느 정도 가능한 결과를 보장할 수 있다면 자신의 생각을 바꿀 준비가 되어 있다. 이들은 항상 대립보다는 협상을 선호한다. 부정적인 관점에서 보면 약하고 자기주장이 없는 사람으로 보일 수 있지만, 긍정적인 관점에서 보면 결정이 효과적으로 실행되기 위해 필요한 모든 이해관계자의 광범위한 헌신을 끌어낼 수 있도록 돕는다.

이들이 가장 좋아하는 문구는 다음과 같다.

"우리는 모두 같은 배를 타고 있다." "과잉 반응하지 말자."

학습 대화

멘토링 초기 실험에서 나는 초보자와 숙련자 등 수십 명의 멘토가 멘토링 대화를 나누는 모습을 관찰했다. 나는 대화의 흐름에서 눈에 띄는 패턴을 찾는 동시에 아래와 같은 다양한 기준으로 대화의 질을 관찰했다.

- 생동감(둘 다 몰입했는가?)
- 새로운 사고의 생성
- 학습 내용과 멘티가 그것을 어떻게 활용할 것인지에 대한 명확성

나타난 패턴은 다음과 같다.

- 첫째, 멘토는 인간적인 유대감을 먼저 형성했다. "무슨 이야기를 하고 싶은가?"로 시작하는 경우는 거의 없었다. 오히려 멘티가 탐구하고자 하는 문제보다 그 사람에 대한 관심을 먼저 보였다. 이는 가장 먼저 이슈에 초점을 맞추는 GROW(목표Goal 현실Reality 대안Option 의지Will) 모델('사람 중심적' 관점이 나중에 추가되긴 했지만)과는 완전히 대조적이다.
- 둘째, 망원 렌즈를 조정하여 선명하고 깨끗한 사진이 나올 때까지 여러 관점에서 촬영하는 것과 같이 멘티가 문제에 대해 이야기하고, 여러 관점에서 탐구하도록 격려했다.
- 중간중간 요약을 유도해 관찰한 주제를 모두 끌어내도록 했다. 이렇게 함으로써 그들이 더 많은 탐구를 할 수 있도록 이끌었다. 그리고 마치 나무에 올라가서 자신이 어디에 있는지 확인하는 것과 같은 과정이 여러 번 있었다.
- 다음으로, 어떤 형태의 솔루션을 논의하기 전에 멘토는 멘티의 자기 믿음을 강화하는 말이나 행동을 한다. 여기서 '피그말리온 효과'가 작

용하는 것이다. 내가 믿는 누군가가 나를 믿어주기 때문에 두려운 과제를 맡게 되는 것이다. 멘티의 잠재력에 대한 믿음은 항상 말로 표현되지는 않지만, 종종 무의식적인 정신적 연결이 이루어져 멘티와 관찰자에게는 명확하게 전달되었다.

• 멘티가 문제에 대응하는 방안을 모색하기 시작할 때, 두 번째 단계에서 문제의 맥락을 충분히 탐색한 시간이 길수록 멘티는 더 쉽게 자신의 대안을 구체화하고 다음에 무엇을 할지 빠르게 표현할 수 있었다. 종종 이는 이후에 더 깊이 고민할 주제로 남겨지며 멘토링 대화에서 반드시 해결책을 찾아야 하는 것은 아니었다.

• 마지막으로, 가장 효과적인 멘토는 멘티가 마지막에 요약하도록 했다. 덜 효과적인 멘토는 멘티를 위해 요약하는 경우가 많았고, 자신이 주도권을 잡고 무심코 무엇이 중요한지에 대한 자신의 생각을 강요했다.

학습 대화를 마무리하는 방식은 – 그리고 일반적인 대화의 끝맺음도 – 관찰과 실험을 통해 매우 흥미로운 영역으로 드러났다. 줌Zoom과 기타 가상 플랫폼은 사람들이 대화를 마무리하는 것이 얼마나 어려운지 관찰할 수 있는 기회를 제공했다. 대화는 종종 어색하고 서투른 춤처럼 미묘하거나 덜 미묘한 신호를 주고받으며, 서로 사회적 예의를 충분히 지켰다고 느낄 때까지 이어졌다. 그래서 내가 개발한 가장 간단하고 효과적인 도구 중 하나는 바로 네 개의 'I'이다.

• 이슈 Issues: 어떤 주제를 살펴보았나?

- 아이디어Ideas: 어떤 새로운 생각이 떠올랐나?
- 인사이트Insights: 이제 우리는 무엇을 다르게 이해하고 있나?
- 의도Intention: 새로 학습한 것을 활용해 무엇을 할 것인가?

이 네 가지 간단한 질문은 현재 코치와 멘토뿐만 아니라 전 세계 수천 개의 회사에서 회의 내용을 파악하는 데 사용되고 있다.

회의의 질을 높이기 위한 4가지 질문

나는 수백 번의 팀 회의를 관찰해왔지만, 여전히 대화가 얼마나 긴장된 상태로 진행되는지 놀라울 따름이다. 여기에는 여러 가지 요인이 작용한다. 사람들은 불편한 분위기를 조성하거나 충성심이 부족해 보일까 봐 반대 의견을 잘 제시하지 않는다. 회의에서 힘이 세고 외향적인 사람들이 대부분의 발언을 하는 경향이 있기 때문에 힘이 약하고 내성적인 사람들의 잠재적인 기여는 종종 들리지 않는데, 특히 회의를 주재하는 사람이 계속 시계를 보고 있을 때는 더욱 그렇다. 이러한 문제를 극복하기 위해 나는 함께 일했던 팀과 리더들에게 중요한 주제에 관한 얘기를 시작하기 전에 다양한 관점으로 의사결정의 질을 높일 수 있는 세 가지 질문을 팀에 소개했다. 어떤 논의가 시작되기 전에, 모두에게 다음 사항을 숙고하도록 요청한다.

1. 이 이슈에 대해 내가 말하고 싶은 것은 무엇인가?(또는 반드시 말해야 한다고 생각하는 것은 무엇인가?)
2. 내가 다른 사람들에게서 듣고 싶은 것은 무엇인가?
3. 내가 이 대화를 통해 함께 이루고 싶은 것은 무엇인가?

토론을 시작하기 전에 모두가 세 가지 질문에 대한 자신의 답변을 공유한다. 그 결과 토론이 더 집중되고 다른 사람의 의견을 존중하며 일반적으로 훨씬 더 짧아진다! 합의가 이루어지고 있다는 것이 분명해지면 회의를 주재하는 사람이 아래 질문들을 모든 사람에게 확인할 수 있다.

- 당신이 하고 싶었던 말을 다 했는가?
- 당신이 듣고 싶었던 이야기를 들었는가?
- 당신이 목표한 바를 달성했는가?

하지만 토론에 가치를 더하는 마지막 단계가 하나 더 있는데, 바로 '말해야 했지만 말하지 않은 것은 무엇인가?'라는 질문이다. 이를 통해 대화 중에 말하지 않은 우려 사항을 공론화할 수 있다.

리더십의 7가지 대화

금세기 초 런던에서 진행된 한 연구에서는 관리자가 매일 아침 팀원들과 짧은 개별 대화, 즉 별다른 내용 없이 간단한 안부를 묻고 인간적 관계를 회복하는 데 단 10분의 시간을 할애했을 때 사무실에서 어떤 일이 일어났는지 측정한 바 있다. 그 결과 팀 사기, 업무 전반, 심리적 안정감 및 기타 긍정적 요소가 증가했다.

내가 이끌던 회사가 업계 전반의 불황을 겪었을 때, 나는 사회적 대화의 중요성을 깨달았다. 우리는 경쟁사를 인수하고 작은 사무실로 이사하면서 직원의 3분의 1이 대부분 또는 완전 재택근무를 하게 되었다. 이렇게 고립된 직원들에게는 회사와 관련된 뉴스를 계속 접하는 것이 가장 중요한 일이었다. 커피 머신 앞에서 이루어지는 사회적 유대감 형성을 위한 대화가 그들에게는 불가능했기 때문에, 우리는 그들과의 소통을 유지하기 위한 다양한 방법을 개발하게 되었고, 특히 회의를 시작할 때 그들이 놓치고 있는 개인적 대화와 가십을 나누는 시간을 반드시 포함시키기로 했다.

사회적 대화Social Dialogue는 리더가 팀 내에서 유익하게 촉진할 수 있는 7가지 대화 유형 중 하나에 불과하다. 7가지 대화는 각기 다른 깊이와 영향력을 가진다. 이 모델에 포함되지 않는 것은 방향을 묻거나 지시를 내리는 것과 같은 거래적 대화이다. 이러한 대화는 진정한 대화로 간주되지 않는다.

기술에 관한 대화Technical Dialogue는 리더가 팀원들과 함께 업무 프로세스, 정책, 시스템을 살펴볼 수 있는 기회이다. 새로 온 사람에게 설명하고 이해 수준을 확인하거나 프로세스를 개선할 방법을 함께 모색할 수 있다.

전술적 대화Tactical Dialogue는 사람들이 업무나 개인 생활에서 발생하는 문제에 대처할 실질적 방법을 찾는 데 도움이 된다. 예를 들어, 다른 팀의 까다로운 이해관계자를 설득하는 방법이나 업무의 우선순위를 정하는 방법 등이 여기에 포함될 수 있다.

전략적 대화Strategic Dialogue는 사람들이 문제, 기회, 포부 등을 맥락에 맞게 파악할 수 있도록 더 넓은 관점을 취한다. 이를 통해 다양한 관점과 대안 시나리오가 만들어진다. 또한 전략을 가치와 비교하여 검증하고 단기, 중기, 장기적으로 예상되는 결과를 비교하는 것도 포함될 수 있다. 급진적이고 획기적인 대안을 만들어낼 수도 있다.

자기 성찰을 위한 대화Dialogue for Self-Insight는 행동에서 존재로 초점을 전환한다. 여기에는 피드백 제공, 진단 도구 사용, 멘토링 관계에서처럼 공동 학습 등이 포함될 수 있다. 이를 통해 사람들은 자신의 욕구, 포부, 두려움, 사고 패턴을 이해할 수 있다.

행동 변화를 위한 대화Dialogue for Behavioural Change는 주로 누군가가 사고와 행동에 변화를 가져오는 방법을 계획하고 모니터링하는 것이다. 이를 통해 인사이트, 전략 및 전술을 일관된 개인 적응 프로그램에 통합할 수 있다.

마지막으로, 통합적 대화Integrative Dialogue는 개인 개발 계획과 정체성 및 목적의식을 연결한다. 예를 들어, 통합적 대화를 통해 삶의 균형을 찾고 내면의 갈등을 해결할 수 있다. 통합적 대화는 한 사람이 전인적 인간이 되도록 돕는 것이다.

여러 차례의 워크숍에서 모든 직급의 리더들이 이러한 대화를 할 수 있도록 지원하면서, 어떤 대화를 가장 편하게 느끼고 어떤 대화에 가장 많이 참여하는지 관찰해보았다. 사람마다 선호하는 대화 유형이 다르고, 한 가지 이상의 대화 유형을 기피하는 사람들도 많다. 이를 알면 그들은 해당 영역에서 자신의 스킬을 개발할 수 있는 기회를 갖게 된다. 당연히 기업의 리더들의 결점은 더 깊은 수준에 존재하는 경우가 많지만, 많은 리더들은 사회적 대화에도 그다지 뛰어나지 않을 수 있다!

체계적인 인재관리의 4가지 대화

2000년대 초반 내 연구의 출발점은 다음과 같은 질문이었다.

'HR 관행에서 승계 계획과 인재관리가 효과적이라면, 왜 종종 부적합한 사람들이 최고 자리에 오르는 걸까?'라는 질문이었다. 수백 명의 고위 경영진과 HR 전문가를 인터뷰한 결과, 그 해답은 간단했다. HR 관행의 대부분은 효과가 없을 뿐만 아니라, 많은 경우 해결책의 일부라기보다는 문제의 일부였다. 그 이유 중 하나는 조직과 직원 간의 관계가 복잡하고 적응적인 시스템으로 구성되어 끊임없이 진화하고 변화하는데도 불구하고 많은 HR 관행이 선형적 사고에 기반을 두고 있었기 때문이었고, 지금도 마찬가지이다. 시스템적 인재관리라는 개념은 이러한 관계의 복잡성을 다루기 위한 실용적 접근법으로 등장했다.

시스템적 장애를 볼 때마다 나는 "지금 일어나야 하는데, 일어나지 않고 있는 대화는 무엇일까?"라고 묻는다. 이 연구 프로젝트에서 나는 4가지 종류의 대화를 만들어 낼 수 있었다. 이 4가지 대화가 많이 일어날수록 조직과 직원들은 더욱 일치된 방향을 보였고, 변화된 상황에 더 빠르고 효과적으로 적응할 수 있었다. 4가지 대화는 다음과 같다.

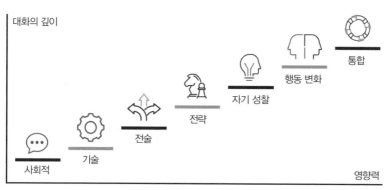

그림 2.3 7가지 대화 모드

- 직원의 셀프 대화. 직원이 스스로와 대화하여 자아인식과 자신의 경력이 진행되는 맥락에 대한 인식을 높인다.
- 직원과 관리자. 직원은 주요 이해관계자 – 특히 관리자 – 와 새로운 역할로 성장하는 데 도움이 되는 학습 속도 유지와 경험을 쌓을 수 있는 방법에 대해 솔직하게 대화해야 한다.
- 조직과 인재 간의 관계. 조직은 유능한 인재들과 정기적이고 빈번한 대화를 통해 양측의 목표를 조율하고 인재들이 더 명확한 커리어 전략을 수립하도록 돕는다. 조직이 인재의 역량을 활용해 경쟁우위를 확보할 수 있는 새로운 기회를 발굴할 수 있다.
- 비공식 커뮤니케이션 인프라. 이것은 분산된 리더십의 궁극적인 형태로, 조직의 다양한 계층의 사람들이 가상 미디어를 활용한 대화를 통해 함께 모여 새로운 비즈니스 이슈에 대한 리더십을 발휘하는 것

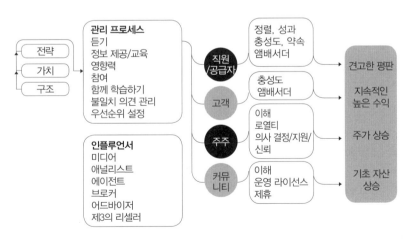

그림 2.4 **소통 체인**

을 말한다. 이는 조직에서 대부분의 혁신이 이뤄지는 곳으로 보이며, 공식적인 구조를 통해서가 아니라 비공식적인 경로를 통해 이루어지는 경우가 많다. 다만 이를 충분히 입증할 연구는 아직 충분하지 않다.

커뮤니케이션이 조직에서 가치를 창출하는 방법

나는 1990년대 중반에 기업의 사회적 책임, 기업 지배구조, 커뮤니케이션 분야에서 일하면서 이해관계자 커뮤니케이션에 집중했다. 앞의 모델(그림 2.3)[2]은 내부 커뮤니케이션 전문가 및 CEO와의 인터뷰를 통해 도출한 결과물이다. 이 모델은 효과적인 커뮤니케이션 전략이 비즈니스 성과를 지원하는 방법의 본질을 포착하는 것을 목표로 한다. 이 시스템의 가장 큰 특징은 복잡성과 관련된 이해관계자의 수가 많다는 점이다. 그 당시(그리고 지금도 여전히 상당 부분) 조직의 커뮤니케이션 기능은 다양한 이해관계자 그룹에 선형적이고 개별적으로 초점을 맞추고 있었다. 전체 시스템을 다루고 이해관계자 간의 커뮤니케이션을 촉진하는 것은 더 어려운 일이지만, VUCA 환경에서 조직이 나아갈 수 있는 더 큰 가능성을 제시한다. 5장에서는 필요한 대화를 촉진하는 심리적 계약의 모델을 제시한다.

아이디어를 창조하는 말

나는 언어 애호가라서 새로운 단어에 특히 관심이 많다. 단어의 힘을 보여주는 예로, 숫자에 대한 어휘가 '하나, 둘, 많이'뿐인 고립된 지역의 부족이 있다. 따라서 이 부족은 수학의 개념이 없다. 아이디어가 전달되려면 이름이 필요하고, 복잡한 아이디어일수록 새로운 어휘가 필요하다. 신기하게도, 색에 대한 구체적 단어가 없으면 우리는 색을 '보지' 못한다. 영어는 다른 언어에서 단어를 대량으로 받아들여서 풍부해졌고, 각 단어는 고유한 연상 작용을 가지고 있다. 코칭, HR, 리더십, 멘토링 분야도 다양한 언어와 문화의 어휘에서 통찰과 도전을 얻고 있다.

내가 가장 좋아하는 신조어3는 다음과 같다.

- 오래된 단어에 새로운 의미를 부여하는 것도 재미있다. 예를 들어, 프라카데믹Pracademic – 실무자와 학자의 결합으로, 실용적 가치를 지닌 연구를 만들어내는 것
- 스크리네이저Screenager – 전자 기기를 끊임없이 사용하는 십 대
- 밤비덱스트러스Bambidextrous – (갓 태어난 사슴에 비유되는) 신체적 조정력 부족
- 스노츠맨Snortsman – 마약 복용 선수
- 4 – 라이프 코치4–life–coach – 일단 그들이 당신에게 푹 빠지면…
- 웰피Welfie – 자신이 얼마나 잘사는지 보여주는 셀카

직업profession으로서의 코칭과 소명vocation으로서의 코칭의 의미를 검토할 때 중간 지점이 필요하다는 것을 깨달았다. 내가 선택한 단어는 프로보케이션pro–vocation이다.

내가 가장 좋아하는 약어 신조어는 다음과 같다.

- OSM Oh Shit Moment: OSM오, 이런… 순간 – 강력한 질문에서 오는 갑작스러운 이해의 쓰나미
- DNA Desperate Need for Alcohol: 알코올이 절실히 필요
- FKT Fast Knowledge Transfer: 빠른 지식 전달(지식이나 정보의 단순한 전달에 초점을 맞춘 짧은 코칭 및 멘토링)
- QUAD Quick and Dirty: 대충 일단 급한 대로

다른 언어에는 고유하거나 적어도 영어에는 알려지지 않은 단어도 많다. 언어적 다양성은 학습과 자기 성찰에 적용할 수 있는 새로운 개념의 다이아몬드 광산이다. 「뉴 사이언티스트」의 한 기사에서 인도 아대륙의 문다리Mundari 언어에서 유래한 '라와다와 rawa-dawa'라는 흥미로운 단어를 소개했는데, 이 단어는 '비난받을 만한 일을 하고도 아무도 목격한 사람이 없다는 것을 갑자기 깨닫는 순간'이라는 뜻이다. 마오리어에는 '가르치다'와 '배우다'라는 뜻을 동시에 가지고 있는 단어가 있다.(빅토리아 시대 영국에서 '내가 너에게 가르쳐주겠어'라고 말하는 사람은 무례하다고 여겨졌지만 마오리어를 생각하면 일리가 있기도 하다) 페나 아제나Pena Agena는 다른 사람의 행동이나 행동의 결여에 대한 부끄러움을 뜻하는 멕시코 관용구이다.

이 짧은 섹션의 요점은 우리 모두는 우리가 사용할 수 있는 어휘에 한계가 있다는 것이다. 나는 어휘력을 넓히는 것이 우리의 마음을 넓히는 핵심 요소라고 굳게 믿는다.

요약

커뮤니케이션, 특히 대화는 이 책에서 다루는 다른 모든 영역의 열쇠를 쥐고 있다. 리더십(리더십은 산을 움직이는 대화이다)에서부터 코칭과 멘토링에 이르기까지 모든 것이 커뮤니케이션의 수준에 달려 있다. 내가 코칭하는 리더들과 내가 슈퍼비전하는 코치들은 모두 어느 순간, 내가 항상 묻는 질문을 금방 알게 된다.

"여기서 어떤 대화가 필요할까?"

참고

1 미국 항공편의 승무원이 "잠깐(momentarily)" 착륙할 것이라고 말할 때마다 나는 아직도 웃음이 나온다(역주: momentarily에는 '곧'이란 뜻도 있고 '잠깐'이라는 뜻도 있음). 비행기가 멈출 것인가 아니면 잠시만 멈출 것인가? 짐이 비행기 뒤쪽의 활주로에 던져지는 동안 내가 뛰어내려야 하나?

2 Eileen Scholes and David Clutterbuck, (1998) Communication with Stakeholders: An Integrated Approach, *Long Range Planning 31(2) 227–238.*

3 신조어는 다양한 곳에서 유래한다. 내가 가장 좋아하는 신조어 중 하나는 학습 장애가 있는 내 아들 조나단이 만든 것입니다. 그의 형들이 저녁에 외출할 때 그는 "형들이 술 마시고 나간다"고 말했다.

3

기업 리더십과 지배구조

리더십과 지배구조의 관계는 복잡하다. 조직에는 모든 계층의 리더가 필요하다. 리더는 정해진 영역 내에서 일을 실행하는 책임을 진다. 이사들은 기업 전체에 대한 책임이 있다. 상임이사는 두 가지 책임을 동시에 모두 가지고 있다.

나의 리더 개발에 대한 관심은 미래의 리더와 역할 전환 중인 리더들을 멘토링하는 프로그램들에 참여하면서 시작되었다. 그리고 상위 팀들과 함께 일하고 다양한 비상임이사직을 맡으면서 여러 나라에서 기업 지배구조에 관여하게 되었다.

이 장에서는 리더의 역할이 어떻게 진화하고 있는지, VUCA 세계에서 리더의 핵심 자질에 대한 몇 가지 인사이트와 리더의 성장 잠재력을 평가하는 방법을 살펴볼 것이다. 또한 효과적인 이사회의 모습, 반대 관점의 중요성, 비상임이사에게 필요한 스킬, 이사회 역할의 개념에 대한 경험도 공유한다.

나는 내 회사, 민간 및 공공 부문 조직, 비영리 단체에서 다양한 리더십 및 이사 역할을 수행해왔다. 수백 번의 이사회 회의에 참관하여 피드백을 제공했다. 유능한 의장이 복잡하고 까다로운 안건을 능숙하게 다루면서 다양한 관점에서 공개적으로 주제를 다루도록 하는 경우도 보았고, 반대로 할당된 시간이 다 지나자 모든 주제에 대한 토론을 중단하는 의장도 보았다.

그 과정에서 나는 금융 회사인 3i와 협력하여 효과적인 이사회가 어떤 모습인지 연구했고, 이사들을 교육하는 역할을 담당했다. 싱가포르 정부 부문의 최고 팀과 협력하고, 체코와 슬로바키아에서 새로 설립된 회사의 이사들이 공산주의 중앙집권적 사고방식에서 상업적 사고방식으로 적응하도록 돕고, 당시 영국 국립정부학교와 함께 이사회 진출 프로그램과 이사회 평가 프레임워크를 설계하는 일도 했다. 돌이켜보면 나는 이 분야에서 단 한 권의 책만 썼다는 사실(더 정확히 말하면 공동 집필)이 놀라울 정도다. 그 책이 피터 웨인Peter Waine과 함께 쓴 『독립적 이사회The Independent Board Director』이다.[1]

리더십에 관한 나의 학습 여정은 내가 젊은 기자로 일하던 「뉴 사이언티스트」의 편집장실로 불려가 새로운 노조 대표가 되었다는 말을 들었을 때 시작되었다. 내가 열망하는 역할은 아니었지만, 누군가가 해야 했다! 나는 리더십 교육 과정에 파견되었는데, 참석자 절반은 노조 간부이고 나머지 절반은 일선 관리자였다. 관리의 관점은 전통적인 것이었지만 경청 기술이 더해졌다. 몇 년 후, 다른 저널에서 일하면서 나는 다른 문화권의 번역가 팀을 이끄는 일선 관리자 역할을 맡게 되었다.

나의 학습 여정: 리더십		
리더십은 개인적인 자질임	리더십은 협업하는 것	리더십은 집단적이고 공생하는 것
리더는 지휘하고 통제함	상담하고 경청하는 것	리더가 팀과 이해관계자를 대신하여 팀 환경을 관리함
리더십은 당신이 무엇을 하는가에 달려 있음	리더십은 다른 사람들이 할 수 있도록 하는 것	리더십은 시스템에 영향을 미치는 것

나의 학습 여정: 지배구조		
이사회는 전략을 수립함	전략을 테스트하고 승인함	이사회는 전략을 평가할 수 있는 도덕적 지침을 제공함
이사회는 주주에 대한 책임이 있음	이사회는 이해관계자와 사회에 대한 책임이 있음	이사회는 미래 세대에 대한 책임이 있음

스페인과 남미에서 온 스페인어 사용자들이 정확한 표현을 두고 나에게 중재를 요청했을 때 번역이 얼마나 힘든 일인지 처음 경험했다(아랍어 번역에서 같은 일이 벌어졌을 때는 더 심했다!). 나는 그런 결정을 내리거나 중재할 능력이 없다는 것을 금방 깨달았다. 내가 할 수 있는 일은 그들이 스스로 책임감을 가지고 문제를 해결하도록 돕는 것이었다. 나중에 운 좋게도 노르웨이의 반자율 작업 그룹semi-autonomous work groups의 선구자인 에이나르 토르수르Einar Thorsrud를 만날 수 있었다. 그와 그의 연구소는 그들의 주장대로 2년마다 CEO 역할을 번갈아 맡는 것을 실천했다. 토르수르는 테네시주 볼리바르에 있는 자동차 미러 공장을 비롯해 반자율 작업 그룹을

성공적으로 운영한 기업의 사례를 소개해주었다.

이 공장의 일부 근로자 그룹에게 자율적 관리의 기회가 주어졌다. 그들은 매일 도전적인 목표가 있었지만 일찍 완료하면 집에 갈 수 있었는데, 이는 대부분의 사람들에게 자신의 작은 농장에서 일할 수 있는 귀중한 시간을 의미했다. 그들은 곧 8시간이 아닌 5시간 만에 퇴근할 수 있는 루틴에 익숙해졌다. 다른 직원들은 처음에 그들이 절차를 무시하고 있다고 의심했고, 정기적으로 그들의 작업 품질을 확인하러 갔는데, 결과적으로 그들의 품질이 공장 전체에서 가장 높았다.

나는 전통적인 위계적 리더십이 다른 형태로 대체된 다른 많은 사례들을 접했다. 핀란드 임업 노동자들이 자신의 기계를 소유하고 독립 계약자가 될 수 있도록 지원받자, 고질병이었던 기계 가동 중단이 사라졌다. 이제 노동자들은 자신의 시간에 기계를 점검하고 보수했다. 나는 효과적인 리더십은 협의적이고 협력하는 것뿐만 아니라 시스템에 의존하고 그 시스템에 기여하는 공생 관계라는 것을 배웠다. 리더가 자신의 역할에서 중요한 부분이 결정을 내리고 방향을 제시하는 것이라고 생각하면 요점을 놓치게 된다. 리더는 다른 사람들이 나서서 주도권을 잡을 수 있는 환경을 조성하고, 그렇게 하기 위한 롤 모델이 됨으로써 훨씬 더 긍정적인 영향을 미칠 수 있다. 이러한 방식으로 그들은 전체 시스템에 영향을 미치고, 시스템은 이들이 훨씬 더 생산적인 방식으로 가치를 창출할 수 있도록 자유를 제공한다.

커뮤니케이션 회사를 직원 매수 방식으로 매각하기 전 해에 나는 내가 큐레이터 역할을 너무 많이 한 것은 아닌지 고민하기 시작했다. 내가 부재 중인 집주인(다른 사람에게 맡기고 떠나 있는 방관자적인)처럼 된 걸까? 사무실에 나와 있으면 내가 방해가 된다는 느낌을 받곤 했다. 그때 나는 내가 기여할 수 있는 부분은 그들이 나를 필요로 하지 않는다는 사실을 깨닫는 것에 있다는 사실을 알게 됐다.

또한 나 자신의 리더십 스타일을 되돌아보면 스펙트럼의 한쪽 끝에 있다는 것을 알 수 있다. 한쪽 끝에는 구조와 질서, 통제를 중시하는 리더가 있다. 다른 한쪽에는 비전을 가지고 끊임없이 새로운 가능성을 보고 새로운 목표를 설정하는 비전가가 있다(그렇다, 나는 두 번째 유형이다!). 내가 여러 해 동안 이 맥락에서 유용하다고 생각한 또 다른 비유는 다니엘 브라운과 지츠케 크레이머Danielle Braun and Jitske Kramer가 쓴 『기업 부족The Corporate Tribe』에서 우아하게 묘사한 추장과 주술사의 차이이다.2 추장의 역할은 '집중력 유지, 결과 도출, 업무 프로세스 간소화, 세심한 주의, 계획 및 통제'이다. 주술사는 '변화의 리더… 가르치고, 대화를 촉진하고, 현재 상황을 이해하고, 미래를 설명하는…' 사람이다. 리더의 리더십 스타일은 선형적인 반면, 주술사 리더십 스타일은 보다 원형적이라고 주장한다. 본능적으로 나는 균형을 맞춰주는 파트너를 찾아왔다. 이러한 이중성, 즉 음과 양이 효과적인 리더십을 만들어내는 것 같다. 한 사람이 두 가지 자질을 모두 가질 수 없다는 말은 아니지만, 이는 많은 것을 요구하는 것이다! 기업가들에 대한 다양한 연구에서도 비슷한 결론에 도달했는데, 리더십의 모든 특성을 한 개인에게서 찾아야 한다는 생각은 나르시시스트의 마음을 사로잡고 어필할 수 있지만, 예외적인 경우에만 가능하다는 결론을 내렸다. 리더십 팀의 상호보완적인 특성이 일관된 리더십의 품질을 만들어낸다. 나는 지금 한 리더십 팀과 함께 일하고 있는데, 그 팀의 창업자이자 기업가는 행동가와 신비주의자의 혼합된 성격을 가지고 있다. 그는

74

창업자이자 대주주로서 막강한 권한을 갖고 있다. 하지만 그는 자신의 역할을 축소하여 다음 비전을 제시하는 프로젝트로 넘어가고 싶어 한다. 그러기 위해서는 팀 전체가 그의 강점을 어떻게 보완하고 자신감 있는 집단 리더십으로 성장하기 위해 무엇을 해야 하는지 그와 함께 논의해야 한다. 양쪽 모두 용기가 필요하다. 그리고 실제로 이 사례에서처럼 많은 팀이 도전에 나서는 것을 보았다.

『잘나가는 기업, 남다른 경영Doing It Different』3이라는 책에는 더 포용적인 리더십 스타일에 대한 많은 이야기가 담겨 있다. 그 출발점은 많은 분야에서 경쟁사와는 다르다는 자부심을 가진 기업들이 존재한다는 인식에서 시작했다. 이들은 고유한 철학을 갖고 이를 지키고, 조직을 재편하고, 즐겁게 일할 수 있는 환경을 조성하는 동시에 고객과의 약속 이행을 최우선으로 하는 시스템을 구축함으로써 차별화를 추구했다. 이러한 기업의 리더들은 대개 자신들이 만들고자 하는 가치를 몸소 실천하는 '괴짜' 인물들이었다. 이들과의 인터뷰를 통해 얻은 교훈 중 하나는 그들이 추구하는 가치는 경영대학원에서 배운 것이 아니라 삶의 경험에서 나온 것이며, 롤 모델이 되는 것이 리더의 역할에서 가장 중요한 부분 가운데 하나라는 점이다.

지배구조의 맥락에서도 비슷한 여정이었다. 이사회의 역할은 조직의 안녕에 대한 집단적 책임에서 시작된다. 영리기업에서 이러한 책임은 주주를 대신하여 행사된다. 반드시 조직의 생존을 의미하는 것은 아니며, 회사를 정리하는 것이 주주에게 최선의 이익이 될 수도 있다. 다른 분야에서는 이해관계자가 더 분산되어 있다. 최근 수십 년 동안의 교훈 중 하나는 다른 이해관계자를 희생시키면서까지 한 이해관계자를 지나치게 강조하는 것은 회사나 조직의 최선의 이익에 부합하지 않는다는 것이다. 다른 모든 것과 마찬가지로 지배구조도 예전보다 훨씬 더 복잡해졌다.

우수한 지배구조는 다양하고 경쟁적인 관점을 포괄하도록 발전해 왔으며, 다음과 같은 사항을 포함하고 있다.

- 수익 대 가치 창출: 단기적 이익 대 장기적 이익, 재정적 안정성 대 더 넓은 사회적 영향
- 성과 대 역량: 현재 제공하는 것과 향후 제공할 수 있는 것
- 조직을 독립적으로 바라보는 시각 대 끊임없이 진화하는 시스템의 일부로 보는 시각

이는 전략 계획을 리더십 팀과 이사회에만 맡기기에는 너무 중요하다는 것을 시사한다. 모두가 같은 목표를 향해 나아갈 수 있도록 명확한 방향 감각이 필요하지만, 조직의 최상위에 있는 레이더가 볼 수 있는 것은 제한적이다.

또 다른 의미는 주주에서 이해관계자로 옮겨가는 전략적 관심과 책임의 점진적인 진화는 폭과 깊이가 모두 중요하다는 것이다. 『좋은 조상The Good Ancestor4』은 내가 몇 년 동안 씨름해 온 문제를 '시간의 차원을 어떻게 통합할 것인가'라는 간단한 말로 표현했다. "손자 손녀들이 당신에 대해 뭐라고 말하길 원하십니까?"라는 질문은 이 과제를 잘 요약하고 있다!

1981년에 내가 처음 쓴 책은 기업 시민의식corporate citizenship에 관한 것이었다. 강력한 도덕적 리더십을 보여줌으로써 기업이 어떻게 이익을 얻을 수 있는지에 초점을 맞췄다. 깨달음을 얻은 사람들의 실천, 윤리적 문

제에 대한 용기 있는 대응 등을 통해 말이다. 나에게는 조직 내부와 외부를 아우르는 도덕적 리더십이 이제 재정 건전성만큼이나 중요하다는 확신이 점점 더 커지고 있다. 하지만 임원진 교육에서 이 문제를 심도 있게 다루는 경우는 드물고, 코치들은 이 민감한 영역에 침범하는 것을 두려워하는 경우가 많다. 이 글을 읽는 당신에게 던지는 나의 질문은 "이러한 상황을 바꾸기 위해 무엇을 할 수 있을까?"이다.

이를 돕기 위해 사회적 행동을 위한 7가지 질문을 소개한다.

- 오늘 해야 할 말 중 내일 하면 너무 늦을 것 같은 말은 무엇인가?
- 오늘 다르게 해야 할 일 중 내일은 너무 늦을 것 같은 일은 무엇인가?
- 오늘날 세상은 당신에게 어떤 롤 모델이 되기를 원하나?
- 여러분의 손주들이 여러분이 만든 세상을 물려받았을 때, 무엇에 대해 감사하고 무엇에 대해 비난할까?
- 필요할 때 옳은 일을 한 것으로 기억되고 싶다면, 오늘 무엇을 다르게 할 수 있을까?
- 오늘의 결정이 장기적으로 어떤 결과를 가져올지 명확하게 파악하려면 무엇이 필요하며, 이를 위해 당신은 어떤 역할을 할 수 있을까?
- 고독한 속삭임이 군중의 함성이 될 수 있도록, 다른 사람들과 어떻게 연결하고 영향을 미칠 수 있을까?

리더의 역할

구글 스칼라Google Scholar에는 리더십 기술과 자질에 관한 학술 논문과 서적이 400만 건에 달하며, 거의 모든 것이 영어로 되어 있다. 영어가 아닌 논문과 대중 문헌까지 더하면 리더십에 대한 관점은 천만 개 이상일 것이다. 중요한 것은, 이 모든 것의 공통점은 모두 다르다는 것이다!

우리는 리더십이 무엇인지 모른다. 하지만 다음과 같은 내용은 알고 있다.

- 리더십은 문화에 따라 다르며, 정직성과 같은 몇 가지 보편적 요소가 있다.
- 리더십에 대한 인식은 끊임없이 진화하고 있다. 1970년대의 리더십 교과서에서는 명령과 통제, 영웅적 리더에 대한 숭배를 강조하는 반면, 오늘날에는 권한 부여와 인간적 자질 발휘에 초점을 맞추는 경향이 있다.
- 직책이 리더인 것과 리더십은 다르다. 전통적으로 리더의 전유물로 여겨지던 많은 기능을 팀원들에게 분배할 수 있다.
- 외향적이라고 해서 반드시 좋은 리더가 되는 것은 아니다. 실제로 인시아드INSEAD의 연구에 따르면 직속상관의 경우 내성적인 상사가 약간 더 효과적이라고 평가된다.
- 리더를 선발하고 승진시키는 프로세스는 일반적으로 심각한 결함이 있다. 기존 리더는 잠재적 리더가 자신과 같은 사람이라고 가정하는 경향이 있을 뿐만 아니라, 소시오패스의 교묘한 조작 기술은 가장 성실한 승계 계획 프로세스를 무너뜨릴 수 있다.

리더십에 대한 나의 정의는 매우 간단하다. 리더십은 산을 움직이는 대화이다.

리더십에 대한 나의 초기 연구 중 하나는 어떤 회사는 장기적으로 번창하고 어떤 회사는 그렇지 못한 이유를 탐구하는 광범위한 연구의 일환이었다. 톰 피터스Tom Peters의『초우량 기업의 조건In Search of Excellence』이 영감을 주었다. 월터 골드스미스Walter Goldsmith와 나는 연구 방법을 개선하여 영국 기업에 초점을 맞춘『연승 행진The Winning Streak, 1985』을 출간했다. 그로부터 10년이 조금 지난 1997년, 우리는 이 연구를 다시 진행했다. 당시에는 우수한 기업 대부분이 인수 합병되었거나 길을 잃었다. 그 기간 동안 리더십이 훨씬 더 복잡해졌다는 사실을 깨달았다. 리더의 과제는 점점 더 시스템적으로, 즉 상충하는 여러 힘의 균형을 맞추는 것이었다. 그때 우리가 찾은 균형점은 다음과 같다.

- 통제 대 자율 – 직원들이 업무를 수행하고 마치 비즈니스의 주인처럼 행동할 수 있도록 최대한의 자유를 주면서도 일이 원활하게 진행될 수 있도록 충분한 통제력을 발휘하는 방법
- 장기적인 전략 대 단기적인 긴급성 – 장기적으로 생각하면서 현재에 대한 긴급성과 행동을 유지하는 것
- 진화적 변화와 혁명적 변화 – 점진적이고 누적적인 변화와 급격하고 광범위한 변화 사이의 효과적인 균형을 어떻게 보장할 수 있을까?
- 자부심과 겸손 – 어떻게 하면 위험한 자만심에 빠지지 않고 자신의 성취에 대한 정당한 자부심을 유지할 수 있을까?
- 집중과 폭넓은 시야 – 핵심 비즈니스와 새로운 기회에 동시에 집중

할 수 있는 방법은 무엇일까?(이를 이중관점이라고 부른다)

- 가치 대 규칙 – 최소한의 규칙과 통제를 통해 사람들이 올바른 일을 하도록 하려면 어떻게 해야 할까?
- 고객관리 대 고객 수 – 고객 수와 모든 고객에게 고유한 서비스를 제공해야 하는 필요성 사이에서 균형을 맞추는 방법은 무엇일까?
- 도전하는 사람 대 육성하는 사람 – 평범한 사람에게서 특별한 성과를 이끌어내는 방법
- 리더 대 관리자 – 역할로서의 리더십, 기능으로서의 관리
- 자연스러운 승계 대 갑작스러운 승계 – 경영진과 리더의 승계를 비교적 원활하게 진행하여 연속성과 새로운 방향의 필요성 사이의 균형을 맞추는 방법

가장 최근의 연구 가운데 하나로 한 세계 최대 기술 회사에서 가장 높은 성과를 내는 팀들의 역동성을 탐구했다. 공식적인 리더가 높은 성과를 낼 수 있는 환경을 조성하는 데 중요한 역할을 한 것이 분명했다. 그들은 '긍정적으로 취약함'을 보여줌으로써 자신은 물론 팀원들이 안전함을 느끼면서 자신감을 갖도록 해주었다. 우리는 이들을 '안정적인 리더'라고 불렀다. 우리가 파악한 이들의 특성은 다음과 같다.

- 자신에 대해 안정감을 느끼는 리더는 통제할 필요성을 느끼지 않는다. 이들은 상대적으로 쉽게 다른 사람들을 신뢰한다. 실수가 발생하더라도 이들은 충분히 넓은 어깨를 가지고 책임을 나눌 수 있기 때문이다.

- 이들은 대규모 팀을 관리하는 것이 불가능하고 무익한 일이라는 것을 잘 알고 있다. 대신 팀원들이 스스로 관리할 수 있도록 지원하는 것을 목표로 한다.
- 이들은 모든 정보를 전달받기를 기대하지 않으며 팀원들 간의 정보 전달을 중재할 필요도 느끼지 않는다. 대신 팀원들 간에 커뮤니케이션이 이루어지도록 하고, 관리자가 알아야 할 사항이 있을 때 관리자에게 알려주기를 기대한다.
- 이들은 자신의 역할 중 일부를 외부의 방해 요소로부터 팀을 보호하는 것으로 생각하며, 모두가 팀의 전체 목표를 이해하고 이를 향해 맞춰가는 것을 마찬가지로 중요한 일이라고 생각한다.
- 이들은 자신감이 넘치므로 팀원들의 피드백에 개방적이며 이를 환영한다. 이들은 '성장 마인드셋'을 가지고 있으며, 자신과 팀의 발전에 동등하게 집중한다.
- 이들은 팀 목표뿐만 아니라 팀원 개개인에게도 관심을 기울인다. 인간적인 상호작용을 위해 시간을 할애한다.
- 이들은 기업 가치의 롤 모델이다. 그들은 자신들도 발전하는 중임을 인식하고 그 점에 대해 편안해한다.

나는 이전에 수행한 인재관리에 대한 연구에서 조직에서 일어나는 리더십 활동의 대부분이 공식적인 구조 밖에서 일어난다는 사실을 확인했다. 이런 일들이 어떤 일들인지 이해하기 위해 나는 리더십의 발휘를 세 가지 필수 기능으로 축소했다.

- 주의가 필요한 이슈(문제, 기회 또는 단순한 흥미) 파악하기
- 해당 문제를 해결할 수 있는 대안을 파악하고 가장 적합한 방법을 선택하기
- 실행하기 – 필요한 자원 확보, 역할 명확화, 다른 사람들의 적극적인 참여 유도, 진행 상황 측정/모니터링 등

리더라는 직함을 가진 사람이 이 모든 일을 한다고 생각하는 것이 일반적인 가정이다. 하지만 내가 조직 내에서 관찰한 현실은 이러한 활동의 대부분이 공식적인 구조 밖, 주로 자율적으로 조직된 그룹 내 인트라넷을 통해 이루어졌다는 것이다. 그리고 거의 항상 인재관리 및 승계 계획 시스템의 레이더망 아래에서 이루어졌다. 어떻게 이런 일이 일어날 수 있을까? 리더십에 대한 전통적인 통념은 한 사람이 이 세 가지 기능을 모두 수행할 것으로 기대하기 때문이다. 효과적인 리더십은 개인보다는 집단에 있다는 사실이 점점 더 분명해지고 있다. 아무리 훌륭한 리더라도 세 가지 기능을 모두 탁월하게 수행하기란 쉽지 않다. 그들은 상호보완적인 강점을 가진 다른 사람들로 팀을 구성함으로써 이를 보완한다.

공식적 리더에게 특별한 지위를 부여하는 것의 문제점은 그 또는 그녀가 자신에게 투사된 영웅적 이미지에 부응해야 한다고 느낀다는 것이다. 전 세계 모든 직급의 리더들이 불가능한 기대에 부응하려다 보니, 가면 증후군imposter syndrome의 희생양이 되고 있다.

한 가지 해결책은 리더십을 집단 활동으로 재정의하는 것으로, 이때 명목상의 리더는 소수의 핵심 역할에 대한 책임을 지며 상황에 따라 다른 역할이 추가될 수 있는 것이다. 나는 몇 달 동안 리더가 보여줘야 할 역량이

나 특성이 아니라 리더가 실제로 어떤 일을 하는지에 대한 근거에 기반한 기사를 찾으려고 노력했다. 간신히 찾은 문헌을 워크숍 그룹과 공유하고 리더만이 할 수 있다고 생각하는 일이 무엇인지 물어보았다. 그룹에서 분산형 리더십의 사례를 찾을 수 없었던 두 가지 기능, 즉 자원 및 권한 부여를 위해 상사 측과 연락하는 것과 외부의 간섭으로부터 팀을 보호하는 것만 발견되었다.

물론 상황이 중요하다. 팀의 역량과 자신감에 따라서 공식 리더 역할의 소수의 핵심 역할에는 예를 들어 다음과 같은 것들이 포함될 수 있다.

- 사람들이 책임감을 갖고 행동할 수 있도록 심리적 안전 분위기 조성하기
- 상호 코칭 및 자기 개발과 같은 행동의 롤 모델링을 통하여 좋은 팀워크 촉진하기(예: 솔선수범)
- 함께 성찰하는 시간 만들기
- 멘토링하기
- 팀의 에너지를 모니터링하고 에너지가 부족할 때마다 지원적인 조치를 취하기

또한 리더와 팀 간의 인터페이스의 특성에 따라 많은 것이 달라진다.

- 리더가 팀 내에서 유사한 업무와 책임을 수행하지만 '동료 중 첫 번째' 역할을 하는 경우
- 리더가 팀 외부에서(아마도 여러 팀을 관리하면서) 방향성을 제시하고 성

과를 모니터링하지만 각 팀의 세부 업무에는 전혀 관여하지 않는 경우

- 이 두 가지 역할을 혼합한 형태

리더십 스타일은 경우에 따라 다를 가능성이 크다. 팀 외부에 있는 리더의 경우, 팀과 공유되지 않는 특권적 정보를 보유하는 것이 일반적일 수 있다. 그러나 리더가 팀 내부에 있는 경우, 이러한 정보를 숨기고 있다는 것이 밝혀진다면 심리적 안전감이 쉽게 손상될 수 있다. 내부와 외부를 겸하는 리더는 어려운 상황에 놓이게 될 수도 있다.

VUCA 세계에서 리더의 핵심 자질

코치와 멘토의 역량에 대해 방대한 양의 글이 쓰였고, 훌륭한 리더의 자질에 대해서는 훨씬 더 많은 글이 있다. 이 가운데 많은 부분이 상반되며 상황이나 맥락에 따라 달라진다. 예를 들어 코치와 리더의 바람직한 특성에 관한 연구는 문화적 요인에서 비롯된 기대와 관점에 상당한 차이가 있음을 보여준다. 마치 전체 산업이 이러한 특성을 표현하는 새로운 단어들, 예를 들면 진정성, 연결성, 학습 민첩성 등을 만들어내는 데 몰두하는 것 같다.

얼마 전 나는 안개 속을 헤쳐나가야 한다는 과제를 스스로에게 부여했다. 연구와 성찰을 위한 나의 질문은 다음과 같다.

더 큰 선greater good을 이루기 위해 다른 사람에게 영향을 미치는 임무를 맡은(또는 자발적으로 그 임무를 맡은) 최적의 기능을 가진 인간의 본질은 무엇인가? 물론 이 질문에는 잠재적으로 제한적인 가정이 있을 수 있다. 모든

리더가 더 큰 선을 이루는 것을 염두에 두는 것은 아니며, 사회병리적인 스펙트럼의 많은 리더는 개인적 이익만을 추구한다. 게다가 더 큰 선을 이룬다는 것은 그 자체로 위험을 내포하는 개념이다. 최적의 기능 역시 해석이 다를 수 있는 개념이다. 예를 들어, 나는 이 용어에 합리적인 수준의 지능과 심각한 정신 질환이 없는 것을 당연하게 생각했지만 신체적 장애의 측면은 무시했다.

나는 이러한 제약을 수용하여 독서와 대화, 특히 코치들의 전문적 실무에 대한 슈퍼비전 대화에서 다양한 관점(철학, 종교, 성인 발달 과학, 웰빙, 코칭, 멘토링, 리더십 관련 문헌)을 통합하는 일관된 패턴을 찾았다. 그 결과 최적의 기능을 발휘하는 코치, 멘토, 리더의 기반이 되는 다음과 같은 4가지 핵심 덕목 또는 자질을 발견했다.

- **연민** 연민은 공감보다 훨씬 더 긍정적이고 유용한 특성이다. 공감은 누군가와 함께 느끼는 감정으로, 감정 과부하, 거리두기, 극단적으로는 무감각으로도 이어질 수 있다. 연민은 다른 사람에 대한 감정이며 그들의 고통을 덜어주고자 하는 욕구를 동반한다. 연민의 핵심 구성 요소는 자아인식, 친절, 자기 연민, 수용, 평정심이다. 최근 성과가 높은 팀을 대상으로 한 연구에서 관찰된 주요 사항 중 하나는 연민이 있는 팀의 리더가 성과가 낮은 팀의 리더보다 훨씬 더 큰 개인적 안정감을 갖는 경향이 있다는 것이다. 이들은 자신과 타인에 대한 자신감이 있고, 실수(자신 또는 타인의 실수)를 용서할 수 있다. 자신에 대한 신뢰가 있기 때문에 다른 사람에게도 신뢰를 확장할 수 있으며, 이를 통해 다른 사람들이 결정을 내리고 스스로 관리하도록 권한을 부여

할 수 있다. 자기 연민은 우울증, 역기능적 자기 비판, 신체적 질병의 가능성을 줄여준다. 또한 면역 체계 기능을 개선하는 것으로 알려져 있다.

- **호기심** 호기심에는 창의력이 깃들어 있다. 호기심이 없는 마음은 새로운 아이디어를 생성하기 위해 개념을 쉽게 결합하지 못하기 때문이다. 호기심은 내면의 세계(내가 왜, 어떻게 생각하고, 느끼고, 행동하고, 기능하는가?)와 외부 세계와의 상호작용 방식, 그리고 그 세계 자체가 어떻게 기능하는지를 탐구하게 한다. 호기심의 주요 구성 요소에는 마음챙김, 고차원적 추론, 학습 지향성이 포함된다.

- **용기** 용기는 올바른 일을 할 수 있는 능력이다. 개인적 위험과 더 넓은 범위의 위험에 대처할 수 있다. 용기의 핵심 요소에는 자신의 가치관을 명확히 하고, 깊은 윤리의식을 가지며, 긍정적으로 자기 비판적인 태도를 갖는 것이 포함된다. 용기는 과거에 대한 집착을 버리고 앞으로 나아갈 수 있는 힘, 그리고 좌절에 대한 회복력이다. 용기는 또한 호기심을 통해 생성되거나 지지하는 꿈을 현실이 될 때까지 실천하려는 의지를 포함한다. 용기는 우리가 어려운 결정을 내리고, 대화를 나누고, 피하고 싶은 문제를 피하지 않고, 우리가 원하는 사람에 가까운 방식으로 행동할 수 있게 해준다.

- **연결성** 남아프리카공화국에는 우분투Ubuntu라는 단어가 있다. '우리가 있기에 내가 있다'라는 뜻이다. 미국과 같은 개인주의 문화에서는 이러한 상호 연결성을 인정하기 어려울 수 있다. 아무도 나를 따르지 않는다면 나는 리더가 될 수 없다. 누군가 이끄는 사람이 없다면 팔로워가 될 수도 없다. 사실 우리 대부분은 다른 사람은 말할 것도 없

고 자신과도 잘 연결되어 있지 않다. 더 넓게는 인간 사회, 환경 또는 그 너머의 흐름과도 잘 연결되어 있지 않다. 인간의 뇌는 우리가 원한다면 주의를 기울일 수 있는 대부분의 것들을 걸러내도록 설계되어 있다. 대안은 자폐 스펙트럼의 가장 고통스러운 부분에서 발생하는 현상이다. 여기서는 감각 과부하가 참을 수 없을 정도가 된다. 이에 대한 자세한 내용은 '5장 인간의 연결성'에 관한 내용에서 살펴보겠다.

코치, 멘토, 리더 등 어떤 역할을 맡든, 우리의 주된 역할은 사람들이 자신의 내면과 외부 세계를 더 잘 이해하도록 도와 자신과 타인을 위해 보다 건설적인 선택을 할 수 있도록 하는 것이다. 실제로 우리는 우리의 연민, 호기심, 용기, 연결성을 사용하여 그들의 연민을 자극하고 지원한다. 리더십의 실패를 볼 때, 그 원인이 지식이나 기술 부족과 관련이 있을 수 있지만, 내가 조사한 모든 사례의 근본 원인은 이 네 가지 자질 중 하나 이상의 결핍에서 찾을 수 있었다. 예를 들어, 잘못된 결정은 일반적으로 대안적인 관점이나 정보를 인정하지 않으려 하거나(호기심 부족 및 낮은 연결성), 근시안적인 사고에 도전하지 못하거나(용기 부족), 이해관계자에게 미치는 영향을 무시하거나 과소평가하는(연민과 연결성 부족) 데서 비롯되었다.

코칭과 멘토링에서도 마찬가지이다. 수백 명의 코치들을 관찰하면서 자아인식과 자기 연민이 있는 것과 코칭/멘토링 대화의 깊이와 질 사이에는 광범위한 상관관계가 있음을 확인할 수 있었다. 가장 효과적인 코치와 멘토는 상대방은 물론 상대방이 자신이 처한 상황을 어떻게 보는지에 대해 깊은 관심을 가진다. 고객은 해결해야 할 문제가 아니라 함께 탐구해야 할 세계이다. 그들은 대화의 주도권을 놓을 수 있는 용기와 고객의 세계의 '유익하지만 고통스러운' 측면에 접근할 수 있는 고차원의 통찰력 있는 질문을 던질 수 있는 용기를 가지고 있다. 그들은 자신과 마주하는 고객이라는 존재와 그를 둘러싸고 있는 시스템과의 연결의 힘을 통해 존재감을 발휘한다. 동정심, 호기심, 용기, 연결성을 갖춘 사람이 되는 것은 하루아침에 이루어지지 않는다. 시간과 성찰, 연습이 필요하다. 나는 이제 자주 스스로에게 물어보게 되었다. '오늘 또는 이번 주에 나는 무엇을 했기에 더 연민이 있고, 더 호기심이 많고, 더 용기가 있고, 더 연결될 수 있었을까?' 그리고 나는 여전히 '진행중'이라는 결론을 내린다.

이러한 특성에 대해 좀 더 자세히 살펴보겠다.

호기심

「하버드 비즈니스 리뷰」의 2018년 9~10월호에는 호기심을 자극하는 여러 기사가 실렸다. 에곤 젠더Egon Zehnder는 7가지 리더십 역량(결과 지향성, 전략적 지향성, 협업과 영향력, 팀 리더십, 조직 역량 개발, 변화 리더십, 시장 이해)을 측정한다. 호기심은 이 모든 항목에서 리더십 강도를 가장 잘 예측하는 지표이다.

호기심이 매우 많은 임원들이 최고 경영진으로 승진하지 못하는 경우는 보통 그들이 도전적인 업무나 직무 순환에 덜 노출되어 있기 때문이다.

특히 여러 회사에서 근무한 경험, 다양한 고객에게 서비스를 제공한 경험, 해외 또는 다문화 팀에서 근무한 경험, 더 많은 비즈니스 시나리오를 경험한 경험, 대규모 팀을 관리한 경험 등이 도움이 될 수 있다.[5]

같은 호에 실린 프란체스카 지노Francesca Gino의 또 다른 기사에서는 호

기심의 이점에 대해 아래와 같이 설명하고 있다.[6]

- 의사결정 오류 감소 – 대안을 만들어내면서 확증 편향을 감소시킨다.
- 혁신 – "가장 호기심이 많은 직원들은 [콜센터에서] 동료들로부터 가장 많은 정보를 구했고, 그 정보는 … 고객의 문제를 해결하는 데 창의성을 높여주었다."
- "우리는 힘든 상황을 더 창의적으로 바라본다… 호기심은 스트레스에 대한 방어적 반응을 낮추고 도발에 대한 공격적 반응도 낮춘다."
- 자연스러운 호기심은 높은 업무 성과와 관련이 있다.
- 그룹 갈등 감소 – "호기심은 그룹 구성원이 서로의 입장에서 생각하고, 서로의 아이디어에 관심을 갖도록 격려하며, 자신의 관점에만 집중하지 않게 한다."

세 번째 기사에서는 호기심의 다섯 가지 차원을 제안했다.[7]

1. 결핍에 대한 민감성 – 지식의 격차를 인식하고 이를 채우면 안심할 수 있다.
2. 즐거운 탐험 – 세상의 매혹적인 특징에 대한 경이로움에 빠져든다.
3. 사회적 호기심 – 다른 사람들이 생각하고 행동하는 것을 배우기 위해 말하고, 듣고, 관찰한다.
4. 스트레스 내성 – 새로움과 관련된 불안을 기꺼이 받아들이고 심지어 활용하려는 의지를 보인다.
5. 모험 추구 – 다양하고 복잡하며 강렬한 경험을 얻기 위해 신체적, 사

회적, 재정적 위험을 기꺼이 감수한다.

처음 네 가지는 모두 업무 성과 향상과 밀접한 관련이 있는 것으로 알려져 있다.

호기심은 학습 민첩성과도 밀접한 관련이 있는데, 컬럼비아대학의 W. 워너 버크W. Warner Burke는 이를 9가지 차원으로 분류했다: 유연성(새로운 아이디어와 솔루션에 대한 개방성), 속도(신속하게 행동할 수 있음), 실험(새로운 행동 시도), 성과 위험 감수(새로운 도전), 대인관계 위험 감수(의견 차이를 학습의 기회로 포착), 협업(추가적인 관점과 지식을 제공할 수 있는 다른 사람과 협력), 정보 수집(관련 정보를 적극적으로 찾고 이를 제공하는 네트워크를 개발), 피드백 추구 및 성찰(생각할 시간을 갖는 것) 등이 그것이다.

흥미롭게도 다른 연구에 따르면 호기심은 육체적 배고픔과 거의 동일한 뇌 영역을 활성화한다고 한다. 사람들이 '지식에 대한 굶주림'을 가지고 있다는 말은 생각보다 진실에 가깝다!8

용기

용기를 가지고 행동하는 것은 효과적이고 혁신적인 리더십과 가장 밀접한 관련이 있는 특성 가운데 하나이다. 하지만 코치와 멘토는 종종 고객이 옳다고 믿는 일을 실행하는 것과 그 결과에 대한 두려움 사이에서 갈등하는 것을 발견한다. 용기는 때때로 두려움이 없는 것으로 오해되기도 하지만, 더 정확하게는 두려움과 함께, 그리고 이를 극복하면서 일하는 것이다.

용기를 내면 자신감, 진정성, 다른 관점과 새로운 경험에 대한 개방성, 커리어 및 기타 기회가 생겼을 때 더 잘 포착할 수 있는 능력 등 여러 가지

이점이 있다. 용기와 높은 행복감의 상관관계에 관한 증거도 있다. 자신의 두려움을 극복하지 못하는 사람들은 대개 야망이 작다.

용기가 있는 것은 다른 사람들에게도 영향을 미친다. 리더가 보여주는 용기의 정도는 팀이 일하는 분위기를 조성한다. 용기가 항상 팀의 효율성과 연관되는 것은 아니지만, 소심함은 일반적으로 팀의 평범함을 나타내는 지표이다. 그리고 두려움이 많은 리더는 세세하게 관리하는 경향이 있다.

코칭과 멘토링 대화는 사람들이 자신의 두려움을 인식하고 직면하는 데 도움이 될 수 있다. 또한 사람들이 두려움을 소중히 여기는 법을 배우도록 도울 수 있다. 두려움이라는 감정은 위협을 인식하고 이에 대처하기 위한 본능적인 보호 메커니즘으로 진화했다. 생존은 종종 위협을 피하기 위해 두려움이 우리를 통제하게 하는 데 달려 있었다. 두려움은 우리가 통제력을 되찾지 못할 때 역기능을 하게 된다.

좋은 소식은, 용기의 수준을 높이기 위해 우리가 할 수 있는 일이 많다는 것이다. 실용적인 단계는 다음과 같다.

1. 두려움에서 호기심으로 한 발 물러난다. 내가 구체적으로 무엇을 두려워하는가? 두려움을 먼저 자신에게 표현한 다음 적절한 경우 다른 사람에게 표현하면 인지된 위협에 대한 정서적, 신체적 반응에 대한 두려움의 지배력을 완화할 수 있다.
2. '물 속에 발가락을 넣을 수 있는' 정도의 작은 단계와 실험을 찾아본다.
3. 용기를 발휘하는 상황과 두려움을 느끼는 상황을 정신적으로 연결, 즉 상상해본다. 스포츠 선수들은 때때로 잘못될 수 있는 상황에 대한 억압된 두려움에 주의를 기울임으로써 예상치 못한 방식으로 경기력

을 조절할 수 있는 방법을 발견하기도 한다.

4. 용감하게 행동할 때를 알아차리고 스스로에게 칭찬을 해준다. 더 자주 할수록 더 쉬워진다.

5. '겸손한 용기'의 롤 모델을 찾아보고 그들에게서 배우려고 노력한다. 겸손한 용기는 압박감 속에서도 진정성 있게 행동할 수 있는 용기를 갖는 것이다. 소란스럽게 많은 소음을 내는 것이 아니다.

6. 스트레스 관리하기. 스트레스 수준이 높을수록 본능적인 공포 반응을 제어할 수 있는 능력이 떨어지고 더 큰 장애물이 나타나게 된다.

7. 스스로에게 "나는 누구를 위해 용기를 내고 있는가?" 질문한다. 원칙을 옹호할 때 우리는 나 자신만을 위한 것이 아니라 더 넓은 영향력을 추구하며, 이는 옳은 일을 하는 것과 목소리를 내는 것 사이의 연결고리를 강화한다.

8. 가지고 있는 다양한 자원을 활용한다. 우려되는 이유(본인 또는 타인에 대한)와 관련된 감정을 명확히 표현해본다 – 열정적인 내러티브는 "불평하고 싶지는 않지만…"이라는 말보다 훨씬 더 큰 영향력을 발휘한다. 다수의 안정성을 활용한다 – 우려 사항이 있다면 다른 사람들도 이를 공유할 가능성이 높으며, 함께라면 훨씬 더 큰 목소리를 낼 수 있다. 다른 사람들과 함께 입장을 표명하는 방법을 연습한다.

용기는 배울 수 있는 특성이다. 조직 내 모든 계층의 고객이 직면한 문제의 복잡성으로 인해 혼란을 헤쳐나가고 용기와 배려의 리더십을 발휘할 수 있는 리더가 점점 더 필요해지고 있다는 점에서 다행스러운 일이다.

연민

　코칭 교재에는 리더와 코치가 공감 능력을 개발하기 위한 조언이 가득하다. 상식적으로 들리지만 이러한 조언은 신뢰할 만한 증거에 근거한 것은 아니다. 오히려 그 반대일 수도 있다. 지나친 공감은 번아웃과 밀접한 관련이 있는 위험하고 건강에 해로운 중독일 수 있다.

　하지만 문제는 훨씬 더 광범위하다. 연구자들은 낯선 사람이나 영화 속 가상의 인물이 보여주는 고통이 다른 사람에게 부정적인 정서적, 신체적 반응을 일으키는 것을 설명하기 위해 '감정 전염emotional contagion'이라는 용어를 만들어냈다. 공감 과부하로 인해 우리는 스스로에게 미치는 영향에 대처할 수 없기 때문에 도움이 필요한 상황을 피하게 될 수 있다.

　대부분의 상황에서 필요한 것은 공감Empathy이 아니라 연민이다. 공감은 다른 사람과 함께 느끼는 감정인 반면, 연민은 상대방을 위해 느끼는 감정이다. 신경학적으로 공감과 연민은 서로 다른 뇌 자원을 사용한다.

　연민은 감정적 얽힘에서 한 발짝 물러나 상대방과 상대방의 상황 모두에 집중할 수 있게 해준다. 공감은 "이런 일이 나에게 일어난다면 나는 어떻게 느끼고 어떻게 해야 할까?"라는 모드에 우리를 가두고 우리 자신의 불안이나 고통을 완화할 수 있는 해결책으로 우리를 밀어붙인다. 연민은 상대의 고통을 덜어주는 데 우리의 관심을 집중시킨다.

　연민은 우리가 다음과 같은 질문을 할 수 있도록 해준다.

- 이 사람에게 지금 가장 필요한 것은 무엇인가?
- 이러한 상황에서 벗어나려면 무엇이 바뀌어야 할까?
- 그들이 정상으로 돌아가기 위해 필요한 내면에 가지고 있는 자원은

무엇인가?

- 고객의 맥락에서 어떤 긍정적 변화가 가능할까?

  그렇다면 어떻게 연민을 키울 수 있을까? 최근 몇 년 동안 신경과학, 불교 명상, 마음챙김의 관점과 실천을 혼합하여 연민 훈련에 대한 다양한 접근 방식이 등장했다. 이 모든 접근법의 핵심은, 연민은 감정이라기보다는 마음가짐이라는 것이다. 이 모든 것에서 얻을 수 있는 교훈은 연민은 학습하고 향상시킬 수 있다는 것이다. 임상의와 중등 및 고등 교육 과정의 학생들을 대상으로 한 실험에서도 심혈관 기능 개선부터 면역 체계 강화, 염증 감소에 이르기까지, 자비심을 키우면 건강에 상당한 이점이 있다는 사실이 밝혀졌다.

  연민을 키우는 과정을 3가지 요소로 분류할 수 있다.

- 우리가 연민을 느끼는 범위를 넓히기
- 더 많은 자기 연민을 배우기(자기 연민은 감정적인 힘과 회복력을 제공하여, 당황하거나 자존심이 상했을 때 더 빨리 회복할 수 있게 한다. 이는 우리의 결점을 인정하고 해결하는 것을 더 쉽게 만들어준다.)
- 다른 사람들과 자신에게 연민을 느낄 수 있는 환경 만들기

연민의 소주제 넓히기

  일반적으로 연민의 범위가 넓을수록 코치로서 연민의 접근 방식을 채택하기가 더 쉽다. 신경학 연구에 따르면 우리는 가족, 친구, 나와 비슷하다고 인식되는 사람 등 '그룹 내'에 대해 더 쉽게 연민을 느낀다고 한다. 우리

에게 더 멀거나 '외계인'일수록 우리는 고통에 덜 관심을 기울이고 더 비판적인 경향이 있다. 따라서 난민에 대한 동정심은 "왜 스스로 문제를 해결할 수 없는가?"와 같은 이성적인 사고에 의해 사라질 수 있다.

우리는 고통을 겪고 있는 소외계층의 관점을 이해하려고 노력함으로써 연민의 범위를 넓힐 수 있다. 이를 위한 가장 좋은 방법은 그들과의 대화에 참여하여 개인으로서 그리고 그들이 처한 상황에 대해 '공감적 호기심'을 보이는 것이다. 그들의 이야기를 경청하는 것은 우리의 정서적 기억에 강력하고 지속적인 영향을 미친다.

또한 우리 자신의 연민의 한계에 대한 인식을 높일 수도 있다. 고객의 태도나 행동(또는 우리가 마주치는 모든 사람의 태도나 행동)에 짜증이 날 때 스스로에게 물어볼 수 있다:

"내가 그들에게 더 많은 연민을 느끼고 있었다면 이런 기분이 들었을까? 내가 더 많은 연민을 가지면 그들이 생각하고 행동하는 방식에 어떤 도움이 될 수 있을까?"

더 일반적으로, 우리는 성찰을 통해 더 넓은 연민을 키울 수 있다.

- 내가 못마땅하게 여기는 사람에게 어떤 친절을 베풀 수 있을까?
- 이상적인 나는 얼마나 많은 연민을 가지고 있을까?
- 지금 내가 생각하거나 할 수 있는 가장 관대한 일은 무엇일까?"

자기 연민을 키우는 법 배우기

우리 모두는 자신의 약점과 실수에 대해 '최악의 비평가'가 되어 스스로를 자책하는 경향이 있다. 자존감이 높은 것처럼 보이는 사람들도 내면의 비평가와 고통스러운 대화를 나눈다. 자기 연민은 내면의 비평가를 침묵시키는 것이 아니라 생존을 위한 도구로 진화했으며 개인의 성장에 중요한 역할을 계속하고 있다. 그러나 인간의 다른 기관이나 시스템과 마찬가지로 내면의 비평가도 지나치게 활성화되면 기능 장애를 일으킨다.

내면의 비판자를 무시하는 것이 아니라(여전히 잠재의식 속에서 열심히 일하고 있을 것이다!) 듣는 방식을 바꾸면 자기 연민을 강화할 수 있다. 이름과 성격을 부여한다 – 마치 실제 사람처럼 대한다. 호기심을 가지고 대화에 접근한다 – "당신이 내게 말하는 내용과 그 이유를 이해하고 싶다." 가능한 한 실제 대화처럼 한다. 이제 내면의 비평가가 도움을 주려고 노력한 것에 대해 감사하고 이번에는 왜 그들의 조언이나 관점을 받아들이지 않을 것인지 이야기한다. 이제 내면의 비평가와 정반대인 자기 연민에 찬 자아와의 대화로 전환한다. 마지막으로, 여전히 불안감을 느낀다면 코칭 기술을 활용하여 내면의 비평가와 자기 연민적인 자아 사이의 대화를 촉진한다.

자기 연민을 갖는다는 것은 실수나 나쁜 생각, 약점을 부정하는 것이 아니다. 오히려 실수를 인정하고 우리 모두가 시행착오를 겪으며 성장하는 '현재 진행형'이라는 사실을 받아들이는 것이다. 실수를 하지 않는다면 우리는 성장하고 있지 않은 것이다. 우리 자신이나 다른 사람들을 실망시키거나 우리의 가치에 부응하지 못한 사실에 초점을 맞추는 것은 성장과 개선에 도움이 되지 않는다(내면의 비평가가 지원해야 하는 것이 바로 이 부분이다). 훨씬 더 효과적인 방법은 고객과 마찬가지로 그 경험에서 어떤 교훈을 얻을 수 있는지에 집중하는 것이다.

우리의 행동을 되돌아보거나 자기 의심이 들 때 가끔 스스로에게 물어볼 수 있는 유용한 질문은 다음과 같다.

- 나 자신의 무엇을 용서할 수 있을까?
- 오늘(또는 이 상황에서) 나 자신을 위해 할 수 있는 작은 친절은 무엇일까?
- 나를 진심으로 사랑하는 사람은 지금 나에게 뭐라고 말할까?

자신과 타인을 배려할 수 있는 환경 만들기

여기서 환경이란 물리적 위치를 의미하는 것이 아니다. 어디서든 다른 사람에게 연민을 베풀 수 있다. 환경은 주로 내 안과 주변에서 일어나는 일과 관련이 있다. 연민은 혼돈 속에서도 평온한 상태에서 가장 잘 발현된다.

연결성

5장에서는 연결성의 개념에 대해 더 자세히 살펴본다. 연결성의 4가지 영역을 정의한다.

- 자신과의 연결 – 자아인식, 자기 반성 등
- 다른 사람과의 연결 – 타인 인식, 감성 지능, 네트워킹 등
- 다른 사람이 속해 있는 시스템과의 연결 – 시스테믹 인식
- 더 넓은 에코시스템과의 연결 – 생태계 인식

'온전한 사람을 만드는 것은 무엇인가?'라는 질문은 나를 오랫동안 사로잡아 왔다. 명확한 답을 찾지는 못했지만, 온전함은 연결과 뗄 수 없는 관계에 있는 것 같다. 많은 심리학 이론은 관련된 개념인 완성도에 대해 다루고 있다. 온전함이나 완전함은 달성 가능한 것일까? 그렇다면 그것은

어떤 모습일까? 네 가지 수준 모두와 연결되지 않고도 완전할 수 있을까? 만약 답이 있다면, 그것은 아마도 과학의 영역이 아니라 철학 또는 과학과 철학의 교차점에 있을 것이다.

리더의 성장 잠재력 평가하기

인재관리의 가장 큰 실패 요인 중 하나는 여전히 리더가 현재 가진 역량에 더 많은 비중을 두고, 예측할 수 없는 미래에 필요한 역량을 개발할 수 있는 능력과 잠재력에 대해서는 상대적으로 신경을 덜 쓴다는 점이다. 나는 사우디 보건부로부터 리더의 빠른 학습 능력을 평가하기 위한 일련의 기준을 설계해달라는 요청을 받았다. 이 기준을 개발 자원을 할당하는 전략의 일환으로 사용하려는 목적이었다. 리더십 잠재력을 예측할 수 있는 완벽한 방법은 없으며, 그저 사람을 리더십 역할에 배치하고, 그들을 지원하며, 그들이 어떻게 성과를 내는지 관찰하는 것이 가장 확실하다. 나는 진단에 의존하기보다는 인터뷰를 통해 살펴볼 수 있는 핵심 영역을 파악하는 방법을 선택했고, 그 결과 5가지 영역이 도출되었다. 이 5가지는 심도 있는 대화를 위한 프레임워크를 구성한다.

1 그들이 학습을 어떻게 관리하는가에 대한 평가, 특히,
   – 스스로를 개발하고 타인을 개발한 이력이 있는가?
   – 경험을 성찰하여 배움과 지혜를 동시에 얻는 능력을 보여주는가?
   – 더 고위 리더십 역할에 필요한 리더십 스킬을 개발하는 맥락에서 자신의 미래 학습을 계획할 수 있는가?

지표:

- 낮음: 기술 지식에만 초점을 맞추고, 리더로서의 자기개발에는 거의 관심을 기울이지 않음. 다른 사람을 개발하는 일에 대한 열정이 거의 없음(역할에 육성이 포함되어 있더라도). 자기개발에 대해 단순하고 선형적인 관점을 취함.
- 높음: 자신과 타인의 리더십 스킬을 개발하는 데 초점을 맞춤. 자기개발에 대한 복합적이고 적응적인 시스테믹 관점을 취함.

2 *그들이 자신의 강점과 약점을 어떻게 관리하는지.* 효율적인 리더는 자신의 강점과 약점을 명확히 파악하고 있으며, 강점을 지나치게 사용하면 약점이 될 수도 있음을 안다. 또한 약점을 '고치는 것'보다는 이러한 영역에서 '충분히 괜찮은 것'에 초점을 맞추고 약점을 보완할 수 있는 역량을 가진 사람들과 팀을 꾸린다.

지표:

- 낮음: 강점과 약점을 명확하게 표현하지 못함. '자신의 것'으로 받아들이지 않는 것으로 보임. 이를 관리하기 위한 명확한 전략이 없음.
- 높음: 자신의 강점과 약점에 대해 깊이 성찰하고 이를 관리하기 위한 전략을 가지고 있음.

3 *그들이 에너지를 어떻게 집중하는지.* 효과적인 리더는 모든 일을 다 할 수 없으며 에너지가 유한한 자원이라는 사실을 인식한다. 따라서 그들은 자신이 동기유발을 할 과제나 자신의 미션 또는 목적에 부합하는 일에 에너지를 사용한다. 이 영역에 대한 연구는 알렉스 린리 Alex Linley의 강점 관련 책『평균에서 A+로Average to A+』에 잘 나와 있

다. 리더십 잠재력이 높은 사람들은 경력 초기에 이 교훈을 배우는 경향이 있으며, 중요한 일에 에너지를 집중해서 성과를 만들고 그 성과로 인해 주목받게 된다.

지표:

- 낮음: 무엇이 동기를 유발하는지 또는 주요 업무에 에너지를 어떻게 적용하는지에 대한 감각이 거의 없음.

- 높음: 자신을 동기유발하는 것이 무엇인지에 대한 강한 이해와 그 에너지를 핵심 과제에 어떻게 적용하는지에 대한 명확한 감각을 가지고 있음.

4 그들의 사명이나 목적의 명확성

그들은 자신과 더 큰 목적을 위해 무엇을 원하는지 알고 있다. 소시오패스형 리더는 자신을 위한 긍정적인 결과를 만드는 데 집착하는 반면, 효율적인 리더는 사명을 달성하는 데 더 중점을 둔다(자신에게 이익이 되는 결과에는 다소 덜 중점을 둘 수도 있다). 사명에 대한 열정적인 헌신의 중요성에 관한 증거는 『초우량 기업의 조건』과 그 너머로 거슬러 올라간다. 워렌 베니스Warren Bennis의 경영과 리더십에 관한 연구에서도 이 요소의 중요성을 강조한다.

지표:

- 낮음: 자신이 하는 일과 더 넓거나 높은 사회적 목적을 섬기는 것 사이의 연결이 거의 없으며, 만약 연결이 있다 해도 일반적인 개념에 그치고, 자신이 구체적으로 변화를 이루고자 하는 방법은 명확하지 않음. 이는 "그냥 직업의 일부분일 뿐, 내 개인적인 정체성의 일부는 아니다"라고 설명할 수 있음.

- 높음: 자신이 하는 일과 더 광범위하고 더 높은 사회적 목적 사이에 강한 연관성을 느낌. 자신의 개인적인 정체성과 이루고자 하는 구체적인 변화 사이에 강한 통합이 있음.

5 *변화를 일으키는 방식과 변화를 촉진하는 과정을 성찰하는 방법은 어떤가.* 효과적인 리더는 자신이 처한 환경의 맥락에서 변화를 이끌어내는 방법에 대한 명확한 개념을 가지고 있다. 성공과 실패를 경험하면서 변화 관리에 대한 접근 방식을 성찰하고 재설계한다. 내향적 성격과 외향적 성격에 관한 연구는 여기서 중요한 의미를 가진다. 이는 변화를 일으킬 수 있는 능력에 대한 믿음과 긍정적인 변화에 대한 개인적 책임감과 관련이 있다. 이러한 믿음이 없다면 직책이 무엇이든 리더가 아닌 관리자에 불과할 뿐이다.

지표:

- 낮음: 변화를 실현하는 것은 다른 사람들의 책임이라는 인식. 변화를 이루지 못한 것을 포기해야 할 이유로 여김. 변화를 지원하기 위한 '영향력 있는 네트워크'를 개발하는 데 거의 투자하지 않음.
- 높음: 자신의 특정 직무가 아니더라도 변화에 대해 개인적으로 책임을 짐. 좌절을 새로운 도전으로 받아들이고 이를 극복할 방법을 찾기 위해 혁신함. 영향력 있는 네트워크를 개발하는 데 열정적임.

나는 이 다섯 가지 요소를 적용할 때 일종의 테스트가 아니라 한 사람에 대해 더 많이 이해하기 위한 방법으로 적용하는 데 주의를 기울인다. HR 컨설팅 업계는 사람들을 분류하고 평가하는 데 중점을 두며 스스로도 자신을 그렇게 평가하도록 독려하는 성향이 크다. 나는 이것이 부당하다고 생각한다!

효과적인 이사회

나는 1980년대 초에 동료 마이크 롱Mike Long과 함께 스타트업 벤처의 회장을 맡으면서 처음으로 이사직을 경험했다. 우리는 정부의 대출 보증 제도를 활용하여 초기 자본을 마련했고, 중견 국제 회계법인 중 한 곳을 고용하여 프레젠테이션을 준비하고 은행을 소개받는 데 도움을 받았다. 우리가 접촉한 여섯 곳의 은행 모두 우리에게 현금을 제공했다! 초기에 얻은 교훈은 비상임이사들은 굉장히 큰 자산이 되어 우리가 신경 쓰지 않았을 문제들을 인지하게 해주거나, 아니면 전혀 도움이 안 되는 존재일 수도 있다는 것이었다.

시간이 지나면서 나는 다양한 분야의 이사회와 함께 일하기 시작했고, 비즈니스부터 정부, 비영리 단체에 이르기까지 다양한 분야에서 비상임이사 역할을 맡게 되었다. 나는 이사회에서 이루어지는 대화가 대화라기보다는 '말장난'인 경우가 많다는 것을 관찰하면서 이사회 대화의 질에 매료되었다. 한 연구 프로젝트에서는 수십 명의 기업 CEO와 창업 기업의 이사들을 대상으로 이사회 회의 경험에 대해 인터뷰했다. 이 연구를 통해 개발된 모범 사례 가이드라인은 오늘날에도 여전히 널리 사용되고 있다.

나는 기업 지배구조 분야에서 일하면서 체코 정부가 국영 기업에서 현대 자본주의 경제로 전환하는 과정을 지원하는 역할을 맡게 되었다. 모든 결정이 위로부터 내려지는 중앙 통제 환경에서 평생을 일해온 고위 관리자들은 이사직에 대한 준비가 부족했다. 모든 관료주의를 한꺼번에 버리는 것은 그들에게는 너무 큰 도전이었다. 이 관리자들은 리더와 전략적 사고자로 성장하는 데 시간이 필요했다. 동시에 나는 싱가포르에서 이미 상업적으로 잘 운영되고 있는 국영 기업의 CEO를 대상으로 워크숍을 운영하기도 했다.

나는 이사회의 대화를 연구하면서 이사회 역할에 대한 프레임워크를 개발하게 되었는데, 부분적으로 이 상황은 일부 컨설턴트들이 마구잡이로 사용하는 벨빈Belbin의 팀 역할이 부분적으로만 유효하다는 이사들의 비판에서 비롯된 것이었다. 경영진 그룹은 팀으로 기능할 수 있고 해야 하지만, 비상임이사가 포함된 이사회는 외부의 시각을 유지해야 하는 감독 기능도 가지고 있다. 그렇기 때문에 대부분의 이사회는 비상임이사가 독립적인 관점을 잃을 정도로 시스템에 깊숙이 내재되는 것을 방지하기 위해 비상임이사가 활동할 수 있는 기간에 제한을 두고 있다.

영국 국민보건서비스UK National Health Service는 이사회 중심의 비즈니스 모델로 전환하는 과정에서 실험을 해볼 수 있는 비옥한 토양이 되었다. 내가 가장 많이 배운 프로젝트 중에는 이사회 관찰 템플릿과 이사회 효과성 측정 지표를 개발하고 이사회의 다양성(이것은 여전히 큰 문제임)을 지원하기 위한 멘토링 프로그램을 개발하는 것이 있었다. 또한 당시 '국립정부학교를 위한 이사회'에 참여해 프로그램을 설계하고 제공하기도 했다.

나는 고위 임원에서 이사회 이사로 전환하는 과정에 계속 집중하고 있다. 임원 승진을 목표로 하는 이들과 경험 많은 이사들 간의 멘토링은 놀라울 정도로 효과적인 것으로 나타났다. 재무 및 인사 분야에서 이사 승진을 목표로 하는 사람들은 거의 100%의 성공율을 보인다. 내가 2021년에 수행한 연구에서는 'HRD로서 지금 알고 있는 것 중 예전에 알았더라면 하는 것은 무엇인가'라는 질문을 던졌다.

HRD Human Resource Director 들은 이사회에 합류하기 전 자신의 순진함에 대해 놀라울 정도로 솔직했다. 그들 중 다수는 자신이 배워야 할 것과 버려야 할 것을 이해하는 것이 중요하다고 강조했다. 예를 들면 다음과 같다: "[이사진의 이사가 된다는 것은] 완전히 다른 책임이 따르는 다른 역할이다. 비즈니스를 더 깊이 이해하고 고위 경영진 눈에 더 띄어야 한다. 이사회 회의에 참석하여 더 큰 통찰력을 얻고, HRD와 네트워크를 형성하고, 좋은 멘토를 찾아 변화에 대한 준비를 시작해야 한다. 이 역할은 다른 사람들에게 영향을 미치고 좋은 리더십의 롤 모델이 되는 것이다."

이사회는 일반적으로 비밀스러운 분위기에서 운영되기 때문에 새로 임명된 HRD는 "조직의 과거 결정 과정에 대한 배경지식이 부족할 수 있으며 이는 회의에 직접 참여하기 전까지는 알기 어려운 부분이다."

연구에 참여한 이사들은 미래의 인사 임원들이 역할을 맡기 전에 '회사 이사의 요구 사항, 의무 및 책임에 더 많이 접해봄으로써' 추가적인 책임에 대비해야 한다고 조언했다. 다양한 분야의 경험 많은 이사들과 함께 배울 수 있는 시간을 보내면서 이사회의 시각과 좋은 거버넌스 관점에서 문제를 바라보는 법을 배우는 것이 미래의 인사 임원이 자신의 마인드셋을 조정하는 데 도움을 줄 수 있다. 동시에 이사회 테이블의 다른 모든 부서, 특히 재무를 이해하는 것과 비즈니스 전체를 이해하는 것이 중요하다고 강조했다.

정치적 기민함(정치적으로 행동하는 것과는 반대되는 개념)이 핵심 역량으로 여겨졌다.

HR이 간접적으로 가치를 창출하는 기능으로 인식되는 것은 부서장 수준보다 HRD 수준에서 더 강하게 느껴졌다. 관련 코멘트 중 하나를 소개한다. "당신의 성과는 전문적 기여가 아닌 비즈니스 성과로 평가됩니다. 마케팅 역량도 중요하기 때문에 비전을 가지는 것만으로는 부족하고 이를 구체화해서 가능한 모든 기회에서 비전을 팔 수 있어야 합니다."

응답자들은 조직 내외부의 강력한 네트워크 구축과 함께 다른 이사들을 교육하는 것이 HRD의 핵심 역할이라고 생각했다.

새로운 HRD가 다른 마인드셋을 채택해야 하는 것처럼, 그들의 스킬셋을 확장하거나 향상시킬 필요가 있다. 제안된 능력들 중 일부는 다음과 같다.

- 이전 직무를 적극적으로 '내려놓고' 팀원들에게 책임을 나눠준다. 내부 승진인 경우, 이 작업이 더 어려운데, 사람들은 당신이 다양한 분야에서 성과를 내는 것을 기대하기 때문이다.
- 최고 경영진을 위해 커뮤니케이션 스타일을 조정하는 법을 배워야 한다. 예를 들면, 상업적인 관점을 더 강조하고 계획을 제시하기 전에 문제 진술을 사용해 몰입도를 높이는 것, 그리고 결과를 내는 데에는 신뢰성과 영향력이 중요하게 작용한다.
- 더 많이 경청하고, 덜 통제하고, 직무를 더 즐기고, 좀 더 편안해져야 한다.
- HRD 역할에서 도전 과제는 자신을 더 많이 관리하고 다른 사람을 덜 관리하는 것이다.
- 이해관계자 관리
- 좋은 전략을 연착륙시키는 방법
- 신뢰를 얻고 새로운 업무 방식을 추진하기 위해서는 기존의 사고와

프로세스에 얽매이지 않는 것이 가장 중요하다.

- 특히 최고 경영진 회의에서 사람 의제에 집중하기
- 당신은 조언자이자 의사결정을 하기 위해 그 자리에 있는 것이다. 80% 이하의 정보만을 가지고 의사결정을 할 준비를 하라. 객관적이고 차분하게 의사결정을 내리는 데 익숙해지라. 결정에 대해 질문을 받게 될 것이므로 그런 결정을 한 이유에 대해 설명할 준비를 하라.

이 주제에 관해 많은 의견은 장기적이고 체계적인 관점을 확보하고 전술에서 전략으로 전환하는 것과 관련이 있었다. 한 응답자는 이를 "전술적 사고방식(현재 상황에 집중하고 사람 중심이며, 재능 및 승계 계획과 같은 보다 적극적인 측면에서 작업하더라도)에서 전략적 사고방식(항상 거시적으로 비즈니스 전략과 목표에서 시작하여 인사 및 인재 전략으로 전환하고 이니셔티브를 개발하며 이를 비즈니스 전략과 목표에 맞춰 테스트)으로 전환하는 것"이라고 설명했다.

고성과 이사회

아래의 가치 창출 프레임워크는 이사회 기능에 대한 시스테믹 관점을 취하고 있다. 효율적이고 성과가 높은 이사회는 세 가지 주요 영역에서 우수성을 보여준다.

- 구조(이사회의 구성과 영향력, 역할의 명확성)
- 프로세스(주요 업무를 관리하는 방법, 예를 들어 감사, 임명, 전략적 감독 등 경영과 방향 사이의 균형)

- 행동 및 역량('협력적 독립성'을 행사하는 방식, 이사회 토론의 질, 리더십 발휘)

이사회 효과성에 대한 완전한 그림을 제공하려면 평가 프로세스에서 다음과 같은 문제를 해결해야 한다.

- 이사회가 실질적으로 목표를 명확히 하고 이를 어떻게 실현하는지
- 이사회 회의에서의 대화 품질
- 이사회 구성원 간의 응집력과 건설적인 반대 의견의 균형(친밀함과 갈등의 구분)
- 이사회가 얼마나 전략적인지
- 이사회가 조직과 얼마나 잘 연결되어 있는지
- 내부 및 외부 이해관계자와의 관계 품질(직원들 눈에 비친 이사회의 평판 포함)
- 환경에 대한 인식 및 분석의 품질
- 이사회가 결정을 내리는 방식(그리고 결정을 충분히 내리고 있는지)
- 임원들 간의 관리 역할과 이사 역할의 명확한 구분
- 신임 이사들의 오리엔테이션 및 온보딩
- 이사회 개발 계획의 성격과 품질(또는 계획이 있는지 여부)
- 평가 프로세스의 범위와 품질(목표를 달성하는 과정과 결과에 대한)
- 경영진의 다양한 분야에 대한 깊이있는 지식
- 이사회가 어떻게 다양한 관점을 수렴하고 여러 이해관계자의 관심사가 충분히 이해되어 적절히 반영되도록 보장하는 것

이사회 구조 평가

여기에는 다음 사항이 포함된다.

- 이사회의 규모
- 이사회의 구성 및 운영 환경 목적과의 연관성
- 임원 및 비상임이사의 역할의 명확성
- 다른 기관들과의 연계(예: 이사회의 다른 계층)
- 하위 위원회의 수, 범위 및 관련성
- 이사회의 구성에 있어서 보완적인 역량, 관점, 성격 및 경험

중요한 질문: 이 구조가 이사회가 조직에 부여된 임무를 수행하는 데 도움이 되는가?

이사회 프로세스 평가

여기에는 다음이 사항이 포함된다.

- 이사회 업무와 관련된 정책의 범위 및 적정성
- 이러한 정책의 이행이 얼마나 잘 모니터링되는지 여부
- 위험 관리
- 의사결정의 효과성
- 집단 사고나 특정 개인이나 소집단의 영향력 집중 방지하기

중요한 질문: 이사회는 조직이 맡은 성과를 지원하는 방식으로 스스로를 관리하고 있는가?

이사의 행동 및 역량 평가

여기에는 다음 사항이 포함된다.

- 이사회가 적절한 수준의 전략적 및 협력적 대화를 유지할 수 있는 능력
- 이사회가 조직의 가치에 대한 롤 모델로서 기능하는지
- 이사들이 자신의 주요 역할을 수행하는 데 있어 개별적으로 또는 공동으로 경험, 전문성 및 판단력을 잘 발휘하는지

중요한 질문: 이사회가 보유한 인재를 효과적으로 활용하고 있는가?

이사회의 역할

이사회는 팀이 아니다 – 적어도 임원과 비상임이사 모두로 구성된 경우에 그렇다. 팀은 높은 수준의 상호 의존성이 필요하지만 이사회에는 '협력적 독립성'이 필요하다. 임원들이 함께 모이면 하나의 팀이 될 수 있지만, 비상임이사가 합류하면 그룹의 역학 관계는 감독을 강조하는 방향으로 바뀐다. 이사회의 역할과 팀의 역할이 다르다는 사실은 이사회 회의를 관찰하면서 깨달았다.

그림 3.1에서 제시된 각 역할은 긍정적으로 또는 부정적으로 표현될 수 있다. 각 역할은 한 명 이상의 팀원이 수행할 수 있지만, a)모든 역할을 최소한 한 명의 구성원이 수행하고 b)각 역할이 집단적으로 평가될 때 팀은 더 강해질 것이다. 이 모델을 사용할 수 있는 방법 중 하나는 모든 사람이 이사회 회의를 성찰해볼 수 있도록 초대하는 것이다. 어떤 역할에 더 비중을 두었다면 대화가 더 잘 이루어질 수 있었을까?

이사의 역량 및 특성

효과적인 이사 역할을 위한 하나의 공식은 없다. 리더십과 마찬가지로 상황에 따라 달라진다. 그럼에도 불구하고 1990년대에 나는 임원 및 비상임이사와의 광범위한 인터뷰를 바탕으로 효율적인 이사의 핵심 속성, 기술 및 집중력에 관한 프레임워크를 개발했다(그림 3.2).

*경험Experience*은 동일 비즈니스/업계에 대한 지식 또는 기업 인수와 같은 상황에 대한 지식 등 구체적인 것일 수도 있고, 다른 산업 분야나 문화권에서 일하거나 다른 이사회 활동에 참여하는 등 광범위한 것일 수도 있다.

*전문성Expertise*은 이사가 주어진 역할에 가지고 있는 구체적인 기술과 이를 사용하는 방법에 관한 것이다.

*판단Judgement*은 경험과 전문 지식을 바탕으로 추론하여 결정을 내리고 영향을 미치는 지혜를 발휘하는 것이다.

이러한 각 핵심 영역은 유능한 이사의 다른 필수 특성을 뒷받침한다. 경험을 통해 이사는 외부 세계에서 일어나는 일에 대한 감각을 갖게 되며, 비즈니스, 시장, 기술 및 사회적 트렌드에 대한 인식은 환경 인식으로 볼 수 있다.

전략적 사고는 경험과 환경 인식 모두에 의해 영향을 받는다. 이는 본질적으로 급격한 변화에 대한 조직의 선제적 대응이다.

좋은 판단에는 도덕적 차원이 포함된다. 도덕적 판단력이 없으면 이사들이 윤리의식을 유지하기가 어렵다. 이사는 윤리적 문제를 인식하고, 그 문제와 의미를 분석할 수 있는 적절한 방법을 가지고 있어야 하며, 자신과 조직의 가치에 부합하는 해결책을 도출할 수 있어야 한다. 또한 무엇을 찾고, 왜, 얼마나 깊이 문제를 조사해야 하는지를 아는 등 모니터링에 능숙해야 한다. 이사는 다음과 같은 것을 모니터링할 수 있어야 한다.

1. 재무 성과(예: 손익, 주주 가치, 현금 흐름)
2. 주요 프로젝트 진행 상황
3. 기타 주요 외부 지표(예: 매출, 고객 충성도)
4. 기타 주요 내부 지표(예: 직원 의견 조사, 인재 유지)

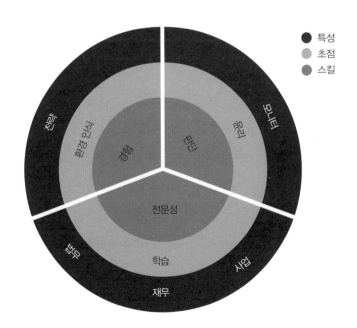

그림 3.2 **이사 역량**

역할	긍정적인 측면	팀원 중 몇 명이 이 특성을 보이나요?						부정적인 측면
		매우 강하게	상당히 강하게	가끔	둘 다 아니다	상당히 강하게	매우 강하게	
조직자 (Organiser)	사람들이 필요한 정보를 갖추도록 하고, 이사회 절차를 지켜보며, 이전 회의에서 해결되지 않은 문제들이 잊히지 않도록 보장한다.							목적보다는 과정에 과도하게 집중할 수 있다 (효율성이 대 효과성).
집중자 (Focuser)	회의가 전략적 초점을 유지하도록 하고, 경로 설정을 지원한다.							전략이 어떻게 실행될 것인지에 충분히 주의를 기울이지 않으며, 다른 사람들에게 실용적이지 않다고 여겨질 수 있다.
도전자 (Challenger)	가정과 주장에 대한 근거를 질문하고, 개념적 수준에서 질문하며, 이유를 궁금해한다.							단순히 논쟁을 일으키며, 갈등과 논쟁을 즐기고, 팀 플레이어가 되지 못할 수 있다.
탐색자 (Probe)	메커니즘과 과정에 대해 질문하며, 방법에 관심을 갖는다. '논리적인가? 작동할 것인가? 일관성이 있는가?'라는 질문을 한다. 제공된 정보에서 격을 식별하는 데 능숙하다.							전술과 운영에 너무 몰두하여 전략적으로 생각하는 데 어려움을 겪을 수 있다.
공개자 (Discloser)	기저에 있는 갈등을 표면으로 드러내어 논의하고 해결할 수 있도록 한다.							언제 기면히 두어야 하는지 이해하지 못한다.
정직한 중재자 (Honest Broker)	갈등을 예방하고 해결하는데 도움을 주고, 뒤에서 많은 일을 하며, 화해와 타협을 추구한다.							과도하게 타협적이며, 평화를 유지하는 데 너무 신경을 써서 문제를 묻어둘 수 있다.

역할		
설계자 (Architect)	창의적인 사고를 통해 이사회의 회사에 대한 이양을 확장하고 구체화할 수 있는 능력을 갖추고 있다.	다른 사람들에게 현실 세계와 동떨어져 있다는 평가를 받을 수 있다.
구성자 (Builder)	매우 창의적이며, 자신뿐만 아니라 다른 사람들이 아이디어를 개발하도록 통합한다.	창의성과 아이디어가 부족할 수 있으며, 아이디어를 개발하기 전에 시간을 필요로 할 수 있어 저항적으로 보일 수 있다.
수평적 사고자 (Lateral Thinker)	문제 해결/관점을 다른 방식으로 접근할 수 있는 아이디어 생성자이다.	너무 많은 비현실적인 아이디어를 무차별적으로 생성하며, 즉각적인 관련성보다는 아이디어의 참신성에 더 관심을 가질 수 있다.
양심 (Conscience)	이사회의 결정이 윤리적, 도덕적 측면에 관심을 가지며, 논의를 기업의 가치에 연결하는 데 능숙하다.	독단적일 수 있으며, 비즈니스 감각이 부족할 수 있다.
요약자 (Summariser)	광범위한 논의를 건설한 진술로 압축하는 데 능숙하다.	과도하게 단순화할 수 있다.
멘토 (Mentor)	경험이 풍부한 이사로서, 신규 회원이 적응하고 기여를 극대화하도록 돕는다.	과보호적이고, 지나치게 간섭할 수 있다.
대사 (Ambassador)	이사회의 견해를 외부 세계(투자자, 직원 등)에 전달하며, 이사회의 명성을 높인다.	이사회의 견해보다는 자신의 견해를 제시할 수 있다.
불도그 (Bulldog)	중요한 문제를 해결될 때까지 지속적으로 추구하는 집요함을 가지고 있다.	정말 중요한 것보다 사소한 것에 집착하는 경향이 있으며 언제 놓아야 하는지 모를 수 있다.

그림 3.1 이사회의 역할

전문성은 이사 선임에 있어 매우 중요한 요소이다. 그러나 그 이후에도 비즈니스, 다른 이사들의 기술 및 역량 등에 대해 지속적으로 학습하는 것이 중요하다.

보다 구체적으로 이사는 법률, 재무, 일반 비즈니스 분야에서 자신의 전문성을 지속적으로 개발해야 한다. 일반 비즈니스 분야에서는 인적 자원, 기술 및 지속 가능성 등의 전문성에 관한 요구가 점점 더 늘어나고 있다.

요약

나의 리더십과 거버넌스에 대한 이해가 발전해온 과정을 되돌아보면, 초기의 순진함에 부끄러움을 느낀다. 카리스마 넘치는 리더라는 개념은 매혹적이다 – 영웅이 없다면 영화가 어떻게 될까? – 하지만 리더십은 리더 개인에 관한 것이 아니라 리더십 환경을 조성하는 시스템에 관한 것이다. 개인으로서의 훌륭한 리더는 시스템이 긍정적인 리더십을 발휘할 수 있도록 한다. 기업 지배구조에서도 마찬가지이다. 이사회의 역할은 리더십이 필요한 곳에서 리더십이 발휘될 수 있는 여건을 조성하는 것이다.

물론 나는 나 자신의 리더십 스타일과 접근 방식에 대해서도 반성해 보았는데, "권한을 부여하고 가능하게 하면서 끊임없이 퇴진의 경계에서 갈등하는" 것으로 묘사되어왔다(가혹하지만 공정한 표현이다!). 물론 나의 개인적 발전과 커리어의 이 단계에서 나는 족장이라기보다는 주술사에 가깝다고 할 수 있다.[9]

나는 현대 사회에서 인터넷과 같은 가장 중요한 혁신이 눈에 띄는 리더 없이 어떻게 등장했는지에 대해 흥미를 느낀다. 그 대신 선동가들은 있었다. 선동가들은 종종 혁신과 에너지를 보여주지만, 리드하려는 욕구, 적어도 상황이 전개되는 방식을 통제하려는 욕구는 거의 보이지 않는다. 이들은 아이디어(또는 밈meme)가 충분히 강력하면 사람들이 그것을 채택할 것이라는 가정하에 작업한다. 샤먼과 선동가의 조합은 나에게는 편안한 조합이다.

참고

1 Clutterbuck, D and Waine, S(1994) *The Independent Board Member*, McGraw–Hill, Maidenhead.
2 Braun, D and Kramer, J(2019) *The Corporate Tribe*, Routledge, Oxford.
3 Clutterbuck, D and Kernaghan, S,(1999) *Doing it different*, Orion, London.
4 Roman Krznaric,(2020) *The Good Ancestor*, WH Allen, London.
5 Fernandez–Araoz, C, Roscoe, A and Aramaki, A Harvard Business Review, p61 September–October 2018.
6 Francesca Gino, *Harvard Business Review*, pp. 48–57. September–October 2018.
7 Kashdan, TB, Disabato, DJ, Goodman, FR and Naughton, *Harvard Business Review*, pp. 58–60. September–October 2018.
8 Lau, L, Ozono, H, Kuratomi, K, Komiya, A and Murayama, K Hunger for Knowledge: How the Irresistible Lure of Curiosity is Generated in the Brain *Nature Human Behaviour* doi: 10.1038/s41562–020–0848–3.
9 Danielle Braun & Jitske Kramer,(2019) *The Corporate Tribe* Routledge, London.

4

멘토링

10대 중반부터 인생의 주요 단계에서 멘토를 만날 수 있었던 것은 행운이었다. 2장에서 잠깐 언급했던 첫 번째 멘토는 영어 선생님인 윌프 탈리스였다. 그는 나에게 커리큘럼을 넘어서는 깊은 호기심을 불러일으켰다. 수업 시간은 고등 수학, 건축, 천문학으로 무작위의 여행을 떠나는 것처럼 보였지만 결코 그렇지 않았다. 나는 학문과 지식 체계 사이의 연관성에 주의를 기울이는 법을 배웠다.

직장에서 나는 60대의 지친 인상과 다소 심술궂어 보이는 노인에게 젊은 기자로서 '입양'되었다. 그는 내가 「뉴 사이언티스트」에 합류했을 때 쓴 첫 번째 기사를 빨간 펜으로 가득 채워서 돌려주었다. 나는 그 기사가 자랑스러웠는데! 잠시 화가 났지만, 그의 수정 덕분에 글이 얼마나 자연스럽게 이어지는지 알 수 있었다. 6개월 후, 내 기사는 손대지 않은 채로 돌아왔다. 혹시 내가 그를 불쾌하게 했는지 걱정이 되어 술집으로 초대했다. 그는 나를 안심시키며 말했다. "이제는 내 도움이 필요 없네." 10년 후, 나는 이 경험을 바탕으로 나와 함께 책과 보고서를 조사하고 작성할 젊은 기자들을 고용했을 때 내 멘토링의 많은 부분의 모델로 삼았다. 시간이 지나면 그들이 커리어와 전문적 성장의 다음 단계로 나아갈 수 있도록 자신만의 프로젝트를 만들도록 격려했다.

맥그로힐에서의 10년 동안 세 명의 멘토가 나에게 깊은 인상을 남겼다. 첫 번째 멘토는 내가 관리직에 대한 야망이 있다는 것을 알아차리고, 나에게 회사의 관리자들을 관찰해보라고 했다. 나는 그들 중 누구도 어깨까지 내려오는 긴 머리를 하고 있지 않다는 것을 깨달았다. 그는 나에게 무엇을 하라고 지시한 것이 아니라 내가 현명한 결정을 내릴 수 있도록 나의 인식을 높여준 것뿐이었다. 머리를 자른 후, 나는 나아가기 시작했다! 두 번째 멘토는 내 상사의 상사였는데, 그는 광고주와 다른 영향력 있는 사람들을 방문할 때 나를 데리고 갔다. 이 자리에서 나의 역할과 포부에 대해 논의하는 시간도 가졌지만, 그보다 그가 고민하고 있는 문제에 대해 더 많은 이야기를 나눴다. 나중에 내가 승진했을 때 나는 그에게 감사의 인사를 전하러 갔다. 그는 자신이 나의 멘토였기 때문에 승진에 개입한 것이 아니라 내가 다음 단계의 관리자처럼 생각했기 때문에 승진하게 되었다고 말했

표 4.1 **나의 학습 여정**

나의 학습 여정		
멘토링에 대한 미국의 정의는 보편적	유럽 멘토링의 뿌리로 돌아가기	다양하고 다문화적인 현상으로서의 멘토링
멘토링은 계층적 멘토링	공동 학습으로서의 멘토링	시스템의 지혜
멘토링의 중요성	멘토링은 발전적	멘토링은 변화의 경계에 서 있음

다. 나는 새롭고 더 복잡한 사고방식을 거의 무의식적으로 흡수하고 있었다. 세 번째 멘토는 한 번의 중요한 개입을 제외하고는 전혀 도움이 되지 않았다. 그는 자만심과 미국 중심적인 기업문화의 모든 것을 대변했다. 우리는 그가 지나갈 때 잠깐 짧은 대화를 나눈 적 밖에 없었다. 그러다 그가 뉴욕에 있는 자신의 클럽으로 점심 초대를 해 회사 내 정치가 어떻게 작동하는지를 설명해주었다. 나는 회사 내에서 미국 밖에서 사는 비미국인으로서 발전의 기회가 극도로 제한되어 있다는 것을 깨달았다. 앞으로 창업자가 되어야겠다는 결심을 하고 집으로 돌아왔다.

이후 나는 커리어의 중요한 전환기마다 내게 새로운 관점을 제시하고, 나의 가정에 도전하며, 필요할 때 안심시켜줄 멘토를 찾았다. 그러한 전환에는 사업을 처음으로 매각하는 것, 소시오패스 파트너와의 비즈니스 관계를 끊는 것, 그리고 코치 슈퍼바이저가 되는 법을 배우는 것이 포함되었다. 나의 공동 저자 데이비드 메긴슨과 나는 요크셔 언덕을 걸으며 상호 멘토링을 했고, 때로는 새로운 도구와 기법을 만들고 다듬었다.

멘토링에 대한 연구와 교육 주제로서의 관심은 미국 학자인 캐시 크램 Kathy Kram을 인터뷰하면서 시작되었다. 그녀는 박사 과정에서 22개의 비공식 멘토링 관계에 대해 연구했다. 나는 공식 멘토링에 관한 연구와 컨설팅을 시작했다. 우연히도 캐시와 나는 1985년에 동시에 책을 출간했다. 캐시의 책은 미국에서 멘토링에 관한 대부분의 후속 연구의 기초가 되었고, 내 책『누구나 멘토가 필요하다』는 유럽에서 같은 역할을 했다. 의도하지 않았지만 우리는 멘토링 실무와 연구에 균열을 만들게 되었다. 캐시의 인터뷰는 북미의 문화적 맥락에서 사람들에게 광범위한 도움 관계에 대해 물어보는 것을 중심으로 진행되었는데, 그러다 보니 멘토와 스폰서의 역할을 혼동했다. 반면 유럽의 전통은 멘토링을 지혜의 성취(호머의 오디세이에 나오는 아테나 여신이 최초의 멘토)와 연관시키고, 스폰서와 멘토링은 서로 다른 양립할 수 없는 두 가지 역할이라는 인식을 갖고 있었다. 이 인식은 15년 후 나의 박사학위 연구 결과에 의해 더욱 강화되었다. 이야기 속에서 전투의 여신 아테나는 스폰서적인 태도를 보이지만, 이 이야기의 미묘함은 현대 심리학이 등장하기 3,000년 전에 이미 분열된 자아 개념을 반영하고 있다는 것이다. 이제 스폰서십과 멘토링은 서로 연관되어 있지만 매우 다른 도움의 방식이라는 것이 널리 받아들여지고 있다. 주류 기업 관행은 이러한 구분을 지지하는 경향이 있지만, 여전히 이를 이해하지 못하는 일부 학술 연구가 계속 발표되고 있다. 이는 크게 몇몇 미국 학술지가 사회과학 연구의 문화적 우위를 점하고 있는 입장에서 벗어나지 못하고 있기 때문이다!

유럽과 미국의 멘토링은 관계를 설명하는 언어도 서로 다르게 발전해왔다. 미국 문학에서는 일반적으로 프로테제protégé 도움을 받는 사람를 지칭하며, 멘토의 힘과 후배 파트너의 감사하는 행동을 강조한다. 유럽 문학에서는 멘티(사고에 도움을 받는 사람)를 지칭하며 멘티의 자립성을 강조한다.

초창기부터 멘토링은 수십 가지의 다양한 분야로 확장되었다. 처음에는 특권층 청년들에게 초점을 맞추던 멘토링이 이제는 전환기를 겪고 있는 거의 모든 상황을 포함하도록 확장되었다. 이러한 전환은 역할(예: 일선 관리자로의 승진), 정체성(예: 성인이 됨) 또는 상황(예: 출산 휴가 후 직장 복귀)에 관한 것일 수 있다. 내가 가장 좋아하는 적용 분야 중 하나는 윤리 멘토링으로, 윤리적 딜레마에 직면했거나 비윤리적 관행의 피해자가 된 사람들에게 문제를 해결하고 이를 해결하는 방법에 대해 더 나은 결정을 내릴 수 있도록 도와주는 것이다. 멘토는 그들의 사고를 뒷받침하는 도구 세트를 함께 제공한다.

마찬가지로 상호 멘토링은 조직에 시스템적 변화를 가져올 수 있는 강력한 도구이다. 주니어 직원이 고위 임원을 멘토링하는 리버스 멘토링은 제너럴 일렉트릭과 같은 회사에서 젊은 기술 전문가들이 기술 활용에 대해 임원들을 교육하고, 임원들은 그들의 경력을 아버지처럼 관리해준 데서 유래했다. 이 개념은 빠르게 발전하여 경영진과 흑인 및 소수민족 직원 또는 유리 천장에 부딪힌 여성과 같은 다른 그룹 간의 교류로 발전했다. 후배는 임원이 그들의 관점에서 세상을 이해하도록 도왔고, 이는 이론상 임원이 자신의 특권과 소수 직원의 필요를 더 잘 인식하게 만드는 결과를 가져왔다. 그 대가로 후배는 조직 시스템이 어떻게 작동하는지 이해하게 되어 조직 내에서 더 잘 적응할 수 있게 되었다. 문제는, 이러한 방식이 인종이나 성별에 대한 편견이 있는 기존 시스템을 영속화시키는 경향이 있다는 것이다. 상호 멘토링은 멘토와 멘티가 개별적으로나 집단적으로 협력하여 시스템을 바꾸도록 장려한다.

사회를 변화시킬 수 있는 엄청난 잠재력을 가진 또 다른 분야는 학교에서의 멘토링이다. 일반적으로 멘토는 교사나 다른 성인 자원봉사자이다. 하지만 전 세계에서 진행된 실험에 따르면 학생들 스스로도 또래 친구들에게 매우 효과적인 코치이자 멘토가 될 수 있음을 보여준다. '모든 아이에게 멘토가 필요하다Every Kid Needs a Mentor' 프로젝트를 중심으로 제작한 교육 자료에는 부모님을 멘토링하는 방법이 한 챕터 포함되어 있다.

학습 대화 정의하기

이 간단한 모델(그림 4.1)은 코칭과 멘토링의 유사점을 분석한 결과 탄생했다. 이 모델은 사람 중심 학습 대화의 다음과 같은 '케미(친화력)'의 본질을 포착한다.

이 대화에는 내적 맥락(자신을 아는 것)과 외적 맥락(주변 세계에서 일어나는 일을 인식하는 것) 사이를 오가는 작업이 포함된다. 코치와 멘토 모두, 상대방이 이 두 가지 맥락을 더 잘 인식하고 더 명확하게 파악할 수 있도록 도와준다. 그런 다음 두 가지 맥락에서 얻은 새로운 이해를 통합하여 더 나은 방향으로 나아가고 더 명확하고 가치에 기반한 의사결정을 내릴 수 있도록 도와준다.

그림 4.1 **발달 단계별 대화**

이 모델은 코칭과 멘토링의 주요 차이점을 명확히 하는 데도 도움이 된다. 코치는 내부 세계에 약간 더 집중하고 멘토는 외부 환경에 약간 더 집중하는 경향이 있다. 이는 접근 방식이나 철학에 큰 차이가 있어서가 아니라 멘토가 일반적으로 멘티의 환경에 대해 더 많은 관련 경험을 가지고 있기 때문에 발생하는 결과이다. 따라서 멘토는 다양한 직관적 통찰을 얻고, 멘티의 상황에 더 많이 공감하며, 자신의 지식을 활용하여 상황에 맞는 통찰력이 없는 사람에게는 떠오르지 않는 강력한 질문을 만들어낼 수 있다.

멘토링은 다양한 지원 스타일 스펙트럼에 위치해 있음

다음의 모델(그림 4.2)은 내가 멘토링을 연구하던 초창기 시절의 것으로, 코칭이 여전히 주로 교육의 한 형태였고 현대 코칭이 전통적인 학습 방법에 대한 진지한 대안으로 막 떠오르던 시기였다. 이 모델은 여전히 일반적인 유효성을 가진다. 예를 들어, 대부분의 스포츠 코칭은 여전히 주입식 모델에 머물러 있다. 스폰서십과 멘토링의 구분은 계속 넓어지고 있으며, 두 가지 역할(하나는 권력 기반, 다른 하나는 공동 학습)이 양립할 수 없다는 인식이 확산되고 있다. 동시에 개발 코칭과 개발 멘토링의 구분도 명확하지 않게 되었다. 두 분야를 아우르는 유일한 전문 단체인 유럽 멘토링 및 코칭 협회EMCC는 두 분야를 동일한 기본 역량을 바탕으로 하는 것으로 보고 있다. 하지만 멘토는 상황 이해, 롤 모델링, 경험 공유와 같은 추가적인 역량이 필요하다.

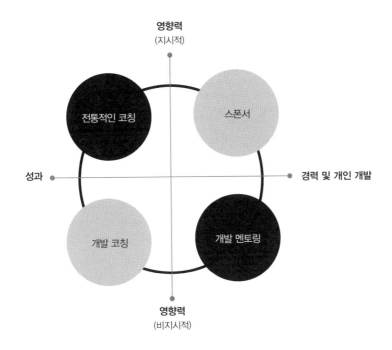

그림 4.2 **코칭과 멘토링 비교**

멘토링 연구의 문제점

방대한 양의 연구에도 불구하고 멘토링에 관한 연구의 질이 전반적으로 낮은 것은 안타까운 일이다. 2000년대 초에 나는 6가지 테스트를 개발했다.

- *정의Definition*

측정되고 있는 관계의 종류가 명확한가? 일부 연구에서는 구조화된 프로그램 참가자와 비공식적 관계에 있는 참가자를 섞어 조사하기도 하고, 심지어 한쪽 당사자가 자신이 멘토링 듀오mentoring duo의 일원이라는 사실을 인지하지 못하는 관계도 포함한다. 일부 논문은 보고 라인 내에서의 멘토링과 외부 멘토링에서의 관계가 혼합되어 있다(상사-부하 관계에서 멘토가 될 수 있는지에 대한 논쟁은 제쳐두고).

물론 멘토링에 대한 정의는 수십 가지가 있지만, 많은 연구들이 어떤 정의를 따르고 있는지 정확히 파악하지 못하고 있다. 특정 연구에서 어떤 모델을 따르고 있는지 명확하지 않으면 자신 있게 결론을 도출하거나 다른 연구와 비교하기가 불가능한 경우가 많다. 메타 연구와 문헌 조사는 모든 사람이 동일한 현상을 측정하고 있다는 (잘못된)가정에서 시작하는 경향이 있기 때문에 문제를 더욱 복잡하게 만들 수 있다.

이 분야의 일부 연구자들이 여러 명의 멘토링 관계가 동시에 이루어지는 것도 흔한 요소라는 것을 인정하면서 이 문제를 더욱 복잡하게 만든다. 분명한 것은 여러 관계망 속에서 한 관계가 가지는 역학은 집중적인 단일 멘토링 관계의 역학과 다를 수 있다는 것이다.

멘토링 연구의 타당성을 유지하기 위해서는 측정하고자 하는 관계의 유형을 정확히 정의하고 모든 표본이 그 정의에 속하는지 확인할 필요가 있다. 일부 연구에서는 사람들에게 광범위한 도움 관계에 대해 질문함으로써 이 문제를 해결하려고 시도했지만, 이러한 데이터는 너무 일반적이어서 특정 유형의 멘토링 관계에 의미 있게 적용하기에는 한계가 있다. 멘토링은 일종의 현상이며, 각 현상은 그 자체로 조사되어야 한다.

- *맥락*Context

다양한 맥락적 요인이 멘토링 관계와 구조에 영향을 미칠 수 있다. 최소한 멘토와 멘티가 관계에 가져오는 의도(본인 또는 조직과 같은 제삼자의 의도)

에 영향을 미칠 수 있다. 다른 상황적 변수로는 참가자가 받는 교육 수준, 매칭 방식(선택 요소의 유무), 관계가 발전함에 따른 지원 여부(예: 추가 학습 또는 조언 제공) 등이 있다. 또한 인종, 연령 또는 성별의 차이도 영향을 미칠 수 있다.

특히 여러 조직이나 제도에서 연구 표본을 추출할 때, 적용될 수 있는 모든 상황적 변수를 고려하는 것은 방대한 표본 규모 없이는 매우 어려운 일이다. 이는 상대적으로 좁은 선택 기준의 필요성을 시사한다. 예를 들어, 6개월 이상 회사에서 지원하는 외부 전문 멘토와의 멘토링을 받는 고위 관리직 또는 열악한 환경에 처해 있는 12~15세 남성 청소년을 10세~20세 연상의 남성 롤 모델과 짝을 지어주는 방식이다. 이후 도입되는 변수(예: 성별 당양성)가 많을수록 신뢰성 있는 결론을 도출하기 위해서는 표본의 크기가 커져야 한다.

- 프로세스 *Process*

프로세스는 또 다른 변수를 제공한다. 예를 들어, e-멘토링이 전통적인 대면 멘토링과 몇 가지 기본적인 측면에서 다르다는 것은 분명하다. 만남 횟수와 같은 단순한 프로세스 요인이 결과에 큰 영향을 미칠 수도 있다. 최소한, 연구에서는 이러한 변수를 허용하거나 제거하려고 노력해야 한다. 예를 들어, 성격을 멘토링 관계의 성공과 연결하려는 연구는 성격 요인이 관계 유지와 목표 달성에 도움이 되거나 도움이 되지 않는 것으로 인식되는 특정 행동을 유발하는 정도도 함께 조사한다면 더 나은 근거를 확보할 수 있을 것이다. (유지 지향적 행동과 성취 지향적 행동으로의 분류는 멘토링 관계 역학의 전체 영역에서 매우 적절한 것으로 보인다.)

- *결과* Outcomes

많은 연구 문헌에서 크램의 멘토 기능(또는 Noe의 하위 기능 재구성1)을 결과의 척도로 사용한다. 그러나 이 기능은 행동, 조력자, 결과가 혼합된 것이므로 대부분 이러한 용도로 사용하기에 부적합하다. 게다가 결과는 목표/의도와 다시 비교해보는 경우가 거의 없다. 현실적으로, 멘토링 관계의 유형에 따라 기대하는 결과가 다르며, 같은 프로그램 내에서도 다양한 개별 관계마다 기대가 다를 수 있다. 이를 인식하지 못하면 그 관계의 목적이 무시되며, 이는 해당 연구가 여섯 번째 기준인 관련성을 충족하지 못했음을 시사한다.

- *제한된 관점* Limited Perspective

또한 양쪽 모두의 성과를 측정하려는 연구가 거의 없다는 점도 놀랍다. 하지만 멘토링은 두 파트너 간의 상호작용이며, 그 결과는 두 파트너의 동기에 따라 크게 달라진다.

- *연관성* Relevance

연구 설계에 대한 지침의 표준 요소인 "그래서 뭐? So-what" 테스트는 대부분 위반 시에만 적용되는 경우가 많다. 나는 향후 연구를 설계하는 모든 사람에게 연구 디자인의 초기 단계에서 정보를 제공하고 혜택을 주기 위한 실무자 패널을 구성할 것을 권장한다. 이는 프로젝트를 형성하고 구체화하는 데 도움을 줄 것이다. 내 연구와 개념 개발은 멘토링의 광범위한 분야를 포괄하며, 가능한 한 맥락적 관점을 유지하고 있다.

이 장의 나머지 부분에서는 가장 큰 영향을 미친 몇 가지 주제를 살펴보자.

- 멘토링 관계의 단계들 – 시간이 지남에 따라 관계가 발전하는 방식
- 멘토링 대화의 구조 – 효과적인 멘토링 대화의 진행 방식
- 주요 미해결 문제SUI, Significant Unresolved Issues – 사람들이 코칭(또는 슈퍼비선)에 가져오는 주제를 이해하는 방식
- 개인 성찰 공간 – 개인이 자신의 미해결 과제를 어떻게 생각하고 정리하는지에 대한 모델
- 멘토링 사각형 – 조직 내 공식 멘토링 프로그램에서 주요 관계 간의 상호작용
- 임원 멘토링 프레임워크 – 이 수준에서의 개별 대화에 때한 총체적 관점
- 멘토링의 영향력 측정 – 참가자들과 조직에 미치는 영향 평가
- 롤 모델로서의 멘토

이 학습 여정에서 나는 이 장의 시작 부분에 있는 표에 나와 있는 것처럼 여러 번 생각을 바꿔야 했다. 여섯 가지 테스트는 나의 가정에 의문을 제기하는 데 중요한 역할을 했다. 특히 문화적 맥락을 고려할 때 문헌의 양이 반드시 증거기반 실무와 상관관계가 있는 것은 아니라는 것을 알게 되었다. 만약 이슬람 문화권에서 멘토링과 관련된 비슷한 양의 논문이 있다면, 주로 북미 문화권에 대한 북미 연구와 비교했을 때 매우 다른 증거기반을 갖게 될 것이다. 시간이 지나면서 멘토링 내러티브의 다양성에 대한 나의 인식은 개인적으로 내 실무에 중요한 풍요로움을 주었고, 다른 많

은 문화들, 특히 뉴질랜드의 마오리족과 같은 원주민의 전통과 연결되는 데 중요한 원천이 되어왔다.

최초의 공식 멘토링 프로그램은 본질적으로 계층적 구조였다. 예를 들어, 숙련된 임원과 초보 리더가 있다. 미국 모델은 충성심에 대한 대가로 사다리를 오르는 데 도움을 주는 사회적 교환을 중시했다. 하지만 멘토링 프로그램과 관계에 대해 연구하던 초창기부터 멘토링은 학습 교환의 한 형태로서 가장 효과적이라는 것이 분명해졌다. 현재 상호 멘토링 프로그램에서 우리는 이제 멘토링 관계 자체가 아니라 변화를 달성하기 위한 파트너십이 될 수 있는 학습 관계의 잠재력에 훨씬 더 많은 주의를 기울이고 있다. 상위와 하위 시스템에 대한 지식이 있으면 특히 다양성과 포용의 맥락에서 적극적인 조직 변화를 이끌어내기가 훨씬 쉬워진다. 이는 멘토링의 역할에 대한 인식의 진화를 반영한다. 목표 달성에 머물지 않고 더 깊은 학습과 성장, 그리고 지속적인 변화 상태로 나아가는 과정이다. 여기서 말하는 변화란 비록 그 본질을 완전히 인식하지는 못하더라도 우리는 끊임없이 변화의 과정에 있다는 의미이다. 멘토링을 통해 우리는 걸어온 여정을 더 명확하게 이해하고 잠시 멈춰 현재 위치와 앞으로 나아갈 방향을 성찰할 수 있는 과정의 의미를 되새기게 된다.

멘토링 관계의 단계

비공식 멘토링 관계에 대한 캐시 크램의 연구[2]는 4가지 단계를 확인했다. 나는 공식 멘토링 프로그램을 진행하면서 다음과 같이 5가지 단계가 겹치는 것을 발견했다(그림 4.3).

관계 구축: 서로에 대해 알아가고 신뢰 구축하기

방향 설정: 관계의 목적을 발전시키는 것(멘티의 초기 의도와는 매우 다를 수 있음)

진전 만들기: 빠른 학습과 공동 학습 – 관계의 핵심 단계

마무리하기: 관계가 의도한 바를 많이 달성했음을 인식하고 멘티가 공식적인 관계를 청산하고 끝내야 함을 인식하는 단계이다.

팔로우업: 멘토와 멘티가 '대등한 우정' 관계를 만든다.

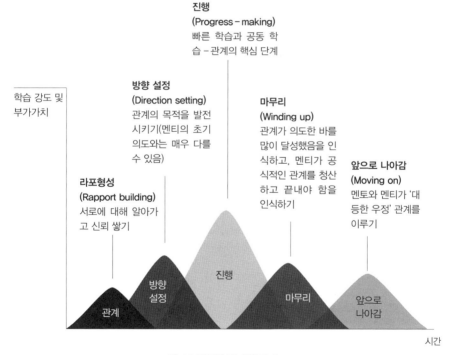

그림 4.3 **멘토링 관계의 단계**

이 과정은 선형적으로 진행되는 것처럼 보이지만 실제로는 단계가 겹친다. 시간이 지남에 따라 멘티는 자신의 발달 및 경력 목표를 다시 생각해볼 수 있으며, 이는 다시 관계의 목적에 영향을 미칠 수 있다.

마무리 단계에서는 서서히 관계가 소원해지는 것을 피하는 것이 중요한데 이는 관계에 대한 부정적인 기억으로 이어질 수 있기 때문이다.

멘토링 대화의 구조

GROW 코칭 모델이 등장하기 훨씬 전부터 나는 좋은 멘토링 대화가 어떤 모습인지 파악하기 위해 멘토들의 실제 활동을 관찰하기 시작했다. 얼마 지나지 않아 명확한 패턴이 나타났다.

효과적인 멘토

- 멘토와 멘티가 창의적이고 열린 대화를 나눌 수 있는 올바른 마음가짐을 갖도록 하는 것으로 시작한다. 대개는 편안한 분위기를 조성하기 위해 처음 몇 분 동안 잡담을 나누는 것으로 충분하지만, 몇 분의 명상과 같이 좀 더 형식적인 접근을 사용하는 팀도 있다.
- 멘티가 논의할 문제를 명확하게 표현하고 설명할 수 있도록 도와준다. 이는 일반적으로 멘토가 자신의 경험에 대해 이야기하는 것을 자제하고 제시된 문제가 진짜 문제가 아닐 수도 있음을 인식하는 것을 의미한다. 멘토와 멘티는 문맥을 파헤치고, 다양한 관점에서 상황을 이해하고, 가정에 의문을 제기하고, 숨겨진 패턴을 찾는 데 시간을 투자함으로써 문제에 대한 깊은 상호 이해를 바탕으로 도출된 모든

솔루션이 멘티의 가치와 감정에 확실하게 부합할 수 있도록 한다.

- 문제에 대한 충분한 이해가 이루어졌다고 생각되면 문제를 요약한다.
- 해결책 모드로 전환하기 전에 멘티의 자신감과 자기 믿음을 강화시킨다.
- 멘티가 다양한 가능한 해결책이나 방법을 탐색하고 자신의 개인적인 가치와 장기적인 목표에 대해 검증해볼 수 있도록 도와준다.
- 멘티가 멘토링 대화를 전체적으로 요약하도록 격려한다. 이는 책임이 멘토가 아닌 멘티에게 있다는 점을 강조하기 위해 중요하다.

GROW와 이 대화 프레임워크의 가장 큰 차이점은 GROW가 어떤 확실한 연구 결과에서 비롯된 것이 아니라는 점이다. 멘토가 GROW에 대해 알고 있는 것이 유용할 때도 있지만, 이는 많은 대화 중 하나일 뿐이다. 멘티는 인생에서 어디로 가고 싶은지에 대한 광범위한 목적의식을 가지고 있을 수 있지만, 당장의 목표는 일반적으로 매우 모호하며 자신과 자신의 상황을 이해하기 시작하면서 크게 변화할 가능성이 높다. 멘토링에서 "무엇을 이루고 싶습니까?"라는 질문은 "어떤 사람이 되고 싶습니까?"라는 질문보다 훨씬 덜 중요한 경우가 많다.

주요 미해결 문제(SUI)

내가 수행한 최초의 비공식 연구 중 하나는 사람들이 멘토링 및 코칭 세션에 어떤 주제를 가져올지 결정하는 방법을 조사하는 것이었다. 물론 매우 다양했지만, 모두 '내가 해결해야 할 일'이라는 범주에 속하는 것들이었다. 사람들은 목표를 거의 언급하지 않았다. 오히려 불안감을 언급하는 경우가 많았다. 심지어 야망과 기회에도 어느 정도의 불안이 포함되어 있었는데, 예를 들어 기회를 놓치거나 기회를 통해 얻어야 할 혜택을 얻지 못하는 것은 아닐까, 라는 것이다.

이로부터 SUI라는 개념이 탄생했다. 나는 수십 년에 걸쳐 수백 명의 멘토와 멘티를 대상으로 실험을 진행하면서 그들이 생각하거나 해결해야 할 일과 아직 해결하지 못했을 때 느끼는 불안의 정도를 나열하게 했다. 얼마 후, 10점은 완전히 패닉 상태, 1점은 시간을 내어 처리하고 싶지만 그렇게 하지 않았을 때의 결과가 경미한 경우로 척도를 매겼다. 사람들이 한 걸음 물러나 생각한 시점을 인지할 수 있도록 하는 평균 점수와 같은 작업 지표를 만들려는 시도는 현실적이 아니었다. 하지만 대부분의 사람들에게 정기적으로 각 항목에 대한 불안 수준을 SUI에 기재하고 나타나는 패턴을 관찰하는 것은 유익할 수 있다. 패턴은 사람마다 다르지만, 이를 인식하면 혼자서 또는 멘토와 같은 신뢰할 수 있는 타인과 함께 잠시 멈춰서 생각할 시간을 가질 수 있다.

개인 성찰 공간(PRS, Personal Reflective Space)

코칭 프레임워크의 가장 큰 문제 가운데 하나는 코치가 고객에게(또는 이상적으로는 고객과 함께) 무엇을 하는지에 초점을 맞춘다는 것이다. 하지만 코칭과 멘토링은 모두 양방향 대화이며, 양쪽 모두 기여해야 할 부분과 이행해야 할 책임이 있다. 나는 개발 대화가 사람들이 스스로 자신에게 중요한 문제에 대해 성찰할 때(그림 4.4 참조), 자연스럽게 나누는 대화를 재현한다면 가장 강력한 효과를 발휘할 수 있을 것이라고 확신한다. 개인 및 그룹 인터뷰를 통해 드러난 것도 '자기 자신과 좋은 대화를 나눌 때' 일어나는 매우 일관된 패턴이었다.

첫 번째 교훈은, 이러한 대화에는 문제에 대해 깊이 생각할 수 있는 시간과 공간, 즉 평온함이 필요하다는 것이다. 사람들은 운전하면서 집에 갈 때(집에 가는 차 안에서), 개를 산책시킬 때, 헬스장이나 수영장에서, 샤워할 때, 다림질할 때 등 다양한 방법으로 이 시간을 찾는다. 두 번째는, 우리가 허용하고 적절한 외부 조건을 갖추면 우리의 뇌는 자동으로 가장 시급한 불안, 즉 SUI 중 하나를 선택하여 찬찬히 생각하기 시작한다는 것이다. 우리는 이 SUI에 대해 스스로 질문하고 프레임을 짜기 시작한다. 지금 왜 중

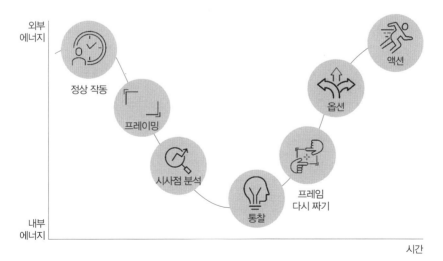

그림 4.4 개인 성찰 공간을 통한 여정

요한가? 내가 걱정하는 것은 무엇인가? 무엇이 달라졌는가? 또 누가 관련되어 있는가? 내가 두려워하는 것은 무엇인가?

프레이밍은 점차 더 깊은 수준의 성찰로 나아간다. 또 누가 책임을 공유하나? 내가 어떤 가정을 하고 있는가? 내가 주목하지 않고 있는 것은 무엇인가? 내가 무엇을 피하고 있는가? 우리는 이 단계를 의미 도출이라고 부른다. 프레이밍과 '의미 도출' 사이를 왔다 갔다 하다 보면(막대기 두 개를 문지르듯) 번뜩이는 통찰력을 얻게 된다. 갑자기 문제를 다르게, 그리고 더 명확하게 보게 된다. 이를 통해 우리는 문제를 다른 시각으로 바라보면서 프레임을 재구성할 수 있다. 그러면 새로운 가능성이나 대안들이 생겨나고, 문제의 일부 또는 전체를 해결한 후에는 행동에 대한 동기가 유발되고 이제 무엇을 다르게 할 것인지 결정하게 된다.

걷거나 달리면서 깊은 생각을 하다 보면 통찰에 가까워질수록 속도가 느려지는 것을 느낄 수 있다. 심지어 통찰의 지점에서 완전히 멈추었다가 새로운 통찰을 정리하면서 서서히 속도를 다시 높일 수도 있다.

이는 통찰에 가까워질수록 뇌가 더 열심히 일하고 혈액에서 다리로 가야 할 산소를 빼앗아가기 때문이다. 뇌의 활동이 한두 단계 낮아지면 혈액의 산소가 근육으로 돌아갈 수 있다. 이런 식으로 불안감을 해소하면 업무 효율이 높아지고, 스트레스를 덜 받으며, 집중력이 높아진다.

혼자 또는 다른 사람과 함께 개인적인 성찰의 시간을 가질 때 대화의 질은 매우 중요하다. 질문의 종류와 그 관련성, 그리고 성찰과 이해를 자극하는 능력은 매우 중요하다. 특히 지적 분석과 감정적 가치를 통합하여 성찰의 깊이를 더하는 것이 중요하다.

아래 예시 질문은 PRS 다이어그램의 기본 곡선을 따른다.

하나의 문제에 집중하기 위한 질문

- 이번 주에 당신을 잠 못 이루게 하는 것은 무엇인가?
- 당신의 가장 큰 두려움/걱정은 무엇인가?
- 최근에 생각하기를 피하고 있는 것은 무엇인가?
- 당신의 양심에 걸리는 것은 무엇인가?

문제를 프레임하기 위한 질문

- 지금까지 문제를 해결하지 못하게 한 이유는 무엇인가?
- 이 문제가 얼마나 자주 발생하나?
- 이 문제를 해결하거나 피해야 한다는 압박감은 무엇인가?
- 당신/타인이 하고 있는 가정은 무엇인가?

의미를 파악하기 위한 질문

- 왜 중요한가?(본인에게, 타인에게)
- 현재의 영향은 무엇인가?(본인, 타인에게)
- 결정이 가져올 결과는 무엇인가?(향후 영향)
- 이것이 나의 가치관과 어떻게 부합하나?

통찰을 촉진하는 질문

- 여기서 당신의 책임은 무엇인가?
- 당신이 회피하고 있는 것은 무엇인가?
- 아무도 묻고 싶어하지 않거나/받고 싶지 않은 질문은 무엇인가?
- 반복되고 있는 패턴은 무엇인가?

프레임을 새롭게 하는 질문들

- 이제 이 문제를 어떻게 다르게 보는가?(문제를 다시 설명해달라고 요청한다면 다른 단어를 사용하겠는가?)
- 지금 당신에게 중요한 것은 무엇인가?
- 지금 하는 일과 정반대의 일을 한다면 어떨까?
- 이 문제들을 각각 기회로 재정의할 수 있을까?

대안 창출을 촉진하는 질문들

- 이 문제를 해결하는 방법에 제약이 없다면 어떻게 하겠는가?
- '롤 모델'은 어떻게 할까?
- 당신이 할 수 있는 최악의 일은 무엇인가?
- 당신이 할 수 있는 최선의 일은 무엇인가?
- 부분적인 해결책이 수용 가능한가?(얼마나 좋아야 충분할까?)

실천을 촉진하는 질문들(행동을 자극하는 질문)

- 이에 대해 무엇을 할 것인가?
- 언제까지 이 목표를 달성하고 싶은가?
- 언제, 어떻게 시작할 것인가?
- 지금 해야 할 일들을 실천할 용기와 의지가 있는가?

멘토링 사각형

이 간단한 도표(그림 4.5)는 전 세계적으로 널리 채택되었다. 이는 공식적인

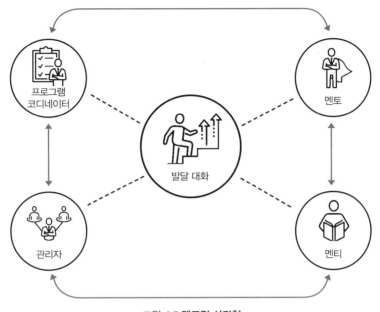

그림 4.5 **멘토링 사각형**

프로그램 내 멘토링 관계가 잘 이루어지기 위해 필요한 대화의 기초를 보여준다. 또한 나와 다른 사람들의 사고가 어떻게 발전해왔는지를 보여주는 좋은 예이기도 하다.

초창기에는 멘티의 개발 과제를 결정할 때 네 명의 당사자 모두의 의견이 반영된다고 가정했는데, 이는 미국의 관행에서 비롯된 가정이다. 그러나 유럽에서는 이러한 방식은 멘토의 역할을 약화시킬 수 있으며, 모든 당사자에게 도움이 되는 관계를 만들기 위해 필요한 대화에 훨씬 더 중점을 둔다. 현재의 사고방식은 네 명의 주인공이 하나의 시스템을 형성하고, 그 자체가 다른 더 큰 시스템의 일부이며, 관련된 모든 사람이 멘토링 관계를 지원하고 시스템을 관리하는 데 있어 각자의 역할을 수행한다는 것이다.

임원 멘토링 프레임워크

『임원 멘토링Mentoring Executives and Directors』 책에서 데이비드 메긴슨과 나는 임원 멘토와 고객 모두를 인터뷰하여 이 단계에서의 역할이 무엇인지 파악했다. 그 결과, 멘토링 관계에는 네 가지 자주 다루는 주제가 있으며, 시간이 지남에 따라 이 네 가지를 조합하거나 혹은 모두 포함하거나 경우에 따라서는 동시에 포함할 수 있다는 사실을 발견했다(그림 4.6).

전환은 다양한 형태로 이루어졌다. 예를 들면 다음과 같다.

- 새로운 고위직으로의 승진
- 새 회사의 신임 임원으로 온보딩하기
- 후임자에게 바통 넘기기(창업자가 물러나는 경우와 같이)
- 리더십 스타일이 매우 다른 전임자로부터 인수인계 받기

멘토의 역할은 어려운 지형을 안내하는 가이드와 같다. 비슷한 전환의 경험을 통해 멘티가 다음 단계를 생각할 수 있도록 적시에 대화를 나누고, 현재 위치와 가고자 하는 곳을 연결할 수 있도록 도와준다. 목적지와 여정이 우리의 예상과 일치하는 경우는 거의 없기 때문에 멘토는 각 단계에서 성찰하고 배울 수 있도록 도와준다.

개인의 성장에도 여러 측면이 있다. 임원 역할이 복잡해질수록 임원들이 직면하는 개발 요구의 범위는 더 넓어진다. 내가 시니어 리더들과의 활동 중 가장 좋아하는 것 중의 하나는 그들에게 자신의 초반 경력에 대해 이야기하게 하고 그 당시 학습에 얼마나 많은 에너지를 쏟았는지 물어보는 것이다. 실수를 했다면 그로 인해 조직에 어떤 비용이 발생했는지, 현재 자신의 역할에서 실수로 인한 비용과 현재 학습에 얼마나 많은 에너지와 시간을 투자하고 있는지에 대해 물어본다. 대부분 직급이 올라갈수록 학습의 강도가 비슷하거나 더 커져야 한다는 점을 이해한다!

대체로 임원 멘토링은 코칭에서와는 달리 특정 기술이나 성과 관련 역량에 초점을 맞추지 않는다. 임원 멘토링은 한 사람으로서 자각하고 발전하는 것에 훨씬 더 중점을 둔다. 한 개인으로서 더 성숙해지고 더 연대감

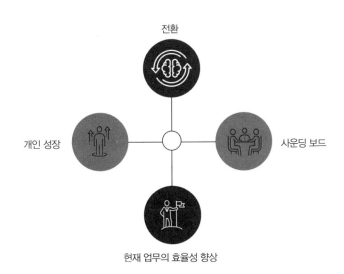

그림 4.6 **경영진 멘토링 스타일**

을 갖는 지속적인 과정과 밀접한 관련이 있다. 그러나 임원이 자신의 직무 역할에 대한 요구 사항의 변화에 적응하는 데 도움을 줄 수 있는 롤 모델이나 현명한 리더를 찾는 경우도 있다. 예를 들어, 이전에는 전략적인 사고를 요구받은 적이 없었던 실무자가 이에 해당한다.

나의 커리어에서 처음으로 인수합병을 이끌어야 했을 때였다. 이러한 경우 멘토는 임원이 현재 진화하는 직무 역할에서 더 큰 효율성을 달성할 수 있도록 지원한다.

멘토는 자신의 경험을 바탕으로 임원 멘티가 생각하는 것을 말할 수 있도록 도와주는 사운딩 보드sounding board로서의 역할을 한다. 효과적인 사운딩 보드가 되려면 다음과 같은 사항이 필요하다.

- 결정과 관련된 문제 파악하기
- 가능한 대안들과 문제를 명확히 파악하기 위해 필요한 질문 만들기
- 적절한 경우 멘티가 모르고 있는 맥락 제공하기
- 멘티가 자신의 논리를 검증하고 적용하고자 하는 가치를 명확히 할 수 있도록 지원하기

경영진 멘토링 프로세스 모델

또한 멘토와 임원 멘티의 인터뷰를 통해 대화의 복잡성에 관한 통찰력을 얻을 수 있었다. 다음 페이지의 모델(그림 4.7)은 멘토와 멘티가 협력하여 임원의 내부 및 외부 맥락을 더 깊이 이해하는 방법을 요약한 것이다.

임원의 내부 및 외부 맥락을 고려해야 한다. 기업 소유주든 직원이든 임

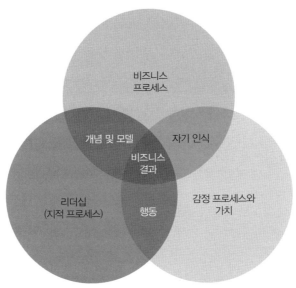

비즈니스
프로세스

개념 및 모델

자기 인식

비즈니스
결과

리더십
(지적 프로세스)

행동

감정 프로세스와
가치

그림 4.7 경영진 멘토링의 변화하는 초점

원은 무엇보다도 비즈니스 성과를 달성하는 것이 자신이 평가받는 방법이라는 것을 알고 있다. 이러한 성과를 달성하는 방법도 중요하지만 일반적으로 부차적인 요소이다. "어떻게 하면 더 많은 기여를 할 수 있을까?"라는 질문은 성과 달성의 핵심에 놓여 있다.

특히 3가지 영역이 리더의 비즈니스 성과 창출 능력에 기여한다. 임원 역할에는 지적인 역량이 필수적이다. 그렇다고 해서 임원이 매우 높은 IQ를 가져야 한다는 의미는 아니다. 하지만 임원은 의사결정의 복잡성을 이해할 수 있는 능력이 있어야 한다. 자신의 지적 역량의 한계를 인식한다면 보완적 지적 역량을 가진 사람들과 함께할 수 있다. 임원 멘토링은 임원이 자신의 사고 패턴을 이해하고 점점 더 복잡해지는 사고의 단계를 인식함으로써 역량을 성장시키는 데 도움이 된다. 현재의 업무 환경에서 불확실성을 관리하고 포용할 수 있는 능력은 많은 임원들이 어려움을 겪고 있는 지적 역량이다. 여기에서 활용할 수 있는 주요 질문은 다음과 같다.

- 당신은 어떤 생각을 어떤 방식으로 하는가?
- 당신의 직무에 필요한 사고 능력과 역량은 무엇인가?

물론 감성 지능도 똑같이 중요하다. 코치들이 슈퍼비전 때 가져오는 모든 사례의 약 3분의 1은 EQ가 부족한 고객과 관련이 있다. 자신과 타인의 정서적 필요와 가치에 모두 연결될 수 있는 능력은 변화의 동기를 유발하는 데 필수적이다. 개인의 가치와 조직의 가치가 충돌할 때 임원은 복잡한 사내 정치 속에서 길을 찾기 위해 용기와 자아인식, 두 가지 모두를 필요로 한다.

IQ와 EQ 관점을 연결하는 것은 임원에게 중요한 행동 방식이다. 그들은 더 취약해지는 법을 배울 수 있을까? 더 잘 경청할 수 있을까? 다른 사람을 배려한다는 것을 더 보여줄 수 있을까? 비즈니스 목표를 위해 다른 사람에게 영향을 미치는 능력은 사람들이 임원과의 상호작용에서 어떤 경험을 하느냐에 따라 달라진다.

비즈니스 맥락은 세 번째 핵심 요소다. 여기서는 다음과 같은 질문을 다룬다. 비즈니스에서 일어나는 일을 어떻게 이해하나? 이는 부분적으로는 효과적인 네트워크를 구축하는 것이기도 하지만, 모든 기능들이 어떻게 조화를 이루는지 명확하게 파악하는 것이기도 하다.

비즈니스 맥락과 리더십을 연결하는 것은 비즈니스가 작동하는 방식의 근간이 되는 패턴을 관찰하고 소통할 수 있는 역량이다. 임원 멘토링의 가장 큰 장점 가운데 하나는 멘토가 임원의 모델과 프레임워크 도구들을 확장시켜 비즈니스의 패턴을 설명하고 파악할 수 있게 해준다는 점이다. 이는 전략, 의사결정, 인간 심리 또는 비즈니스 과학 및 실무의 여러 가지 측면과 관련될 수 있다.

이 모델의 모든 관점을 다루는 임원 멘토링 대화는 임원과 조직에 더 많은 성과를 가져온다는 주장은 적어도 어느 정도의 외형적인 타당성이 있다.

멘토링의 성과

멘토링 프로그램에 투자되는 많은 금액을 고려할 때, 성과를 입증해야 하는 것은 당연한 일이다. 많은 연구를 하면서 나는 이 문제를 해결하기 위해 참여자의 성과와 관련된 모델과 조직을 위한 모델 두 가지를 개발했다.

연구 결과 멘토와 멘티 모두에게 네 가지 주요 측정 항목이 나타났다.

- 커리어 측면에서의 성과는 직무 역할 및 승진 가능성의 변화와 관련이 있고, 승진, 경력, 실적, 평판을 넓힐 수 있는 이직 등이 포함될 수 있다. 멘토의 경우, 인재 개발자로서 자신의 평판이 향상되는 것이 가장 보편적인 성과이다.
- 학습 성과는 새로운 지식, 전문성을 습득하는 것과 관련이 있다. 자아인식의 향상, 개인적 성숙의 진전 등이 있다. 여기에는 향상된 정치 및 리더십 기술이 포함될 수 있다.

- 촉진된 성과는 학습 및 경력 성과를 촉진하는 변화와 관련이 있다. 예를 들어, 보다 명확한 개인 개발 계획을 세우거나, 더 강력한 네트워크를 구축하거나, 진정한 평판 관리에 투자하는 것 등이 있다.
- 정서적 결과는 자신감, 정서적 자기 관리 또는 자존감과 같은 요소와 관련이 있다.

조직의 경우, 프로그램의 목적에 따라 측정이 훨씬 더 복잡했다. 멘토링 측정은 다음과 같이 네 가지 범주로 나뉘는 것으로 나타났다.

- *관계 프로세스* – 관계에서 어떤 일이 일어나는가? 예를 들어, 두 사람이 얼마나 자주 만났는가? 충분한 신뢰를 쌓았나? 관계에 대한 명확한 방향성이 있었는가? 멘토나 멘티가 자신이나 상대방의 기여도에 대해 우려를 가지고 있었나?
- *프로그램 프로세스* – 예를 들어, 몇 명이 교육에 참석했나? 교육은 얼마나 효과적이었나? 경우에 따라 프로그램 프로세스에는 개별 관계의 측정값을 합산하여 전반적으로 무엇이 잘되고 있고 덜 잘되고 있는지 상황을 파악할 수 있다.
- *관계의 성과* – 멘토와 멘티가 설정한 목표를 달성했나?(상황에 따라 더 적합한 목표를 위해 일부 조정이 필요할 수도 있다.)
- *프로그램 성과* – 예를 들어, 핵심 직원 유지율이 증가했거나 중요한 영역에서 멘티의 역량이 향상되었나?

롤 모델로서의 멘토

내 연구와 다른 연구들 모두, 멘토가 롤 모델인 경향이 있으며 이것이 멘토가 제공하는 가치의 중요한 부분이라고 강조했다. 롤 모델링은 본능적인 형태의 학습이기 때문에 매우 강력하다.

멘토링 과정에서 중요하게 작동하는 뇌의 거울 뉴런mirror neurons은 우리가 사회적 관계를 맺고, 다른 사람을 이해하고, 그룹으로 일할 수 있는 능력의 핵심이다.

나는 운이 좋게도 경영학의 선구자인 피터 드러커를 비롯한 매우 강력한 롤 모델을 만날 수 있었다. 내가 놀라웠던 점은 첫째, 멘토들이 롤 모델링의 정도를 거의 이해하지 못한다는 점과 둘째, 수동적인 롤 모델링을 하는 경향이 있다는 점이었다. 우리의 멘토 교육에서는 멘토와 멘티가 부정적이거나 부적절한 롤 모델링의 위험성을 이해하도록 돕는 데 시간을 할애한다. 많은 사람들에게 "당신은 누구에게 좋은 롤 모델이 될까? 그리고 나쁜 롤 모델은 누구일까?"라는 질문을 통해 자신이 다른 사람에게 미치는 영향에 대해 처음으로 성찰하는 경험을 한다.

내가 자주 사용하는 사례가 있다. 멘티는 젊은 여성으로, 15명의 남녀 대학원생으로 구성된 혼합 그룹의 일원이었다. 그녀는 매우 똑똑했지만 수줍음이 많고 자신감이 부족했다. 그녀는 좋은 롤 모델이 될 것이라는 가정하에 당당하고 존경받는 고위 임원인 남성 멘토와 매칭되었다. 멘티는 멘토처럼 되기 위해 노력하며 확실히 변화했다. 하지만 멘토의 조용하고 권위적인 단호함은 멘티에게는 은근한 공격성으로 해석되었고, 특히 남성 동료들에게 가르침을 받는다고 느꼈을 때 더욱 그랬다. 직원 식당에서 고위 남성 임원과의 당황스러운 언쟁으로 커리어가 위태로워졌지만 멘토를 바꾸고 상담을 제공함으로써 상황은 성공적으로 해결되었다.

여기서 일어난 일은 멘토가 행동을 전수하는 데만 집중했을 뿐 언제, 어떻게 사용해야 하는지에 대한 판단이 부족했다는 것이다. 그녀는 사실상 "너 답게 행동하되 내 전략 중 일부를 네 필요와 성격에 맞게 조정해라"가 아니라 "나처럼 행동하라"고 말한 것이나 다름없었다. 멘티는 관계의 권력 역학과 그녀의 상황에 적절한 것이 무엇인지 이해하기에는 너무 어리고 경험이 부족했다.

롤 모델링의 모델은 문헌 검색과 사람들의 경험에 귀를 기울이는 것에서 비롯되었다. 내가 알기로는 경험적으로 검증된 적은 없지만, 학습 관계에서 두 사람 사이에 상당한 권력 차이가 있을 때 최소한 외관상으로 상당한 타당성을 보인다. 이러한 관계에서 주니어 파트너는 여러 단계의 적응 과정을 거치게 된다.

- *수용적 인식*: 때로는 멀리서라도 자신이 원하는 자질을 가진 것처럼 보이는 사람을 식별한다.
- *동경*: 이 사람을 더 잘 알아가고 자신을 그 사람과 비교하며 그 사람처럼 되고 싶어한다.
- *적응*: 의식적 또는 무의식적으로 그들의 관점, 가치, 행동을 받아들인다.
- *발전*: 비판적 능력을 발휘하여 상대방의 사고방식을 일괄적으로 받아들이기보다는 자신의 사고방식과 통합한다.
- *날카로운 통찰*: 롤 모델을 강점뿐만 아니라 약점도 가진 온전한 사람으로 보고, 롤 모델로부터 본받을 점과 받아들이지 않을 점을 명확

하게 파악한다.

롤 모델링에 대해 우리가 배운 교훈은 다음과 같다.

- 무의식적 역량이 높으면 자신이 하는 일을 설명하기가 더 어렵고 다른 사람이 자신을 모방하기도 더 어렵다. 이 수준의 숙달은 특정 스킬이나 행동 그 이상을 포함한다. 숙달은 여러 영역의 지식과 역량을 통합하고, 규칙을 준수하기보다는 이를 넘어서려는 데서 비롯된다. 일반적으로 초보자가 거장을 롤 모델로 삼는 것은 효과가 없다.
- 반대로, 우리가 훌륭한 롤 모델이 아니라고 인식하는 부분이 멘티에게 가장 큰 배움의 원천이 될 수 있다. 본래 강점이 부족한 것을 인정하면서 대처 방식을 발전시켜왔기 때문에 이 영역에서도 충분한 본보기가 될 수 있는 것이다. 학습자가 자신의 대처 전략을 개발하는 단계에 있을 때 롤 모델링은 매우 효과적일 수 있다.
- 능동적인 롤 모델링은 리더십 프로그램이나 교과서에는 거의 다루어지지 않지만 매우 중요한 리더십 기술이다.
  나는 리더들에게 이렇게 묻고 싶다: "다른 사람들과 상호작용하는 방식에서 회사의 가치를 어떻게 모범적으로 보여주고 있나?" "다른 사람들이 당신을 회사 가치의 모범이자 챔피언으로 보고 있나?"
- 롤 모델링은 멘토와 멘티가 솔직하게 공개적으로 논의할 때 훨씬 더 효과적이다. 멘토가 자신의 강점과 약점을 맥락에 맞게 설명하면 멘티는 훨씬 더 빨리 깨달을 수 있다.

요약

1990년대와 2000년대 초반의 코칭과 멘토링 사이의 영역 다툼은 돌이켜보면 점점 더 무의미해 보인다. 코치가 멘토링을 수용하고 배우지 않으면 코치의 효과는 크게 떨어지며, 그 반대의 경우도 마찬가지이다. 이러한 깨달음은 엄청난 해방감을 줄 수 있다.

참고

1 Noe, RA(1988) An investigation of the determinants of successfully assigned mentoring relationships, *Personnel Psychology*, 41 457–479.
2 Kram, K(1985) *Mentoring at work: Developmental relationships in organizational life*, Scott, Foresman, Glenville Il.

5

인간적 연결

성찰

되돌아보면 배움의 여정이 시작될 때 나는 사회성이 부족했다. 이름이 놀림감이 되기 쉬운 클러터벅(역주: 저자의 이름과 발음이 같은 영어 단어 clutter에는 잡동사니라는 뜻이 있음)인 데다가 반에서 가장 똑똑한 아이였던 나는 괴롭힘과 따돌림의 대상이었다. 아홉 살인가 열 살 무렵, 나는 더 이상 참을 수 없었다. 어느 날 하굣길에 학교에서 나를 괴롭히던 녀석과 맞닥뜨렸을 때, 나는 당당히 맞섰다. 그 녀석은 나보다 키가 머리 하나 더 컸지만 나는 개의치 않았다. 우린 둘 다 코피를 흘리며 집으로 돌아갔고 내 재킷은 찢어져 있었다. 이후 다시는 괴롭힘을 당하지 않았다. 나와 마이클(성도 기억나지만 여기에 이름을 적는 것은 적절하지 않을 것 같다)은 일종의 친구가 되었다. 마이클이 집에서 나라면 경험하고 싶지 않을 어려운 일을 겪었다는 것을 알게 되었고, 이를 이해하면서 내가 더 관대해졌던 것 같다.

나는 팀 스포츠가 싫었다. 축구를 할 때면 골대를 지키는 역할이 맡겨졌는데, 나는 책을 읽었다(경기에 집중하지 않았으니 결과는 뻔했고). 대신 달리기처럼 나 자신이 유일한 경쟁자인 개인 스포츠를 좋아했다. 나는 지금도 고독감, 특히 걸을 때의 고독감을 좋아한다. 마음의 평정을 찾고 싶을 때, 나는 마음속에서 아일랜드 중심부의 한 언덕길로 돌아간다. 앞과 뒤에는 거의 사람이 살지 않는 깊은 계곡이 있고, 불과 몇 미터 위에서는 구름이 이 계곡에서 저 계곡으로 차분하게 흘러간다. 그 고요함 속에서 나는 생각과 감정의 레고 블록을 조용히 해체하고 다시 조립할 수 있다.

일을 할 때는 다른 사람들을 통해 일을 처리하는 방법을 배워야 했다. 나는(심사숙고하기보다는 본능적으로) 그들을 내 사고 과정에 참여시키면 될 줄 알았다. 하지만 기대만큼 잘 되지 않았을 때, 나는 사람과 사람 사이의 공간에서 사고와 창의력이 발휘될 수 있도록 환경을 조성하는 법을 배웠다. 시간이 지나면서 나는 다른 관점들을 통합하는 법도 배웠다. 따라서 다른 사람들이 최고의 성과를 낼 수 있도록 지원하려면 우리가 함께 참여하고 있는 시스템을 이해하도록 도와야 했다. '코치 슈퍼비전'과 최근에는 '팀 코치 슈퍼비전'이 그러한 일을 할 수 있는 도구를 제공했다.

다양한 문화권의 사람들을 관리했던 첫 경험은 나를 매우 혼란스럽게 만

표 5.1 나의 학습 여정

나의 학습 여정		
힘은 자급자족에서 나온다.	힘은 집단지성과 집단행동에서 나온다.	강점은 사람, 문화, 시스템 간의 연결성을 이해하는 데서 나온다.
차이점은 관리해야 할 문제이다.	다름은 포용하고 감사해야 할 축복이다.	다름이 문제인지 기회인지 여부는 연결의 정도에 따라 달라진다.

들었다. 같은 스페인어를 사용하는 사람이라도 신대륙 출신이냐 구대륙 출신이냐에 따라 인식이 근본적으로 다를 것이라고는 전혀 생각하지 못했다.

처음 몇 주 동안 나는 전문 지식이 전혀 없던 언어의 기술적 문제를 중재하는 역할을 맡았다. 하지만 멘토링과 코칭에 깊이 관여하게 되었을 때, 나는 다양한 관점과 경험의 가치를 진정으로 이해하고, 높은 수준의 호기심과 공감적 경청을 통해 다양성을 활용하면 더 나은 결정을 이끌어낼 수 있다는 사실을 명확히 이해하게 되었다. 내가 공저한 두 권의 '다양성 멘토링' 관련 책을 통해 다름의 가치를 진정으로 인정하는 것이 얼마나 드문 일인지도 깨달았다. 나도 모르게, 내 일의 많은 부분이 사람들이 다른 사람의 시선으로 상황과 자신을 바라볼 수 있도록 돕는 쪽으로 발전해왔다.

한 가지 분명한 깨달음은 우리 자신의 사고방식을 먼저 바꾸지 않고는 시스템의 차별과 편견 문제를 해결할 수 없다는 것이었다. 이는 코치와 멘토로서의 중재 역할에서도 마찬가지이다. 우리 혼자서는 이러한 문제를 효과적으로 해결할 수 없으며, 심지어 '목소리'를 내는 압력 단체도 이러한 문제를 해결할 수 없다. 시스템 전반에 걸쳐 다양한 '공동 학습 대화'가 이루어져야만 시스템을 바꿀 수 있다. 우리가 만들어낼 수 있는 '연결의 수준'이 높을수록 다양성이라는 문제를 기회로 전환하기가 더 쉬워진다.

3장에서 언급했던 '우리가 있기에 내가 있다'라는 뜻의 남아프리카 공화국 단어인 '우분투'는 나의 이해와 성찰의 많은 부분을 요약하는 말이다. 어떤 형태의 불의에 대해서도 깊이 반응하는 내 성향은 여섯 살이나 일곱 살 때 겪었던, 겉보기에는 사소해 보이는 한 사건으로 거슬러 올라간다. 나는 두 남자아이가 작은 아이 하나를 괴롭히는 것을 말리고 있었다. 그런데 선생님이 들어와서 무슨 일인지 물어보지도 않고 나와 두 가해자 모두에게 벌을 주었다. 나는 이 사건을 통해 내가 당한 부당한 행위에 대해 분노하는 것이 아니라-그런 점에서 나는 놀랍도록 회복력이 강해졌다-부당한 행위의 피해자들에 대해 깊이 공감하게 되었다.

최근 내가 접한 한 연구(카다스Kardas 외)[1]에서는 사람들에게 낯선 사람에게 다가가서 가벼운 대화를 나누거나 혹은 상대방에 대한 호기심으로 깊은 대화를 나누도록 요청했다. 대부분의 연구 참가자들이 가벼운 대화에 더 만족하고 깊은 대화에 대해 더 두려워할 것이라고 예측했다. 그러나 결과는 정반대였다. 참가자들은 처음의 망설임을 극복하고 나면 가벼운 대화보다 깊은 대화에서 훨씬 더 행복하다고 느꼈고, 상대방에 대해 더 많이 알게 될수록 더 호감을 느꼈다.

나는 사회 과학자들이 자신의 삶에서 결여된 연결고리와 관련된 주제를 연구하는 데 끌린다는 이론을 가지고 있다. 검증할 시간이 없었던, 이론일 뿐이다. 나는 아버지와의 관계가 거의 없었다. 아버지는 일본에서 전쟁 포로가 되었고 소수의 생존자 중 한 분이었다. 아버지는 몸과 마음이 모두 망가진 채 영국으로 돌아왔다. 아버지가 잃어버린 것 중 하나는 사람들과의 연결 능력이었다. 내가 21살 때 아버지는 돌아가셨고, 나는 스스로 연결하는 스킬을 갖추기 전이었다. 그로 인해 내 안에 남은 것은 인간 사이의 모든 형태의 잔인함에 대한 강한 감정적 반응이다. 캄보디아의 킬링필드와 고문 감옥은 내게 깊은 영향을 끼쳤다. 나는 일행으로부터 떨어져서 조용히 앉아 생각에 잠겨야 했다. 글을 쓰다 보니 우크라이나에서 러시아 군인들이 민간인을 강간하고 고문하고 살해하는 장면에서 마치 희생자들이 내 가족과 친구들인 것처럼 느껴진다. 감정적 유대감이 매우 강하게 느껴진다. 동시에 나는 가해자들의 머릿속에서 일어나는 일에 지적으로 관심을 느낀다. 그들은 어떻게 피해자와의 모든 인간적 연결 그리고 자신의 이상적 자아를 잃게 된 걸까?

나는 연결의 두 가지 차원을 정의한다. 자신과의 연결 그리고 다른 사람과의 연결. 예를 들어, 타인과의 연결은 가까운 친구나 가족, 직장 동료, 사회, 사회적 대의, 생태 등 여러 계층을 가질 수 있다. 내재적 연결성은 우리가 자신과 어떻게 연결되는지에 관한 것으로, 일반적으로 우리가 생각하는 것만큼 깊지 않다. '내 손바닥처럼 훤히 잘 안다'라는 표현을 예로 들어보자. 손을 보지 않고 정맥의 모양과 패턴, 피부 자국 등 손바닥을 묘사해보라. 대부분의 사람들이 이 간단한 테스트에 실패한다!

이제 과학은 학교에서 배운 여섯 가지 감각보다 훨씬 많은 30가지 이상의 감각을 밝혀냈다.[2] 이 중 대부분은 호흡, 심박수 또는 여러 종류의 촉각과 같은 내부 기능과 관련이 있다. 나는 20대 초반에 명상과 현재 '마음챙김'이라고 불리는 것을 소개받았다. 나는 걷는 동안 사색하기, 내면에 집중할 수 있는 짧은 '고요의 순간' 여러 번 갖기 등 나만의 방식으로 이 개념을 적용하는 방법을 찾았다. 이를 통해 1980년대 초에 수십 명의 사람들을 인터뷰하여 불안을 유발하는 문제에 대해 생각할 시간을 어떻게 찾았는지에 관한 이야기를 들었고, 4장의 주요 미해결 문제SUI와 개인적 성찰 공간 PRS 모델을 만들게 되었다. 공동의 성찰이 어떤 모습이어야 하는지에 대한 가정에서 출발한 GROW 모델과 달리, PRS는 외부 기관이 있든 없든 내부 성찰의 순간에 실제로 어떤 일이 일어나는지를 설명한다.

더 높은 수준의 내부 인식을 자극하는 또 다른 유용한 프레임워크는 다음의 간단한 구조이다.

- 생각하는 방식에 대해 생각하기(메타 인지)
- 자신의 감정에 대해 생각하기
- 생각하는 방식에 대한 느낌
- 자신의 감정에 대한 느낌(메타 감정)

이 장에서는 자기 연결성을 향상시키기 위한 몇 가지 모델과 관점을 소개한다. 여기에는 감정 매핑, 다음과 같은 몇 가지 모델을 적용하는 것이 포함된다. 맥락에 대한 자아인식, 전인적 이해를 위한 프레임워크, 그리고 걱정 지수를 포함한다.

외부 인식은 연결성의 또 다른 부분이다. 인간은 '마음 이론mind theory(타인은 우리가 경험하는 것을 경험하지 못할 수도 있다는 것을 인식하는 능력)'을 가지고 태어나지 않는다. 우리는 성인이 되는 여정에서 이 능력을 개발한다. 다른 사람의 감정 상태를 인식하는 능력은 자폐증에 의해 감소하거나 고도로 민감한 사람HSP, Highly Sensitive Person의 신경 다양성에 의해 강화될 수 있다. 그러나 신경 발달이 정상적인 사람들에게 있어서 외부 인식을 제한하는 요인은 그가 가진 호기심 정도인 것 같다. 여기에도 마음챙김 실습이 도움이 될 수 있다. 단순히 멈추고 알아차리기만 하면 된다. 이는 우리가 일상적으로 운전하는 길을 걸어서 가는 것과 비슷하다. 우리는 훨씬 더 많은 것을 '보게' 된다. 감각 과부하가 문제가 되는 자폐 스펙트럼에 속하지 않는 한, 우리의 뇌는 즉각적으로 관련이 없다고 생각되는 것을 걸러내기 위해 열심히 노력하기 때문이다. 신경 다양성Neurodiversity은 우리가 생각하는 것보다 훨씬 더 일상적이다. 오랫동안 자폐 스펙트럼에 있는 사람들과 함께 일한 후에야, 내가 약간의 운동 실행 장애가 있다는 걸

깨달았다. 예를 들어, 나는 박자에 맞춰 박수를 치지 못한다!

　지난 30년 넘게 팀들과 함께 일하면서 대부분의 문제는 연결의 부재로 인해 발생하며, 연결된 대화를 통해 해결할 수 있다는 관점을 계속해서 강조하고 있다. 연결된 대화는 다른 사람에 대해 배우고 다른 사람으로부터 배움으로써 자신에 대해 배울 수 있는 열린 대화를 포함한다. 예를 들어, '백인 특권'의 미묘함과 영향을 이해하려면 그로 인해 피해를 입은 사람들의 이야기를 들어보지 않고서는 불가능하다. 여러 연구에 따르면 집단적 의사결정과 팀워크는 개인이 혼자서 행동하거나 '모든 것을 아는' 리더에게 책임을 떠넘길 때보다 더 나은 결과를 가져온다고 한다. '집단지성'이라는 용어는 이미 오래전부터 사용되어 왔지만, 나는 집단지혜를 언급하고자 한다.

　지금까지 나는 120개 이상의 국가를 여행했는데, 나의 여행 사랑은 풍경과 이국적인 음식만큼이나 사람들을 경험하는 데 있다. 그들은 세상을 어떻게 다르게 바라보고 있으며, 나는 그들에게서 무엇을 배울 수 있을까? 서로의 언어를 이해하지 못하는 상황에서 각자의 환경에서 사람들과 대화를 나누는 것이 배움의 기술이다. 이것은 내면에서 나오는 대화이며, 말은 상대적으로 중요하지 않다.(첫 번째 교훈은 큰 소리로 말하는 것은 의사소통에 도움이 되지 않고, 천천히 부드럽게 말하는 것이 도움이 된다는 것이다.) 감동적이었던 순간은 뉴질랜드 북섬의 마오리족 커뮤니티에 초대받았을 때였다. 나는 원주민 전통 가옥에서 열린 의식에서 말을 이해하려고 노력하지 않고 그 안에 표현된 감정만 이해하려고 했다. 압도적인 소속감을 느낄 수 있었다. 나는 그들의 이야기의 일부가 되었고, 그들은 나의 이야기가 되었다. 기업 세계에서도 이런 경험을 재현할 수 있다면 얼마나 좋을까!

강한 정의감과 사람들 사이의 차이점과 유사점에 대한 깊은 관심을 연결해보면 내가 다양성과 포용에 대해 관여하는 것은 필연적이었다. 나는 성차별과 인종차별을 조장하는 명백한 거시적 불평등에서부터 사람들의 소속감을 떨어뜨리고 기회를 제한하는 미세한 요인에 이르는 미시적 불평등에 대한 인식이 커졌다. 다시 주목해야 할 부분으로 돌아가자. 나는 미국에 입국할 때 긴 입국 심사대에서 화가 날 때도 있지만 런던 히드로 공항에서 비슷한 줄을 서 있는 '외국인들'에 대해서는 거의 신경을 쓰지 않는다. 내가 참여한 프로젝트의 대부분은 공공 부문, 특히 보건 서비스와 경찰을 위한 것이었다. 영국의 큰 경찰 조직과 함께 일하면서 백인, 남성, 이성애자가 아닌 사람이 승진하기가 훨씬 더 어려운 이유를 조사했다. 그 결과 핵심적인 메커니즘은 사람들이 참여하는 대화의 질이라는 것을 알게 되었다. 선배가 '자신과 비슷하다'고 느끼는 사람에게 피드백을 줄 때, 그들은 더 개방적이고 솔직하며 더 많은 위험을 감수하는 경향이 있었다. 상대방이 자신과 다르다고 느낄수록 발전적 대화가 더 지체되고 피드백의 강도가 떨어졌다. 이러한 행동은 부분적으로는 상대방의 기분을 상하게 하지 않으려는 '욕구'와 부분적으로는 정치적 올바름을 위반했다는 지적을 받을까 봐 '두려워하는 마음'에서 비롯된 것이었다. 이 연구와 다른 연구들은 다양성 대화diversity dialogue라는 개념으로 이어졌고, 이는 다름의 장벽을 넘어 의미 있고 진정성 있는 대화를 나눌 수 있는 스킬을 구축하는 것으로 이어졌다. 또한 이러한 연구는 사람들이 자신의 불안감이 어떻게 대화를 방해하는지 인식하도록 돕는 유용한 도구 중 하나인 다양성 인식 사다리diversity awareness ladder의 개발로 이어졌다.

나는 학습 장애가 있는 아들을 낳은 축복을 받았다. 네 아들 중 막내인 조나단은 자폐증과 다운증후군을 모두 가지고 있다. 나는 아들에게서 많은 것을 배웠다. 나는 더 많은 인내심을 갖게 되었고, 더 많이 깨닫고, 더 광범위한 다양성을 접하게 되었다. 나는 내 아들의 성취가 자랑스럽다. 특히 스케이팅 선수로서 스페셜 올림픽 초청 경기에 출전하는 등의 성과는 용기와 적절한 지원만 있다면 어떻게 엄청난 불리함을 극복할 수 있는지를 보여주었다.

사람들이 소통하는 방식은 매우 다양하다. 나는 자주 어두운 구석을 밝히는 일, 예를 들어, 우리가 어떻게 취약한 타인, 가면 증후군 또는 양극화에 대응하는가 하는 문제에 끌리곤 한다. 코치와 고객의 연결을 살펴보는 '클러터벅의 13가지 질문'은 타인을 빠르게 이해하는 데 유용한 체크리스트가 될 것이다.

웃음은 나의 일과 삶에서 점점 더 중요한 역할을 하고 있다. 웃음은 이해와 포용력을 키우는 방식으로 사람들을 연결해준다. 유머는 강의실에서부터 코칭이나 멘토링 관계에 이르기까지 학습 환경에서 필수적인 요소이다. 멘티들이 멘토에게 바라는 자질을 조사한 결과, 유머 감각이 필수 요소로 꼽혔다.

이 장은 두 개의 섹션으로 나누었다. 첫 번째는 자신과의 연결, 두 번째는 타인과의 연결에 대해 살펴보자.

자신과의 연결

강점과 약점을 맥락에 맞게 파악하기

나는 긍정심리학의 힘을 강력하게 믿으며, 특히 많은 HR 및 컨설팅 업무

와 관련해서는 더 그런 편이다. 내가 분석한 바로는 성과는 적성Aptitude,
에너지Energy, 상황적 인식Contextual awareness이라는 세 가지 요소의 조합
이다. 세 가지 모두 잠재적으로 개선할 수 있지만, 세 가지 중 하나라도 부
족하면 숙달 가능성이 크게 감소하고, 두 가지가 부족하면 두 배로 감소한
다. 이러한 요소는 긍정적이든 부정적이든 서로를 강화한다. 우리는 우리
에게 활력을 주지 않는 일을 회피하기 때문에, 능력은 개발되지 못한다.
자신이 하고 있는 일이나 주변에서 일어나는 일에 대한 인식이 없다면 쏟
아붓는 에너지가 잘못된 방향으로 흘러가 쉽게 포기하게 될 가능성이 높
다. 이런 식이다.

아래의 강점과 약점 매트릭스(표 5.2)는 강점과 약점을 상황에 맞게 활
용할 수 있는 방법을 제시한다. 어떤 강점이 우리에게 도움이 된다는 것을
알게 되면, 우리는 더 많은 상황에 적용하려는 경향이 있다. 그러다가 어
떤 상황에서는 기대하거나 원하는 결과를 얻지 못한다는 사실을 알게 된
다.(나의 유머 감각은 자산인 동시에 부채이기도 하다!) 순기능적 개인 특성이 극
단적으로 발휘되면 역기능이 될 수도 있다. 예를 들어, 에너지가 많으면

표 5.2 **강점 및 약점**

	강점	약점
개발된	이미 높은 수준인 고성과자	치명적 결함(예: 자기 파괴적 성향, 오만함)
떠오르는	성공 사례가 있으나 더 많은 지식이나 일관성이 필요함	강점을 남용하거나 엉뚱한 곳에서 사용하는 경향
배아 상태	하고 싶다고 느끼는 일, 하지만 역량을 개발할 기회가 없음	부적절함을 느끼지만 노출된 적이 많지 않음

일을 잘 해내고 다른 사람들에게 동기를 부여할 수 있지만, 과도하고 집중력이 없는 에너지는 ADHD(주의력 결핍 과잉 행동 장애)의 증상이다.

우리의 강점과 약점을 살펴보는 또 다른 유용한 방법은 어떤 일이 얼마나 필요한지(즉, 우리가 해야 하는 일)와 그 일을 통해 얼마나 에너지를 얻을 수 있는지를 매트릭스(그림 5.1)로 표시하는 것이다. 이상적인 세계에서는 모든 업무 시간을 우리에게 활력을 주고 우리가 추구하는 목표에 크게 기여하는 업무에 투자할 것이다. 실제로 사람들에게 시간과 에너지를 어떻게 사용하는지 분석해달라고 요청하면 그 비율은 10%에서 75% 사이이다.(100%에 도달했다고 생각한다면 경비 처리 양식이나 세금 신고서 작성과 같은 작업을 고려해보자!) 일반적으로 필요하지는 않지만 만족감을 주는 일에 상당

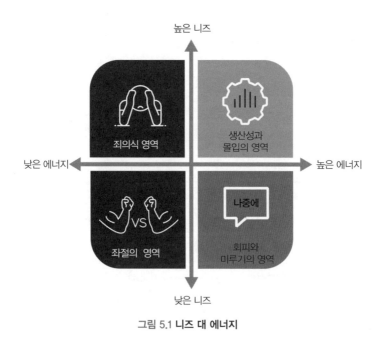

그림 5.1 **니즈 대 에너지**

한 시간을 소비한다. 예를 들어, 즐겁기 때문에, 팀이 처리하는 것이 더 나을 업무인데도 계속해서 자신이 직접 수행하는 관리자를 생각해보라. 그렇다고 해서 그 부분의 노력을 완전히 없애야 한다는 뜻은 아니다. 때로는 이러한 활동이 다른 작업을 위해 에너지를 회복할 수 있는 '놀이' 시간으로 작동할 수도 있다.

우리가 잘하지 못하거나 스스로 할 필요가 없는 일들은 이상적으로는 없애거나 위임해야 한다. 항상 가능한 것은 아니지만 이런 일들을 인식하면 업무를 최소화할 수 있는 기회가 생긴다.

마지막 분면. 우리가 해야 할 중요한 일이지만 의욕이 생기지 않는 일이 가장 문제이다. 바로 이 부분에서 창의적 접근 방식이 가장 필요하다. 예를 들어, 많은 업무를 더 작은 요소로 나눌 수 있으며, 그중 일부는 다른 업무보다 더 동기유발이 될 수 있다. 우리에게 가장 동기유발이 안 되는 것을 대신 맡아줄 수 있는 사람은 누구일까? 불안감을 해소하기 위해 꺼려하는 작업을 한데 묶어 한꺼번에 처리하는 등의 전략도 도움이 될 수 있다.

자아인식 현실 점검기

자아인식 현실 점검기(그림 5.2)는 상대적 강점, 약점, 적성에 대한 구조적 성찰을 위한 하나의 프레임워크이다.

자신의 가치 찾기

누군가에게 자신의 핵심 가치를 정의해보라고 요청하면 종종 멍한 표정을 보게 될 수 있다. 추상적인 질문이기 때문에 숙고와 시간이 필요하다. 가치 매트릭스(그림 5.3)는 가치에 대한 대화를 구조화하는 간단한 방법으

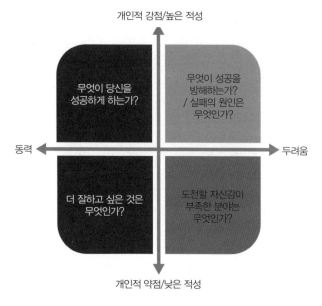

개인적 강점/높은 적성

무엇이 당신을
성공하게 하는가?

무엇이 성공을
방해하는가?
/ 실패의 원인은
무엇인가?

동력

두려움

더 잘하고 싶은 것은
무엇인가?

도전할 자신감이
부족한 분야는
무엇인가?

개인적 약점/낮은 적성

그림 5.2 **자아인식 구축: 현실 점검기**

로, 가치에 대해 더 쉽게 표현할 수 있다. 각 사분면을 통해 대화하면 일반
적으로 많은 언어적 단서를 얻을 수 있으며, 이를 통해 가치에 관한 진술
을 얻을 수 있다.

감정 지도

감정 지도는 사람들이 감정적인 문제를 겪을 때 대개 가장 강한 감정만
을 인식한다는 사실을 깨닫게 되면서 만들어졌다. 눈에 잘 띄지 않는 다른
감정들은 묻혀버리지만, 우리가 그것들을 인식하고 관리하지 않으면 무의
식적으로 오랫동안 우리를 괴롭힐 수 있다. 강점 요소를 파악하면 다음과
같은 장점이 있다.

- 감정적 반응을 불러일으킨 문제를 다양한 관점에서 바라볼 수 있도록 도와준다.
- 모순되는 감정을 잘 파악하여 더 깊이 있는 분석과 통찰을 얻을 수 있다.
- 각 감정을 개별적으로 살펴보도록 허용하여 각기 어떻게 대처할지를 결정할 수 있다.

감정 지도를 사용하는 가장 간단한 방법은 어떤 사건이나 문제에 대해 느끼는 모든 감정에 밑줄을 긋는 것이다. 두세 가지 감정만 포함될 수도

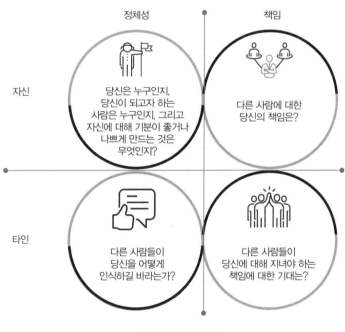

그림 5.3 **가치 매트릭스**

있고, 때로는 정말 어려운 감정적 상황이라 10가지나 그 이상의 서로 다른 감정을 포함할 수 있다.

코치로서, 고객에게 지도에 표시되어 있지 않은 다른 감정을 경험하고 있는지도 물어볼 수 있다.

어떤 형태의 구조적 분석을 하기에 앞서, 나는 고객에게 그들의 응답에 대해 생각해보도록 요청한다. 그들이 즉시 끌어낼 수 있는 배움은 무엇인지? 일반적인 반응은 자신의 감정이 얼마나 복잡한지 깨닫지 못했거나 일부 두드러진 감정이 있다는 사실을 전혀 몰랐다는 것이다. 그런 다음 어떤 감정을 먼저 탐구해보고 싶은지 물어본다. 그리고 아래 질문을 통해 그 감정을 하나씩 살펴본다:

1. '경멸'이라는 단어(어떤 것이든 고객이 선택한 단어)가 당신에게 어떤 의미인가?
2. 왜 그렇게 느끼게 되는가?
3. 어떤 내재적 욕구가 그러한 감정을 불러일으키는 걸까?
4. 이것은 '좋은' 혹은 적절한 느낌인가?
5. 이 느낌을 언제까지, 아니 얼마나 오래 간직하고 싶은가?
6. 느낌을 바꾸고 싶다면 무엇으로 바꾸고 싶은가?(항상 그렇지는 않지만, 일반적으로 같은 계열의 다른 단어나 문구가 된다.)
7. 그 변화의 결과는 어떨까?
8. 그런 변화를 이루기 위해 무엇을 할 수 있을까?

긍정적 감정은 종종 일반적인 부정적 감정의 일부분을 구성한다. 따라서, 고객이 긍정적 감정에 집중하도록 도와주면 더 강하고 부정적인 감정을 받아들이고 대처할 수 있는 충분한 에너지를 얻을 수 있다.

감정의 구성 요소들을 하나씩 해결하는 것은 마치 퍼즐의 조각을 맞추는 것과 유사하다. 전체 그림이 너무 복잡해서 한 번에 해결하기 어렵다면 관리하기 쉽게 요소를 세분화하는 것이 '코끼리를 먹는' 실용적인 방법이다. 그러나 더 큰 감정적 그림을 염두에 두는 것이 중요하다. 각 구성 요소를 위해 도출된 해결책들이 일관된 방식으로 통합되어야, 고객은 이해하고 실천할 수 있다.

자아인식과 자기 신념

자아인식과 자기 신념의 매트릭스는 가면 증후군을 중심으로 한 코칭 및 멘토링 대화 분석에서 비롯되었다. 가면 증후군은 최근 몇 년간 많은 연구가 있었으며, 특히 인종과 성별과 관련된 맥락에서 주목받고 있다. 사람들은 자신이 소속감을 느끼는 환경일수록 가면 증후군에 덜 취약한 것으로 나타났다.[3] 당연히 그 반대도 마찬가지이며, 다양성과 포용의 맥락에서 가면 증후군에 대한 관심이 매우 중요하다.

아이디어의 우연성이 종종 그렇듯, 가면 증후군에 긍정적인 측면이 있을 수 있다는 생각이 두 가지 출처에서 동시에 떠올랐다. 첫 번째는 코치 슈퍼비전 중에 코치가 주제에 접근할 때 자기 의심의 역할에 대한 논의였다. 우리가 '균형 잡힌 자기 의심balanced self-doubt'이라고 부르는 그것은 코치들이 긴장을 유지하면서 끊임없이 호기심을 가지게 한다.

두 번째 출처는 와튼 스쿨의 아담 그랜트Adam Grant가 최근 출간한 책의 짧은 섹션이었다. 자신의 책 『싱크 어게인』[4]에서 그랜트는 성과와 자기 의심 간에 강한 긍정적 연관이 있다는 연구 결과를 소개한다. 그는 자기 의심의 세 가지 주요 이점을 다음과 같이 설명한다.

1. 안주하지 않고 더 열심히 일하게 한다.
2. 전략을 재고하도록 자극하여 더 스마트하게 일하게 한다.
3. 다른 사람들로부터 지원과 아이디어를 구함으로써 더 나은 학습자가 되게 한다.

반면에 자기 의심에 대한 역기능적 반응이 우리를 다음과 같은 결과로 이끈다는 증거가 많다.

4. 결과를 통제하려는 헛된 희망으로 미세 관리에 집착하게 된다.
5. 두려움과 약점을 인정하는 것이 두려워서 덜 스마트하게 일하게 된다.
6. 도움을 요청하는 것이 두려워서 덜 배우게 된다.

이 모든 것이 나를 1990년대에 내가 개발한 모델로 다시 이끌었다. 이 모델은 자아인식의 높고 낮음과 자존감의 높고 낮음에 대해 관점을 제시하는 데 도움이 되었다.

낮은 자아인식과 높은 자존감의 조합은 성격의 '어두운' 특성과 관련이 있다. 높은 자아인식과 낮은 자존감은 겸손을 낳는다. 겸손은 매우 긍정적인 특성이 될 수 있지만, 지나치면 리더십 역할에 필요한 수준의 자기주장

표 5.3 감정 지도

차분한 평온한 만족한 편안한 느긋한 화난 격분한	지루한 무관심한 무심한 호기심 있는 흥미로워하는 자극받은 영감을 받은/번쩍이는	친구가 없는 버려진 혼자 있는 환영받는 포함된 지원받는 몰입하는	경멸하는 비참한 슬픈 무감각한 만족한 행복한 기쁨에 찬	냉소적인 의심 많은 경계하는 무관심한 열린 친밀한 신뢰하는	미워하는 싫어하는 무시하는 중립적인 좋아하는 애정하는 사랑스러운
지친 피곤한/경계하는 게으른 흥미 있는 에너지 넘치는	헤매는 중인 자신 없는 통제 중인 숙달된	경멸받는 무시당하는 존중받는 소중히 여겨지는 자랑스러운	목표가 없는 혼란스러운 집중하는 목적 있는 결단력 있는	압도된 좌절한 감정을 억제하는 통제 중인 몰입 상태	경박한 변덕스러운 사려 깊은 진지한
위협받아 가는 복종하는 단호한 반항적인	경멸하는 무례한 공손한 검토하는	공포에 질린 두려운 위협받는 안전한 자신 있는	열등감을 느끼는 평등한 우월한	투명한 열린 조심스러운 신비로운	자기 경멸적인 자기 연민적인 현실적인 자신감 있는 거만한
복수심 있는 판단하는 수용하는 용서하는	갇힌 제한된 조작당한 권한을 받은 해방된	무시한 정보가 없는 정보를 가진 지식이 있는	실망한 감명이 없는 감명을 받은 기뻐하는	배신당한 실망시킨 지원받는 격렬히 지원받는	아픈 최상이 아닌 나쁘지 않은 건강한
추한 평범한 쾌적한 매력적인	낙담한 동기가 없는 격려받은 결연한	원한 있는 감사하지 않는 고마운 감사한	자기 희생적인 관대한 자기 중심적인 이기적인	어리석은 영감이 없는 영감한 영감을 받은	희망적인 무관심한 걱정되는 절망적인

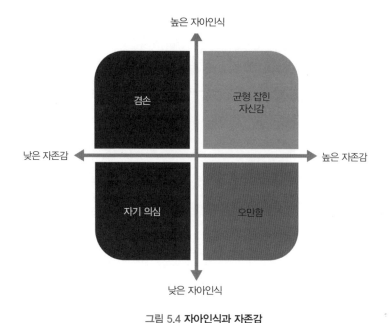

높은 자아인식

겸손

균형 잡힌
자신감

낮은 자존감

높은 자존감

자기 의심

오만함

낮은 자아인식

그림 5.4 **자아인식과 자존감**

을 하지 못하게 된다. 우리는 종종 어떤 사람들을 보고 '자의식이 강하다'라고 이야기하는데, 이는 자신의 능력을 알고 있으면서도 그 능력을 사용하기를 망설이는 것을 의미한다. 자기 의심은 낮은 자아인식과 낮은 자존감의 산물이다. 다시 말하지만, 어느 정도의 자기 의심은 도움이 될 수 있지만 지나치면 오히려 커리어를 가로막는 장애물이 될 수 있다. 가장 이상적인 조합은 높은 자존감과 높은 자아인식을 모두 갖춘 상태이다. 여기서도 적절한 균형이 중요하다. 너무 많은 자부심이나 혹은 너무 많은 자아인식도 문제가 될 수 있다.

위대한 리더와 위대한 코치의 네 가지 C(연민, 용기, 호기심, 연결성

Compassion, Courage, Curiosity, Connectedness)는 여기에서 중요한 역할을 한다. 자신에 대한 연민은 우리가 틀릴 수 있는 자유를 준다. 도움을 요청하는 데에는 용기가 필요하고, 더 나은 방법을 찾는 데에는 호기심이 필요하다. 그리고 우리 주변에 사람들의 지원망을 구축하여 솔직한 피드백과 지침을 받으려면 연결성이 필요하다.

그렇다면 균형 잡힌 자기 의심에 도달하려면 무엇이 필요할까? 유용한 질문들은 다음과 같다.

1. 내가 안주하게 될 위험이 있는 것은 무엇인가?
2. 내 자신과 내 업무/역할 관련 가정들 중에 한동안 의문을 제기하지 않은 것은 무엇인가?
3. 어떻게 하면 자기 연민을 키우고 스스로에게 더 친절해질 수 있을 까?
4. 내 이상적인 자아와 어떤 대화를 나누는 것이 유익할까?
5. 나는 자기 의심을 지속적인 학습을 자극하는 데 효과적으로 사용하고 있는가?
6. 스스로 '나는 이곳에 소속되어 있다'는 느낌을 주기 위해서 무엇이 도움이 될까?
7. 동료 지원 네트워크를 어떻게 육성하고 발전시킬 수 있을까?
8. 자만과 자기 의심의 겸손 간에 적절한 균형을 유지하고 있는 것을 어떻게 알 수 있을까?
9. 나를 위해 시도해볼 만한 실험은 무엇이 있을까?
10. 내 자신을 돌아보는 데 도움을 주는 웃음은 어디에 있을까?

셀프 임파워먼트

임파워먼트는 1990년대 경영 분야의 유행어였다. 나는 사례 연구 책『임파워먼트의 힘The Power of Empowerment』을 읽고 그 대열에 합류했다.5 그때 깨달은 것은 자기 자신을 제외하고는 다른 사람에게 임파워먼트를 할 수 없으며, 오직 그들이 스스로 임파워먼트 할 수 있도록 여건을 조성할 수 있을 뿐이라는 것이었다. 그 후 나는 일반적인 임파워먼트 개념에 대해 관심을 덜 갖게 되었고, 대신 직장 내 다양성과 관련된 셀프 임파워먼트의 맥락에 훨씬 더 관심을 갖게 되었다. 일반적으로 잘 설계된 기업 멘토링 프로그램에서는 멘토와 멘티가 약 6개월 후에 함께 모여 관계와 프로그램을 모두 검토한다. 아래 모델은 멘토링 관계에서 임파워먼트와 비(非)임파워먼트에 대한 그들의 생각을 듣는 과정에서 나온 것이다.

특권층의 배경이 없는 사람들이 기업 환경에서 달성할 수 있다고 느낀 야망의 수준은 부분적으로는 타인의 편견과 시스템에 의해, 그리고 부분적으로는 그들 자신의 편견과 시스템에 의해 형성된다. 아래 모델은 야망에 대한 다양한 종류의 제약을 식별하고 이를 극복하는 데 도움이 될 전략과 전술을 개발하기 위한 대화의 구조를 제공한다.

자기 자신을 파악하기

시스템적 인재관리 개념으로 이어지는 나의 획기적인 연구에서 나는 직원들이 커리어를 잘 관리하기 위해 특히 자아인식과 책임감을 가져야 하는 4가지 영역을 확인했다.

- 정체성(나는 누구인가? 나를 정의하는 것은 누구이며 무엇인가?)

- 목적(나는 무엇을 달성하고 싶은가? 어떤 사람이 되고 싶은가? 무엇에 기여하고 싶은가? 나의 가치와 동기는 무엇인가?)

- 맥락(나는 나의 환경과 어떻게 상호작용하는가? 환경으로 인해 어떤 가능성과 한계가 발생하는가?)

- 강점과 약점(내 에너지는 어디에 있는가? 어떤 종류의 업무와 역할에 가장 적합한가? 나의 개발된 역량과 잠재된 역량은 무엇인가?)

이 4가지 요소는 주기적인 커리어 셀프 평가를 위한 간단하지만 매우 실용적인 프레임워크를 제공한다. 이는 혼자서 또는 코치나 멘토와 함께 진행할 수 있다.

그림 5.5 **셀프 임파워먼트**

6가지 삶의 줄기

일과 삶의 균형과 관련해서는 삶의 균형바퀴wheel of life 같은 많은 모델과 도구가 있다. 내가 이 주제에 관한 책을 쓰기로 결심했을 때,6 아내는 내가 어떤 종류의 롤 모델을 대표한다고 생각하는지 매우 분명하게 밝혔다! 일과 삶의 균형이라는 주제의 문제 중 하나는 모든 것이 보는 사람의 눈에 달려 있다는 것이다. 어떤 사람에게는 끔찍한 불균형처럼 보일 수 있는 것이 다른 사람에게는 완벽한 균형으로 보일 수 있다. 핵심은 일과 삶의 균형에 대한 감각, 즉 우리가 '통제권'을 갖고 있다고 느끼는지, 시간과 에너지를 분배하는 방식에서 '성취감'을 느끼는지 여부이다.

몇 년 전, 나는 에드거 샤인Edgar Schein과 다른 이들의 연구를 바탕으로 웰빙을 위해 주의가 필요한 삶의 여섯 줄기를 다룬 프레임워크를 개발했다. 그 6가지는 다음과 같다.

1. 직업: 어떻게 생계를 유지하고, 청구서를 지불할 돈을 버는지
2. 커리어: 어떻게 발전하고 기술 및 적성을 활용하는지
3. 사회적 연결: 가족 및 친구와의 관계
4. 건강: 어떻게 신체를 건강하고 좋은 상태로 유지하는지
5. 지적 자기 충족: 업무 외에 활동적인 마음을 유지하기 위해 무엇을 하는지
6. 커뮤니티: 어떻게 사회와 연결되고 삶에 더 넓은 의미를 부여하는지 (예: 자원봉사나 종교 단체)

번아웃은 사람들이 일과 커리어에는 모든 관심과 에너지를 투자하지만

삶의 다른 영역에서 강력한 정서적 자본을 쌓지 않을 때 종종 발생한다. 따라서 직장에서 일이 잘못되었을 때, 그들은 의지할 자원이 부족해진다. 균형 잡힌 삶을 살기 위해서는 이러한 삶의 줄기 전부는 아니더라도, 대부분에서 발전하고 있다고 느껴야 한다. 사람들은 종종 자신의 직업과 커리어에 대한 개발 계획을 세우지만 삶의 다른 줄기들의 진전에 대해서는 정기적으로 계획하고 검토하지 않을 수 있다. 부록 5의 질문지는 이를 돕기 위해 설계되었다.

전인적 이해

다양성과 포용성의 맥락에서 코치와 멘토들에 대한 큰 도전은 다른 사람이 어떤 면에서 우리와 같고 또 어떤 면에서 우리와 다른지에 대해 쉽게 가정을 하게 된다는 점이다. 그래서 상대방을 이해하고자 하는 영역의 폭이 우리의 기대에 의해 제한되는 경향이 있다. 이 모델(그림 5.6)은 학습 관계에서 파트너가 보유한 가치를 확립하고 비교하기 위해 다양한 기법을 통해 확인된 주제를 분석한 결과로 탄생한 것이다. 피라미드의 꼭대기가 익숙해 보일 수 있는데, 이는 심리적 계약에서 가치의 의미를 담고 있는 삼각형으로, 사회적 교류보다는 가치 자체에 초점을 맞춘 것이다.

이러한 맥락에서 가치는 성취를 통해 만족을 찾는 방식에 관한 것이다. 성공은 금전적 보상, 행복, 배움 등 '우리가 소중히 여기는 것을 성취하는 것'으로 정의할 수 있다. 이 모든 것의 공통점은 내재적 가치intrinsic value를 지니고 있다는 것이다. 반면에 존경은 외재적 가치extrinsic value, 즉 다른 사람들로부터 인정받는 것에 관한 것이다. 존경과 자존감은 동전의 양면과도 같다. 타인에게 존경받는 것은 우리의 자존감과 효능감을 향상시킨다.

자존감과 자기 신념은 우리가 설정한 목표에 대한 야망과 자신에 대한 기대에 영향을 미친다. 이 두 가지 모두 우리의 태도에 영향을 받는다. 예를 들어, 삶에서 일의 역할에 대한 태도, 자기 홍보의 적절성에 대한 태도가 그것이다. 물론 이러한 태도는 적어도 부분적으로는 문화적 기원을 가지고 있으며, 문화적 가정과 신념에 의해 만들어지고 강화된다. 이 모든 요소는 서로 겹치고 결합하여 개인의 개발에 영향을 미친다. 개인이 스스로 이 분석을 수행하든 코치나 멘토의 도움을 받든, 이는 보다 사려 깊고 개별화된 개인 개발 계획을 세우는 데 명확성을 제공한다.

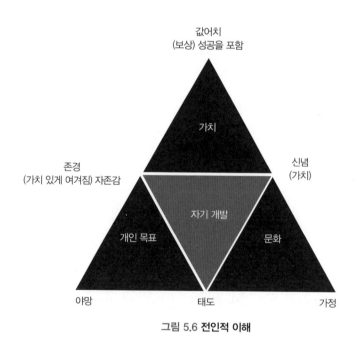

그림 5.6 **전인적 이해**

집단지성에서 집단지혜로

무엇이 온전히 기능하는 사람을 만들까? 또 완전히 기능하는 팀은? 완전히 기능하는 조직은 무엇으로 가능할까? 철학자, 심리학자, 교육학자, 기타 여러 분야의 전문가들은 수천 년 동안 이러한 질문에 대한 이론을 정립해왔다. 여전히 탐구가 진화되고 있지만, 완전히 기능하는 개인을 표현하는 실용적인 방법 가운데 하나는 여러 가지 스킬과 인식을 결합한 Me‑Q라는 개념이다.

$$Me\text{–}Q = IQ + EQ + SQ + Wisdom$$

IQ(인지능력 cognitive ability), EQ(감성지능 emotional intelligence), SQ(영적 지능 spiritual intelligence) 각각의 요소는 개인이 삶과 일, 그리고 여가를 어떻게 의미 있게 하고 효과적으로 살아갈지에 대한 귀중한 통찰을 제공한다. 하지만 그것들이 집단지성으로 발전하기 위해서는 지혜Wisdom가 추가되어야 한다. 지혜는 경험을 성찰함으로써 얻어지는 이해라고 정의할 수 있다. 지혜는 IQ, EQ, SQ와 같은 제한적이고 좁은 관점을 넘어서, 집단지성의 포괄적이고 무한한 지평선으로 나아가는 데 필요한 요소이다. 전환을 가능하게 하는 요소이다. 그래서 이는 집단지성이 아니라 집단지혜라고 표현하는 것이 더 적절할 수 있다.

IQ. 우리가 생각하는 방식에 대해 배우고 패턴과 시스템을 드러내는 방식으로 직간접적인 경험을 통합하는 방법을 배울 때, IQ는 인지적 성숙성이 된다.

EQ. 자신의 감정을 관찰하고 성찰하는 법을 배우고, 자신의 감정과 다른 사람의 감정, 그리고 자신의 감정과 행동 사이의 패턴과 상호 연관성을 감지할 때, EQ는 정서적 성숙성이 된다.

SQ. 우리 자신과 인류를 창조한 생리적, 환경적, 문화적 힘 사이의 연결성을 인식할 때, SQ는 영적 성숙성이 된다.

이러한 기본 구성 요소는 팀, 조직, 사회의 완전한 기능을 관찰할 수 있는 토대를 제공한다. TQ(팀 지능 Team Intelligence)는 팀 환경에 적용된 Me - Q와 동등한 개념이다. 에이미 에드먼슨Amy Edmonson의 '티밍Teaming'과 유사한 개념으로, 팀 내 사람들이 본능적으로 협력하여 지식과 통찰력을 모으고, 감정을 공유하고 서로를 배려하며, 함께 학습하고, 효과적인 의사결정에 참여하는 능력을 포함한다. 팀원 개개인은 지적 능력, 정서적 인식, 목적의식 등을 갖추고 있지만, 이러한 자산을 통합하여 잠재력을 최대한 발휘하려면 지혜가 필요하다. 팀이 부분의 합보다 더 많은 것을 제공하는지 또는 더 적게 제공하는지를 결정하는 패턴과 시스템을 파악하려면 팀은 지적, 정서적, 영적 경험 등 개인 및 집단적 경험을 성찰해야 한다.

We - Q는 조직에도 동일한 원칙을 적용한다. 관련된 사람의 수, 해결해야 할 문제의 복잡성, 그룹 규모의 제한성 등의 요인 때문에 조직 내에서 팀워크를 편안하게 연습하기가 훨씬 더 어렵다. 집단지혜에는 다음과 같은 기능이 있다.

1. 조직 전체에서 일어나는 학습과 혁신적인 사고를 포착하고 통합한다.
2. 조직 내 모든 사람의 지적 능력을 동원하여 집단적 문제를 해결한다 (공식적인 책임이 누구에게 있든 관계없이).

3. 구성원들의 상상력을 사로잡고 활기를 불어넣는 노력에 집중시키고, 강력한 집단 정체성을 개발함으로써 그들의 감정적 힘을 활용한다.

지혜를 뒷받침하는 성찰은 일반적인 운영 루틴을 벗어난, 통상적으로 상하 위계적 대화인 조직적 협의와는 다른 접근 방식이 필요하다. 오히려 부서, 기능, 계층의 경계와 무관한, 지속적이고 반복적이며 살아있는 끝없는 대화가 필요하다. 조직의 리더가 장려하고 육성하지만 관리하지는 않는다.

HQ 또는 지능형 인류Intelligent Humanity는 한 사회가 높은 수준의 집단지성으로 행동할 때 어떤 일이 일어나는지를 설명한다. 제러드 다이아몬드Jared Diamond의 훌륭한 저서 『대변동Upheaval』7은 국가들이 스스로를 재창조하는 방법으로 업적을 달성한 여러 사례를 설명하고 있다. 코로나19 팬데믹이 이와 같은 집단 지능이 작동한 예이다. 전 세계의 과학자들은 공동의 위협을 물리치기 위해 이전에는 상상할 수 없었던 방식으로 경쟁자들 간에 데이터를 공유하며 협력했다(그러자 정치인들이 개입하여 자국의 이익을 우선시하는 행동을 취하기 시작했다.). 인류에 대한 다른 많은 글로벌 위협들이 집단 지능 없이는 해결되기 어려운 상황이다. 우리가 긍정적인 글로벌 협력 사례를 바탕으로 집단적 지혜를 구축하는 데 투자하지 않는다면 말이다.

Me-Q의 성숙을 향한 여정은 매우 어렵다. 팀 코칭을 통해 우리는 점차 더 큰 TQ를 개발할 수 있는 능력을 갖춰나가고 있다. 하지만 미성숙하고 현명하지 못한 집단지성이 초래한 재앙을 피하기 위해 세상에 필요한 We-Q와 HQ를 어떻게 적시에 개발할 수 있을지는 여전히 의문으로 남아 있다.

걱정 지수

내 생각과 실행의 발전을 되돌아보는 것의 한 가지 이점은 완전히 잊고 있었던 것들을 재발견할 수 있다는 점이다. 걱정 지수도 그중 하나이다. 원래는 내부 커뮤니케이션 부서에서 인수 또는 합병 기간 동안 직원들의 우려를 인식하고 해결하는 데 도움을 주기 위해 개발된 도구로, 변화 관리 전반과 개별 코칭에 다양하게 응용할 수 있다. 기본 원칙은 다음과 같다.

1. 사람들은 종종 자신이나 다른 사람에게 자신의 걱정을 잘 표현하지 못한다.
2. 우리는 종종 다른 사람의 걱정을 의식하지 못하기 때문에 걱정으로 인한 행동이 비합리적으로 보일 수 있다.

아래 예시는 인수합병 과정에 있는 회사의 원래 걱정 지수이다. 직원들을 대상으로 설문조사를 하고 포커스 그룹을 개최하여 우려 사항을 파악하고 이를 해결할 수 있도록 했다.

인수합병 시 걱정 지수

고용 안정

1. 내가 현재 또는 미래에 정리해고를 당하게 될까?
2. 얼마나 많은 인원이 정리해고 될까?
3. 내가 남는다면 일자리는 얼마나 안정적이며 내가 가지고 있는 조건들이 축소될까?

4. 정리해고를 당하면 다른 직장을 구할 수 있을까?

5. 커리어 기회에 어떤 영향이 있을까?

내 직업

1. 새로운 상사가 생기게 될까, 그렇다면 그 상사가 마음에 들까?

2. 누가 나를 평가하나?

3. 직업을 바꾸거나 더 열심히 일해야 하나?

4. 다른 사람들과 함께 일해야 하나?

5. 이사를 해야 하나?

6. 내 성과는 어떻게 측정될까?

7. 이런 상황에서 계획대로 휴가를 사용할 수 있을까?

나의 전망

1. 이것이 내 지위에 영향을 줄까?

2. 승진 기회가 줄어들거나 늘어나나?

3. 새로운 기술을 배워야 하나?

4. 내 능력을 보여줄 수 있는 기회인가?

5. 무엇을 얻을 수 있나?

6. 새로운 기술을 배우면 필요할 때 다른 직업을 구하는 데 도움이 되
   나?

나의 가치관

1. 내가 생각했던 회사가 맞나? 예전 회사의 배려심 넘치는 태도는 어

디로 갔나?

2. 내 기여와 충성도는 아무 소용이 없나?
3. 회사는 내 가정생활을 존중할까?
4. 팀에서 나를 내보내면 나는 행복할까?

사람들은 코치, 멘토 또는 리더와 함께 대화하면서 스스로의 걱정 지수를 만들 수 있고, 이를 통해 속삭여대는 의구심과 자기 의심을 추적할 수 있다. 물론 걱정은 업무 집중력, 수면, 전반적인 건강, 인간관계에 부정적인 영향을 미친다. 그리고 걱정에 대해 생각하지 않으려고 노력할수록 걱정은 더 깊숙이 자리 잡게 된다. 이름을 붙이면 이 악순환의 고리를 끊는데 도움이 된다. 표준적인 코칭 도그마Dogma는 (많은 증거 없이) 코칭은 고객의 목표를 정의하는 것으로 시작해야 한다고 제안한다. 그 대신 '고객의 걱정을 정의하고 함께 다루면' 목표가 떠오를 것이라고 말해주고 싶다. 걱정을 먼저 다루면 고객이 더 야심 차고 자신의 가치관 및 정체성과 더 밀접하게 연결된 목표를 구상하고 추구할 정신적 에너지를 가질 수 있는 여건이 조성된다. 사람들이 표현하지 않는 걱정을 이끌어내기 위해 다음과 같은 질문을 할 수 있다.

1. 무엇이 밤에 잠을 설치게 하나요?
2. 통제할 수 없는 무서운 것은 무엇인가요?
3. 다른 사람들은 걱정하지 않기를 바라는 당신의 걱정거리는 무엇인가요?

개인 걱정 지수는 사람이 가장 걱정하는 삶과 일 영역에서 시작된다. 여기에는 재정적 안정, 개인 평판, 건강(자신과 가족), 업무 책임에 대한 대처 등이 포함될 수 있다. 각 영역에 대해, 고민의 맥락을 파악할 수 있는 몇 가지 질문을 찾아낸다. 예를 들면 다음과 같다.

1. 여기서 무엇이 바뀌고 있나(좋은 쪽이든 나쁜 쪽이든)?
2. 어떤 점에 주의를 기울여야 하나?
3. 이 우려를 완화하기 위해 무엇을 할 수 있나?
4. 최악의 경우를 대비해서 무엇을 계획할 수 있나?
5. 어떤 지원을 요청할 수 있나?

이러한 선제적 걱정 접근 방식은 오늘날 우리가 회복탄력성 구축이라고 정의하는 것에 해당한다. 걱정은 성과와 웰빙에 대한 방해 요소에서 벗어나, 우리를 더 의식하게 만들어주는 좋은 친구가 되어 잠재적인 문제가 발생하기 전에 인식하고 대처할 수 있게 한다. 결국, 우리가 가장 많이 상처받는 것은 대부분 예상치 못한, 예측할 수 없는 것들이다!

다른 사람들과 연결하기

내가 코칭과 멘토링을 하면서 가장 중요하게 생각하는 주제는 다름을 존중하는 것이다. 자신과 비슷하다고 인식되는 사람들에게 끌리는 것은 인간의 특성이다. 우리가 그런 그룹에 속해 있을 때, 우리는 '외부인'보다 그 그룹에 더 긍정적인 특성을 부여한다. 그렇게 함으로써 우리는 시각을 좁히고, 다양한 관점과 이야기를 가진 사람들과의 상호작용에서 오는 성장을 제한함으로써 스스로를 축소시킨다.

나는 2차 세계대전 직후, 다양성과는 거리가 먼 사회에서 자랐다. 런던 북부에 있던 학교에서 백인이 아닌 사람은 단 한 번도 본 기억이 없다. 유일한 문화적 차이는 큰 규모의 유대인 소수 집단뿐이었다. 동성애는 불법이었고 논의조차 되지 않았다. 남성 위주의 사회였고, 페미니즘에 대한 고려가 있었다면, 여성에게 투표권을 주는 것으로 해결된 것이라고 간주되었다. 그곳은 안전하고 보호받는 곳이었으나, 다양성의 관점에서 보면 완전히 불모지나 다름없었다. 그러던 중 영국에 막 도착한 인도인 가족을 소개받았는데, 내 또래의 아들이 도시를 파악하고 새집에 적응할 수 있도록 도와달라는 요청을 받았다. 그 기회를 통해 나는 사람들의 세계가 내가 상상했던 것보다 훨씬 더 복잡하다는 것을 알게 되었다. 지금 생각해보면 이 기회를 이용해 그 친구의 눈으로 세상을 더 깊이 경험해보지 못한 것이 후회스럽지만, 당시에는 그럴 수 있는 도구가 없었다.

대학에서도 교직원과 학생들은 대부분 나와 비슷했다. 내가 입학한 해는 그 대학에서 처음으로 남학생을 받아들인 해였기 때문에 성별 불균형이 상당했다(그 시기의 불가피한 소동들은 덮어두기로 하겠다!). 그때도 나는 여성의 시각으로 세상을 바라볼 수 있는 기회를 활용하지 못했다. 내가 의식적으로 인식한 유일한 차이는 계급 차이였다. 나는 적어도 다섯 세대 만에 우리 가족 중 대학에 진학한 최초의 사람이었다(클러터벅 가문이 세대를 거쳐 내려오면서, 부는 나의 가계로 흘러들어오지 않았다!). 젊은 기자로서 직장의 역학 관계에 관심을 갖게 되면서부터 사고의 다양성이 얼마나 중요한지 서서히 깨닫게 되었다. 나는 처음에는 성별 관점에서, 그다음에는 인종/문화적 관점에서, 궁극적으로는 인지 및 신경학적 다양성 관점에서 모든 형태의 다양성을 열렬히 지지하게 되었다.

나에게 주된 주제는 다른 관점과의 교류와 학습의 가치였다. 이러한 교류가 개인의 성장뿐만 아니라 더 나은 의사결정, 협업 및 업무 만족도에도 기여할 수 있는지에 관한 것이었다. 공정성에 대한 나의 뿌리 깊은 가치관도 한몫했지만, 나는 사람들이 솔직하고 호기심 어린 대화를 통해 다양한 타인과 소통할 수 있도록 돕는 방법에 초점을 맞추게 되었다.

다양성 대화

『우주인들이 인간관계로 스트레스받을 때 우주정거장에서 가장 많이 읽은 대화책Difficult Conversations』8의 저자들은 우리가 생각하는 바를 정확히 말하지 못한다고 느낄 때, 즉 우리가 실제로 생각하는 것과 말하는 것 사이의 괴리가 '어려운 대화difficult conversation'를 만든다고 지적한다. 본질적으로 우리는 동시에 두 가지 대화를 시도한다는 것이다. 그러나 어려운 대화들은 실제로 3가지 대화로 구성되어 있다고 한다.

1. *사실 또는 현실 대화*(사실, 책임, 기대치 등에 대한 불일치). 양측의 시각을 이해하려는 노력만이 대화를 가능하게 한다.
2. *감정적 대화*(내가 느끼는 감정 대비 상대방이 느끼는 감정). 이런 경우, 대화를 합리적으로 유지하려고 노력하는 것은 도움이 되지 않는다. 어려운 대화는 그저 감정을 포함한 것이 아니라, 대화의 본질이 감정에 관한 것이라는 점이다. 따라서 대화의 핵심은 감정을 이해하고, 이야기하며, 관리하는 것이다.
3. *정체성 대화*(우리에게 의미하는 것) 위험 요소는 무엇인지, 이것이 우리와 우리의 자존감 및 정체성에 대해 말하는 것은 무엇인지. 만약 우

리가 내 이미지가 공격받고 있다고 느끼거나, 반대로 누군가가 투영한 이미지를 내가 받아들인다면, 대화의 기회는 줄어든다.

표 5.4는 내가 이 세 가지 대화를 바탕으로 다름의 장벽을 넘어 대화하는 방법을 어떻게 정립했는지 그 핵심을 담고 있다. 이는 바로 다음 모델인 다양성 인식 사다리의 개발로 이어졌다. 일반적인 갈등과 다양성 관련 갈등의 차이점은, 전자는 대부분 개인적인 갈등인 반면에 후자는 항상 시스템적 차원을 가지고 있다는 점이다. 우리가 파악한 시스템적 문제는 다음과 같다.

위계 격차 – 조직에서 자신보다 나이가 많은 상사에게 자신의 생각을 말하려면 많은 용기가 필요하다. 나이에 대한 존중이 뿌리 깊은 일부 문화권에서는 말을 꺼내는 것이 더 어려울 수 있다.

정치적 올바름 – 다양한 환경에 있는 관리자를 대상으로 한 연구에 따르면, 관리자들은 정치적으로 올바르게 보이지 않을 것을 우려해 BME Black and Minority Ethnic 동료에게 솔직한 피드백을 주지 못하는 경우가 많다. 이들은 말할 수 있는 것과 할 수 없는 것에 대한 자신감이 부족하며, 어떻게 말해야 할지 몰라서 의도치 않게 차별을 낳기도 한다. 그 결과로 BME 동료들에게 비효율적이거나 역기능적인 행동을 바로잡을 기회를 주지 않게 된다.

같은 단어/다른 의미 – 특히 영어에서는 단어와 구문이 문화에 따라 매우 다른 의미를 가질 수 있다. 예를 들어, 다국적 기업의 미국 직원은 '업무가 도전적이냐challenged?'라는 질문에 긍정적으로 답한 반면, 영국과 유럽 대륙의 직원은 부정적으로 답했다. 미국 직원들은 '도전적

Challenged'을 도전적이고 동기부여 된다는 의미로 해석한 반면, 유럽 직원들은 대처할 수 없다는 의미로 해석했다.

자신의 감정, 태도, 가치관을 드러내지 않기 – 양측이 이 부분에서 마음을 열지 않으면 진정한 이해가 이루어지기 어렵다.

문제 부정 – 문제가 있다는 것을 의식적으로 인정하지 않거나 인정하지 못하면 역기능이 발생할 수 있다. 개인적인 책임을 지는 것, 우리가 주장하는 이상에 미치지 못한다는 것을 받아들여야 할 때 매우 고통스러울 수 있다.

표 5.4 **일반 대화와 다양성 대화**

일반 대화와 다양성 대화		
대화 유형	일반적 가정	다양성 대화
현실은 어떤가?	내 세계관이 옳다	내 견해는 여럿 중에 하나일 뿐, 다른 사람들의 인식을 이해하면 나에게 도움이 될 수 있다
	나는 당신이 의도한 바를 안다	나는 내가 의도한 바를 알지만, 당신이 의도한 것은 추측할 수밖에 없다
	소통/성과 등이 나쁘면, 그건 당신 책임이다	소통/성과 등이 나쁘면, 우리 둘 다 원인을 제공했을 것이다
감정 대화	진전을 이루기 위해 우리는 이성적 태도를 유지해야 한다	서로의 감정을 이해할 때, 우리는 문제를 진정으로 합리적으로 볼 수 있다
	내 감정을 통제하고 억제해야 한다	내 감정 관리를 위해 감정에 열려 있어야 한다
	중요한 것은 내 감정이다	우리 모두의 감정이 중요하다
정체성 대화	내 셀프 이미지를 보호해야 한다	내 셀프 이미지를 이해하고 발전시킬 기회가 있다
	나는 무능/죄책감/무가치하다고 느낀다	완벽한 사람은 없지만, 더 가까워지는 데 도움이 되는 것을 배울 기회가 있다

- 다양성 인식 사다리
- 자신의 고정관념과 암묵적 편견을 파악하는 것은 쉽지 않다. 이 사다리의 목적은 우리 자신에게 솔직해지고 다른 사람들과 더 나은 관계를 맺을 수 있도록 도와주는 것이다. 이 모델은 두 가지 대화로 구성된다. 첫째는 내부 대화로, 이는 다름에 대해 본능적이고 감정적인 반응을 나타내며 일반적으로 입 밖으로 꺼내지 않는다. 둘째는 외부 대화로, 이는 다른 사람과의 상호작용을 통해서 내부 대화에서 발생하는 우려를 상쇄하고 극복할 수 있는 방법을 제공한다. 사다리의 초기 단계에서는 사람들은 종종 '다른' 사람이나 집단과의 대화를 피하는 경향이 있는데, 말을 잘못해서 상대의 기분을 상하게 하고 싶지 않다는 등의 긍정적 이유 때문인 경우가 많다. 고객이 자신이 사다리의 어느 위치에 있는지를 파악하면, 완전한 열린 대화를 가로막는 가정과 우려를 해결할 출발점을 갖게 된다.

불쾌감을 주지 않으려는 욕구 때문에 우리는 행동과 말에 신중을 기하게 된다. 장애가 있거나 다른 인종적 배경을 가진 사람들을 대상으로 한 코칭과 멘토링 연구에 따르면, 코치와 멘토는 종종 그 차이를 지나치게 강조하거나(예: 고객에게 일어난 일을 다른 사람들의 인종적 편견 탓으로 돌리는 경우), 혹은 아예 회피하는 경우(예: 12개월 동안 한 번도 상대방이 휠체어를 탄다는 사실을 언급한 적이 없는 멘토)가 많았다. 이러한 두 가지 극단 모두, 고객이 자신이 저평가되었다고 느끼게 하고 불편하게 만든다.

다양성 인식 사다리의 원리는 우리가 다르다고 여기는 사람과는 대화를 피하더라도 여전히 대부분 무의식적으로 내부 대화가 이루어지고 있다는 것이다. 개인적인 예를 들자면, 몇 년 전에 나는 대형 전시회가 열린 HR 컨퍼런스에 참석했다. 전시회의 눈에 잘 띄는 곳에 성소수자 커뮤니티를 위한 출판사의 부스가 있었다. 나는 미국에서 알게 된 게이 전문직을 대상으로 하는 멘토링 프로젝트에 대해 그들과 이야기해보려고 마음먹었었다. 전시장을 몇 번이나 돌아다닌 후에야, 그 부스에 들르지 않고 다시 지나가

표 5.5 다양성 인식 사다리의 내부 및 외부 대화

다양성 인식 사다리의 내부 및 외부 대화		
무대	내부 대화	외부 대화
1. 두려움	나는 이 사람에게서 무엇을 두려워하나? 나에 대해 배우는 것이 두려운 이유는 무엇인가? 내가 스스로 인정하지 않으려는 것은 무엇인가?	우리에게는 어떤 공통점이 있을까? 나와 나의 의도에 대해 어떤 우려를 가지고 있나?
2. 경계	말이 잘못되면 어떻게 하나? 나에 대한 사람들의 기대가 부정적이거나 고정관념에 사로잡혀 있는가? 얼마나 개방적이고 솔직하게 말할 수 있나?	어떻게 하면 우리가 서로에게 더 솔직해질 수 있을까? 서로를 불편하게 하거나 가치를 인정받지 못하게 만드는 행동을 어떻게 인식하고 관리할 수 있을까?
3. 관용	이 사람에 대해 어떤 근거로 판단을 내리고 있나? 이 사람을 대할 때 어떤 경계를 찾고/적용하고 있나?	어떻게 하면 마찰 없이 함께 일할 수 있을까? 대화에서 비난을 없애려면 어떻게 해야 할까?
4. 수용	이 사람을 있는 그대로 받아들일 수 있나? 그들의 관점이 나와 다르더라도 그 관점의 타당성을 인정하고 함께 일할 수 있나?	어떤 가치관을 가지고 있나? 어떻게 적용하나? 어떻게 하면 활발하고 목적에 맞는 협업을 할 수 있을까?
5. 감사	이 사람에게서 무엇을 배울 수 있나? 이를 안다고 해서 어떻게 더 나은/더 성취한 사람이 될 수 있을까?	서로에게서 무엇을 배울 수 있을까? 서로에게서 어떻게 배울 수 있을까?

고 있다는 사실을 깨달았고, 사실 무의식적으로 그 부스를 지나치지 않는 경로를 선택하고 있었다. 그때 나는 내 행동에 영향을 미치는 내부 대화가 무엇인지 스스로에게 물었다. 내가 그 부스에 서 있는 모습을 보면, 다른 사람들이 내 성정체성을 가정할 수 있을 것이라고 내 내면의 목소리가 말하고 있는 것을 금방 알아차렸다. 그러자 나는 곧바로 그 부스로 걸어가 계획했던 대화를 나눌 수 있었다.

우리가 차이에 대한 내부 대화를 더 잘 인식할수록, 그 대화를 바꾸기가 더 쉬워진다. 그리고 그것은 우리가 특정 개인이나 집단과 나누는 대화에 대한 선택의 폭을 넓혀준다. 다양성 인식 사다리는 우리가 하고 있는 대화와 용기만 있다면 할 수 있는 대화를 모두 이해하는 데 도움이 된다. 자신이 사다리의 어느 위치에 있는지를 파악하면(차이를 진정으로 가치 있게 만드는) 완전한 열린 대화를 가로막는 가정과 우려를 해결할 수 있는 출발점에 서게 된다.

사다리의 다섯 계단은 다음과 같다.

두려움 - 자아인식도 낮고 타인에 대한 인식도 낮은 것이 특징이다. 극단적 두려움 단계는 편견으로 변질될 수 있다. 이는 자신의 신념과 관점을 약화시킬까 봐 의도적으로 이를 검토하지 않고 회피하는 것이다. 내부 대화는 사람들이 자신의 두려움을 직면하고 이해할 수 있도록 하는 데 필수적이다. 외부와의 대화는 이를 수행하기 위한 디딤돌이지만, 내부 대화는 외부 대화가 더 생산적이 되도록 자극할 수도 있다.

경계 - 개인이 충분히 자신과 타인에 대해 인식하고 자신의 두려움이 비합리적임을 인식하더라도, 자신이 다르다고 여기는 사람들에게 진정으로 개방적이지 못한 단계이다. 예를 들어, 이 단계에서는 관리자가 종종 흑인이나 다른 성별의 직속 부하에게 명확하고 솔직한 피드백을 주는 것을 꺼려한다. 이는 불쾌감을 줄까 걱정하거나 편견을 지적받을까 걱정하기 때문이다. 이러한 태도는 팀이나 직속 부하 모두에게 도움이 되지 않는다.

관용 – 다른 집단에 대한 관용을 표현하는 사람들은 종종 자신의 우월감을 버리지 못한다. 관용은 다른 사람의 관점에서 문제와 사건을 이해하려고 시도하는 것이 아니다. 자신이 옳다고 생각하고, 다른 사람은 잘못되었거나, 죄가 있거나, 어떤 면에서든 가치가 떨어진다고 가정한다.

수용 – 다른 사람의 관점이 각자의 맥락에서 타당하고 선의적이며 합리적이라는 이해를 포함한다. 수용은 진정으로 동료적인 방식collegiate manner으로 함께 일할 수 있는 가능성을 창출하며, 차이는 단순히 배경의 일부로 여겨진다.

감사 – 관계와 대화를 상호 학습의 영역으로 이끌어간다. 다르다는 사실은 새로운 관점과 아이디어를 탐구하고, 가정을 시험하고, 새롭고 더 강력한 현실 감각을 창출할 수 있는 소중한 기회가 된다. 차이는 변화와 자아인식, 그리고 더 넓고 건강하며 포용적인 커뮤니티를 만드는 원동력이 된다.

코칭, 멘토링 또는 다양성 인식 교육에서 사다리를 사용할 때, 중요한 단계는 다음과 같다.

- 상대방이 '타인' 그룹에 대한 본능적이고 종종 무의식적인 가정을 인식하도록 도와준다.(그룹을 분류하는 방법은 상당히 다양할 수 있다.) 이를 위한 간단한 방법으로는 해당 그룹의 사람들과 대화를 나눴던/또는 피했던 시간을 떠올려보는 것이다. 기분이 어땠나? 어떤 내부 대화가 오고 갔나?
- 다른 내부 대화 방식을 채택할 때 얻을 수 있는 이점을 인식하도록 도와준다. 이는 그들이 해당 집단의 사람들과 다른 대화를 나누는 계기가 될 수 있다.
- 점차적으로 기존의 내부 및 외부 대화를 차이를 인정하는 새롭고 포용적인 대화로 대체하도록 도와준다.
- 이러한 새로운 대화와 이를 뒷받침하는 새로운 사고방식을 그들의 일상적인 대인 관계에 내재화하도록 돕는다.

심리적 계약

심리적 계약Psychological contract은 대부분의 직장 내 관계를 뒷받침한다. 이는 사람과 조직 간의 암묵적 규칙과 기대, 즉 사회적 교류의 한 형태이다. 1990년대의 다양한 학문적 연구들은 심리적 계약이 동기부여와 유지, 생산성 등의 문제를 어떻게 다루는지를 보여주었다. 조직이 메시지를 보낼 때 사람들이 듣는 것은 그들이 적용하는 필터에 의해 수정된다. 이러한 필터는 개인과 조직 간의 심리적 계약, 그리고 직원 그룹과 조직 간의 심리적 계약의 성격과 건강 상태에 의해 상당한 영향을 받는다. 사람들이 어떤 말을 할 준비가 되어 있는지도 심리적 계약의 영향을 받는다. 계약이 건강한 경우, 사람들은 잘못된 관행을 공개적으로 이야기하고, 잘못된 관행에 도전하고, 책임을 질 가능성이 더 높다.

심리적 계약의 핵심 요소는 '사회적 교류의 공정성'에 대한 인식이다. 동시에 계약은 가치의 교환에 관한 것이다. 이러한 맥락에서 가치는 세 가지 핵심 의미를 갖는다(그림 5.7).

경제석 의미의 가치Value as worth는 양측이 서로에게 부가가치를 어떻게 창출하는지를 의미한다. 예를 들어, 직원은 배당금과 주가 상승 또는 다른 형태의 자본 상승을 통해 주주에게 가치를 더하는 반면, 회사는 적정한 급여와 연금, 그리고 가장 중요한 것으로 직원이 이동할 경우 더 큰 수익을 창출할 수 있는 스킬과 실적을 쌓을 수 있는 기회를 약속한다. 직원들이 보상 체계가 공정하다고 느끼는지 여부도 중요하다.

존중으로서의 가치Value as respect는 직원들이 조직에 대해 어떻게 느끼

그림 5.7 **가치 삼각형**

는지와 조직이 그들을 어떻게 생각하는지에 대한 것을 의미한다. 직원은 이 조직에서 일하는 것에 대해 얼마나 자부심을 느끼는가? 이것이 그들의 자존감에 중요한 부분인가? 동료, 상사, 고객으로부터 자신의 기여를 인정받고 중요하게 여겨지고 있다고 느끼는가? 인정이 능력에 기반한 것으로 인식되고 있나, 아니면 가장 큰 소리를 내는 사람에 의해 결정되는가? 이 모든 것들은 직원들이 존중받고 있다고 느끼는지에 영향을 준다.

신념으로서의 가치Values as beliefs는 직원들이 자신이 가진 가치(정직, 사람에 대한 대우, 사회적 책임 등)와 회사가 주장하고 보여주는 가치 간의 일치 정도를 의미한다. 사람들이 출근할 때 자신들의 가치를 문밖에 두고 오라는 요구를 받는다고 느끼거나 조직이 주장하는 가치와 실제 수행하는 가치 사이에 큰 차이가 있다고 느낄 때 문제가 발생한다.

경제적 가치의 교환을 조사하는 데 유용한 몇 가지 질문은 다음과 같다.
- 자신이 하는 일에 대해 적절한 보상을 받고 있다고 느끼나?
- 사람들은 능력에 따라 동등한 대우를 받나?
- 회사가 나의 개발에 적절하게 투자하고 있나?
- 자신의 발전을 위한 투자와 (이 조직 또는 다른 조직에서) 자신에게 열리는 기회 간에 명확한 관계가 있다고 보이나?
- 현재 수행하는 업무가 경쟁력과 실적을 쌓는 데 도움이 될 만큼 충분히 확장되고 있나?

심리적 계약의 존중 차원에 대한 몇 가지 유용한 질문은 다음과 같다.
- 여러분의 기여가 충분히 인정받고 있다고 생각하나?

- 여러분의 아이디어에 귀를 기울이고 그에 대한 공로를 인정받나?
- 고위 관리자가 여러분과 동료들에게 관심을 갖고 있다고 생각하나?
- 자신이 하는 일과 근무하는 조직에 자부심을 느끼나?
- 친구에게 이곳에서 일하도록 추천할까?
- 다양성을 진정으로 소중히 여기나, 아니면 단순히 용인하나?

심리적 계약의 신념 차원에 대한 몇 가지 유용한 질문은 다음과 같다.
- 당신이 삶에 적용하는 원칙을 직장에서는 타협해야 한다고 생각하나?
- 리더들이 회사의 가치에 부합하는 삶을 살고 있다고 생각하나?
- 회사가 모든 이해관계자에게 정직하고 공정하다고 생각하나?

심리적 계약은 고용주와 직원 간의 관계에만 국한된 것이 아니다. 심리적 계약은 회사와 모든 이해관계자 간의 관계에 적용된다(그림 5.8).

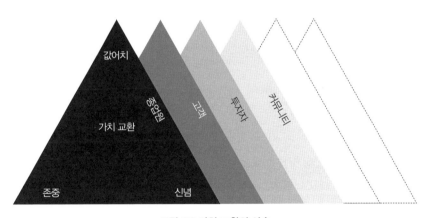

그림 5.8 **가치 교환의 사슬**

기업은 이러한 심리적 계약을 정의하고 측정하는 데 시간과 자원을 투자하지 않거나, 그렇게 하더라도 일반적으로 이를 개별적인 비즈니스 영역으로 가정한다. 그러나 직원은 고객이거나 주주일 수 있으며, 관련이 있을 수 있다. 나는 몇 년 동안 기업들을 설득하여 심리적 계약이 어떻게 겹치는지를 조사하려고 노력했지만 끝내 성공하지 못했다. 그러나 한 이해관계자 그룹과 다른 이해관계자 그룹 간의 심리적 계약에서 전염이 발생하는 사례를 찾는 것은 어렵지 않다. 한 예로, 가구 소매업체가 고객에게 새 소파나 테이블이 도착하는 데 걸리는 시간에 대해 진실을 말하는 것이 판매를 감소시킬 것이라고 판단한 사례가 기억난다. 판매 직원들은 거짓말을 하도록 지시받았으나, 결과적으로 주문은 더욱 감소했다. 신념 차원에서 직원들과의 심리적 계약이 깨졌기 때문이다.

직원을 대상으로 한 심리적 계약 설문조사는 부록 3에 재현되어 있다.

이 설문조사는 저작권이 있으며 저작자 표시가 있는 종이 버전으로 출처를 명시하면 자유롭게 사용할 수 있지만, 전자 버전으로는 사용할 수 없다.

취약한 타인과의 관계

지속적인 관계에서 우리는 명확하지 않은 역할을 맡게 되기도 한다. 이를 때때로 검토하는 것은 균형을 유지하고 그 역할이 '고정'되는 것을 방지할 수 있다.

유용한 모델 중 하나는 보호protect - 이용exploit - 동등equate의 삼각형이다(그림 5.9).[10]

보호는 학습자를 고통으로부터 보호하거나 학습자를 대신하여 개입하고자 하는 본능을 나타낸다. 이는 교류분석TA의 부모 - 자식 차원과 많은 공통점이 있다. 이 모드에서 우리는 부분적으로 부모이자 부분적으로 영웅이다. 학습자가 스스로 문제를 해결하도록 돕는 것이 아니라 조언을 제공한다. 이는 약자를 보호하려는 우리의 깊은 본능을 활용하지만, 자칫 과잉보호로 이어질 수 있다.

이용은 어두운 면이다. 자신의 목적을 위해 다른 사람을 조종하거나 약점을 이용하려는 본능이다. 우리 자신의 이런 면을 인정하고 싶지 않지만, 멘토가 멘티가 원하지 않는 길로 이끌 때와 같이 여러 가지 미묘한 방식으로 드러난다. 멘토는 때때로 멘티에게 의존성을 갖게 할 수 있다. 이는 자

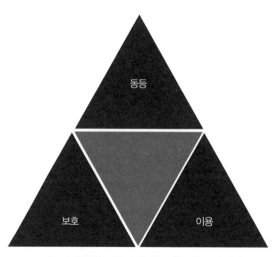

그림 5.9 **취약한 타인과 관계를 맺는 세 가지 방법**

신의 인정과 찬사의 욕구로 인해 발생하는 부작용임을 인식하지 못할 때가 많다.

동등은 적절한 균형을 이루는 지점이다. 보호 본능과 이용 본능이 없는 것이 아니라, 두 가지 본능은 여전히 존재하며 종종 동시에 존재하기도 한다. 평형의 기술은 이러한 본능을 충분히 인식하고 관리하는 데 있다. 이러한 본능을 인정하는 데 익숙해지면 본능을 더 잘 활용할 수 있다. 예를 들어, 자신에게서 이용하려는 성향이 관찰되면 다른 사람들도 멘티에게 비슷한 반응을 보이는지, 그리고 그것이 멘티에게 어떤 영향을 미칠 수 있는지 생각해볼 수 있다. 멘티의 행동에서 다른 사람들이 이용할 수 있다고 생각하게 만드는 요인은 무엇일까? 마찬가지로, 보호하려는 욕구를 인식한다면, 멘티가 더 큰 자신감과 자기 믿음을 갖도록 돕는 데 집중할 수 있다.

고객에 대해 알아가기: 클러터벅의 13가지 질문

누군가를 아는 가장 빠른 방법은 공감적 호기심empathetic curiosity이 강력한 역할을 하는 '초기 대화'이다. 이상적으로, 우리는 가치, 열망, 문화, 그리고 현재와 과거 맥락을 모두 포함하는 다각적이고 총체적인 통찰을 얻고자 한다. 이러한 대화는 코치/멘토 그리고 고객 모두의 인식을 증진시키는 이중 목적을 가지고 있다.

다음 13가지 질문과 그 하위 질문은 이러한 탐색적 대화를 하는 데 필요한 프레임워크를 제공한다.

1. 당신은 어떻게 지금의 당신이 되었나?

2. 누구를 존경하나?(이것이 당신에 대해 무엇을 말해주나?)

3. 가장 중요하게 생각하는 것은 무엇인가?(이것이 당신의 선택에 어떻게 영향을 미치나?)

4. 당신의 핵심 가치는 무엇인가?(그 가치를 어떻게 실천하고 있나?)

5. 가장 두려워하는 것은 무엇인가?(그 두려움이 당신의 행동에 어떻게 영향을 미치나?)

6. 성공이 당신에게 의미하는 것은 무엇인가?(당신의 삶의 목적은 무엇인가?)

7. 공적인 모습과 사적인 모습의 차이는 무엇인가?

8. 어디에서 에너지를 얻고, 그 에너지를 어떻게 집중하나?

9. 당신의 삶에서 아직 이루어야 할 것은 무엇인가?(어떤 미래를 꿈꾸나? 어떤 사람이 되고 싶나?)

10. 단기적으로 이루고자 하는 목표가 장기적인 열망과 어떻게 연결되나?

11. 당신에게 방해가 되는 것은 무엇인가?(중요한 것에 집중하지 못하게 하는 방해 요소들을 어떻게 관리하고 있나?)

12. 당신의 열망을 지원하기 위해 현재 가지고 있거나 창출할 수 있는 자원은 무엇인가?

13. 코칭/멘토링이 어떻게 도움이 될 것이라고 생각하나?(나에게, 그리고 당신 자신에게 기대하는 것은 무엇인가?)

물론 대화의 역동 속에서 다른 질문과 주제가 떠오를 수 있다. 하지만 이 13가지 질문은 깊이 있는 학습과 혁신적 변화의 여정을 시작하는 데 필요한 통찰과 라포를 형성하기에 충분하다.

연결 끊기의 중요성

학교 다닐 때, 선생님이 질문을 했는데 정신이 다른 곳에 가 있어서 무슨 말을 해야 할지 몰랐던 상황을 기억하는가? 이런 경험을 회사 회의에서 한 적도 있을 것이다. "집중하지 않았군"이라고 직접적으로 말을 듣지 않더라도 그 순간 죄책감, 창피함, 그리고 자신감이 떨어지는 느낌을 받게 된다. 나는 그룹이나 팀과 함께 일할 때는 다른 기준을 세우려고 노력한다. 만약 누군가의 말이 중요한 내재적 성찰을 유도했다면, 그것은 분명 가치 있는 일이다. 이러한 개인적인 통찰은 그룹이나 팀의 창의성에 크게 기여할 수 있기 때문이다. 나의 새로운 기준에서는 그 사람이 "제가 생각에 빠져 있었어요. 다시 한번 설명해주실 수 있을까요?"라고 말할 수 있다. 이렇게 하면 그 공간 안에 심리적 안전성이 높아질 뿐만 아니라, 많은 경우 다른 사람들도 내용을 다시 되짚어보는 것이 유용하다고 생각한다.

나는 '단절의 순간들 MOD, Moments of Disconnect'이라는 용어를 내 코치 슈퍼비전 학위를 위해 작성한 논문에서 처음 만들었다. 단절의 순간들이란 코칭이나 슈퍼비전 대화에서 일시적이고 의도치 않은 대화의 단절이 발생하는 지점을 의미한다. 예시로는 다음과 같은 것들이 있다.

1. 라포가 끊어졌을 때
2. 슈퍼바이저가 학습 대화가 활력을 잃었다고 느낄 때
3. 학습 대화가 아무 진전을 보이지 않을 때

내가 참고한 세 가지 슈퍼바이징supervising 사례를 소개한다. 성공적인 코칭 관계에 대해 이야기하던 중 코치는 이 고객이 최고경영자CEO가 된 후에는 자신이 계속 코칭을 맡기에는 적합하지 않을 것이라는 우려를 표명했다. 나는 이 우려를 살펴보기 위해 문을 열어두었지만, 코치는 다시 고객의 직업 기회에 대한 고객의 관점으로 이야기를 돌렸다. 우리의 대화는 에너지를 잃었고, 이후 나는 그녀가 절벽의 가장자리에 서서 떨다가 다시 돌아선 느낌이 들었다는 사실을 공유했다. 그 단절의 순간을 되짚어보면서, 그녀는 CEO가 되어본 적이 없다는 자기효능감에 대한 의구심을 해결하고 극복할 수 있었다.

두 번째 슈퍼바이지supervisee는 첫 번째 세션에서 말은 많이 했지만, 특별한 핵심 내용은 없었다. 나는 점점 대화에서 멀어지는 느낌이 들었다. 결국 그녀가 세션에 가져온 것은 일과 삶의 균형 및 자아 존중감과 관련된 문제들이었고, 그녀는 이를 어떻게 다뤄야 할지 몰랐으며, 이 문제들이 고객 사례에 집중하는 것을 방해하고 있었음을 이해하게 되었다. 단절된 순간을 다루면서 그녀는 이러한 문제에 대해 이야기할 수 있게 되었다(그녀는 이러한 문제를 제기하는 것에 대해 죄책감을 느끼고 있었다). 이 문제들을 해결한 후에야 그녀는 원하는 사례 논의로 넘어갈 준비가 되었다.

또 다른 세션에서는 한 시점에서 너무 많은 말을 하고 있는 나 자신을 발견했다. 고객에서 코치로, 코치에서 나에게로 투사된 공포감 때문에 나와 코치 사이에 단절이 발생했다. 내가 무슨 일이 일어나고 있었는지 인식한 후에야 대화는 긍정적인 에너지를 되찾을 수 있었다.

연결 끊김 관리 모델

MOD를 관리하려면 코치(또는 슈퍼바이저)가 논리적인 순서에 따라 성찰하고, 다양한 잠재적 원인을 고려하며, 적절한 대응책을 선택해야 한다. 내가 개발한 기본 프레임워크는 7단계로 구성되어 있다.

1. 단절을 인식하는 사람은 누구인가?
2. 단절은 어디에서 일어나는가?
3. 지속적 연결을 위한 조건이 갖추어져 있는가?
4. 우리는 단절을 어떤 방식으로 설명할 수 있는가?
5. 단절의 영향은 무엇인가?
6. 단절이 포함하고 있는 학습 잠재력은 무엇인가?
7. 그 결과로 어떤 행동을 취하고 싶은가, 또는 취할 것인가?

첫 번째 단계인 인식에서는 단절을 알려주는 무언가가 있다. 이것은 몸의 자세, 강력하고 순간적인 감정, 또는 단순히 관계가 끊어졌다는 느낌일 수 있다. 최근 슈퍼바이저로 일하던 중 '갑자기 그녀가 자동 조종 모드에 있는 것처럼 느껴졌다.'라는 사례가 있었다. 상대방은 단절을 의식적으로 인식하지 못할 수도 있지만, 대화의 흐름에는 영향을 미친다. 많은 코치들이 제3자 관찰자가 볼 때는 명백한 신호를 놓치기도 한다. 그들은 프로세스를 따르는 데 너무 얽매여서 상대방에 대한 주의를 잊기도 한다.(이는 특히 초보 코치나 NLP 실행자들에게서 자주 관찰되는 문제이다.)

단절이 있음을 확인한 후에는 그것이 어디에 위치해 있는지 찾을 수 있다. 직면하고 해결하고 싶지 않은 고통스러운 문제가 고객 내부에 있는가?(그렇다면 코치가 잠재적인 윤리적, 직업적 경계 이슈에 대해 경각심을 갖게 되었는가?) 코치에게 편견과 판단을 유발하는 요인이 있는가? 아니면 두 사람 사이에 있는가? 아니면 고객과 코칭 관계를 둘러싸고 있는 시스템에 문제가 있나? 위치를 정확히 파악하는 것이 반드시 필요하거나 즉시 가능한 것은 아닐 수 있지만, 탐색 과정이 시작된 것이다.

대화가 이루어지는 조건이, 대화를 시작하기 좋은 출발점이다. 대화의 시작부터 잠재적인 단절이 내재되어 있었는지, 고객이 현재 대화를 하기에 적절한 상태가 아니었는지 살펴볼 수 있다. 숨겨진 권력 문제는 없는지, 환경을 바꾸는 것이 도움이 될 수 있는지(예: 사무실을 나와 산책하기), 에너지는 어디에 있는지 등을 고려하자.

관찰한 내용을 설명할 때 명확성이 얻어진다. 코치는 이 설명을 혼자 간직하고 나중에 다시 돌아볼 문제로 남길 수 있다. 또는 고객에게 단절의 원인이 무엇이라고 생각하는지 물어볼 수도 있다. 또는 자신의 생각과 감정을 드러내서 고객의 반응을 자극할 수도 있다. 핵심은, 단절이 두 사람 모두의 책임이라는 것이다.

이제 코치와 고객은 단절이 대화와 감정에 미치는 영향을 함께 탐색할 수 있다. 물론 판단을 내리지 않는 분위기, 즉 순간순간 배움을 추구하는 상호 호기심을 유지하는 것이 중요하다. 이 대화는 초기 주제와 관련이 없을 가능성이 높지만 코치는 단절을 극복해야 할 문제가 아닌, 학습의 기회로 다룬다.

코치와 고객은 이제 얻어진 통찰을 어떻게 활용할지 탐색할 수 있다. 앞으로의 대화에 어떤 영향을 미칠지, 그리고 고객이 다른 사람들과 나누는 대화에 어떤 영향을 미칠지, 그리고 이 세션의 시작 주제와는 어떤 관련이 있는지 살펴보는 것이다.

웃음

나는 많은 방법으로 웃음에 대한 사랑을 표현해 왔다. 옥스포드 교수와 운율을 맞춰서 글쓰기 경쟁을 하는 것부터 어린이를 위한 유머스러운 이야기를 쓰는 것까지 다양하게 즐겼다. 나는 이야기의 장난기 넘치는 특성을 잘 표현해주는 매우 재능 있는 일러스트레이터들을 만나게 되었다. 1980년대 후반에 처음 출간한 동화책의 경우, 나는 처음에는 나의 능력을 의심했다. 그래서 내가 존경하던 롤 모델인 작가이자 코미디언 스파이크 밀리건Spike Milligan에게 도움을 청했다. 놀랍고도 기쁘게도, 그는 격려와 조언을 담은 장문의 편지를 보내주었다. 이야기는 어느 여름 방학 때 구체화되었는데, 나는 저녁과 이른 아침에 글을 쓰고, 해변에서 아이들과 함께 시험해보았다. 아이들이 몰입하는지 혹은 지루해하는지 구분하기는 쉬웠다!

손자 손녀의 탄생으로 나는 다시 유머스러운 글을 쓰게 되었다. 지난 10년 동안 『해적 페글레그Pegleg the Pirate』 그리고 『헥터의 놀라운 모험 – 날아다니는 거대한 냄새나는 해파리The Amazing Adventures of Hector, the Giant Flying Smelly Jellyfish』 등의 책으로 많은 사랑을 받았다.12

'타인을 웃게 만드는 사람들'의 세계는 매력적이며 코치와 멘토에게 많은 교훈을 준다. 훌륭한 코칭은 본질적으로 스테로이드에 즉흥성을 더한 것이다. 나는 유머 사용과 전달 방법을 개선하기 위해 스탠드업 코미디언으로 훈련을 받았고, 이어서 즉흥극, 마임, 기타 코미디의 기초를 배웠다. 얼마 후, 런던 코미디 학교에서 연구 위원회의 의장이 되어 웃음을 사회적 변화(예: 청소년의 범죄 예방)와 웰빙(예: 심각한 우울증을 가진 사람들 돕기) 지원에 관한 연구를 감독하게 되었다.

코칭이나 멘토링 대화에서 유머를 사용하면 여러 가지 면에서 유익할 수 있다.

첫째, 세션 초반에 라포를 구축하는 데 도움이 된다. 예를 들어 '우리가 마지막으로 만난 이후로 무엇이 가장 재미있었나요?'라고 말함으로써 고객을 편안하게 하고 창의적인 사고를 발휘하도록 자극할 수 있다.

둘째, 유머는 고객이 다른 관점을 취하는 데 도움이 될 수 있다. 예를 들어, '여기서 당신의 진지한 자아는 뭐라고 말할까요? 그리고 당신의 경박한 자아라면 뭐라고 말할까요?'와 같은 질문이다. 경박한 자아는 내면의 목소리에 억눌려 있는 경우가 많다. 내면의 목소리는 '나는 그런 식으로 생각하면 안 돼.'라고 말하곤 한다. 이러한 감정을 표면으로 끌어내면 우리는 그 감정과 마주할 수 있다.

셋째, 유머는 반복적인 역기능적 행동이나 언어를 수면 위로 끌어올리는 데 도움이 된다. 예를 들어 '해야 할 것 같다' '해야만 한다' '반드시 해야 한다'와 같은 문구(자기 제한적 신념의 징후)를 자주 사용하는 경향이다. 일단 고객이 이를 인식하게 되면 코치는 고개를 살짝 기울이고 미소를 짓는 것만으로도 고객이 스스로 자신의 생각을 제한하고 있다는 것을 인식할 수 있다. 고객이 자신을 향해 웃을 수 있다는 것은 일반적으로 자신의 이미지에 대한 집착이 줄어들고 있다는 신호이며 의식적으로 또는 무의식적으로 습관적인 행동이나 인식을 바꾸려고 노력한다는 신호이다.

하지만 때때로 유머는 방어기제가 되기도 한다. 즉, 불편한 문제를 다루거나 책임을 회피하기 위한 스킬인 것이다. 주의 깊은 코치에게는 그 차이가 보통 명확하게 보인다. 예를 들어, 클라이언트가 어려운 질문을 피하기 위해 경박하게 행동할 수 있다. 이때 적절한 접근 방식은 다음과 같다.

- 그들이 사용하는 단어를 주의 깊게 듣는다.
- 당신이 보고 듣고 있는 것을 그들에게 반영해준다.
- 그들의 반응이 다른 사람들에게 어떤 영향을 미칠 수 있는지 생각해보라고 한다.

  나는 자폐증의 뚜렷한 특징이 많지는 않지만, 사이먼 바론 – 코헨Simon Baron – Cohen의 『패턴 시커The Pattern Seekers』13에서 설명한 것처럼 본능적으로 패턴을 찾으려고 노력한다. 경험이 풍부한 스탠드업 코미디언을 자세히 관찰하면 그들의 레퍼토리에서 리듬을 제공하는 패턴을 볼 수 있다. 관객들은 무의식적으로 리듬에 맞추며, 코미디언은 이를 통해 청중과의 연결을 유지한다(가장 쉽게 관찰할 수 있는 패턴 중 하나는 그들이 사용하는 일시정지다.). 아래의 그림 5.10 모델은 내게 '흥미롭다, 그래서 뭐?'라는 제목에 해

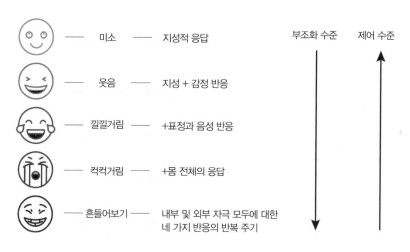

그림 5.10 **웃음의 다섯 가지 모드**

당한다. 유머러스한 자극에 대한 반응과 관련하여 당신의 자아인식을 높이고자 이 모델을 포함시켰다.

간단한 기술

비극, 코미디 그리고 비극적 코미디가 있다. 이 중 가장 흔한 것은 비극적 코미디로, 사람들은 끔찍한 사건 속에서 유머를 찾아내며 살아남는다.

고객에게 비극적 코미디의 렌즈를 통해 문제를 바라보도록 제안한다. 먼저 비극으로 묘사한 다음 희극으로 묘사하거나 그 반대로 묘사하도록 도와준다. 그런 다음 물어본다.

- 다른 사람들은 이 문제를 어떻게 볼까요?
- 세 가지 관점 중 어떤 것이 가장 현실적일까요?
- 대안적인 반응은 무엇이 있을까요?
- 그 반응 중 어떤 것이 원하는 결과를 달성하는 데 가장 효과적일까요?

요약

직업, 역할, 상황에 관계없이 긍정적인 결과는 항상 "여기에서 어떤 대화가 필요할까?"라는 질문으로 귀결된다. 좋은 대화는 연결성에 달려 있다. 자신과의 대화에서도 경청하는 자세가 필요하다. 세상은 점점 더 전자적으로 연결되고 있지만, 이는 인간적 연결성을 향상시키는 데는 거의 또는 전혀 도움이 되지 않았다. 아마도 이것이 진화하는 사회에 적응하는 문제에서 우리에게 가장 큰 도전일 것이다.

참고

1 Kardas, M, Schroeder, J, & O'Brien, E(2021). Keep talking:(Mis)understanding the hedonic trajectory of conversation.
   Journal of Personality and Social Psychology https://doi .org /10 .1037 / pspi0000379

2 Young, E.(2021) *Supersenses,* John Murray, London.

3 Canning, EA, LaCosse, J, Kroeper, KM(2019) Feeling Like an Imposter: The Effect of Perceived Classroom Competition on the Daily Psychological Experiences of First–Generation College Students Social Psychology and Personality Science(Nov 19) Vol 11 Issue 5, 647–657.

   Cokley, K, Smith, L, Bernard, D, Hurst, A, Jackson, S, Stone, S, Awosogba, O, Saucer, C, Bailey, M, & Roberts, D(2017). Impostor feelings as a moderator and mediator of the relationship between perceived discrimination and mental health among racial/ethnic minority college students. Journal of Counseling Psychology, 64(2), 141–154.

   Muradoglu, M., Horne, Z., Hammond, M. D., Leslie, S.–J., & Cimpian, A.(2021). Women—particularly underrepresented minority women—and early–career academics feel like impostors in fields that value brilliance. *Journal of Educational Psychology*

4 Grant, A(2021) *Think Again,* Penguin Random House, London.

5 Clutterbuck, D and Kernaghan, S(1995) *The Power of Empowerment,* Kogan Page, London.

6 Clutterbuck, D(2003) *Managing Work–Life Balance,* CIPD, Wimbledon.

7 Diamond, J(2020) *Upheaval,* Penguin, London.

8 Stone Douglas, Heen Sheila & Patton Bruce, 1999, Penguin.

9 Guest, D and Conway, N(2002) *Pressure at work and the psychological contract* Chartered Institute of Personnel and Development.

   Guest, D and Conway, N(2001) Public and private sector perspectives on the psychological   contract Chartered Institute of Personnel and Development.

Kessler, I and Undy, R(1996) *The new employment relationship: examining the psychological contract* Chartered Institute of Personnel and Development.

Makin, P(1996) *Organizations and the psychological contract: managing people at work*, Greenwood Press, Conn 416pp.

10 코칭, 멘토링, 심리학은 자주 삼각형 관계를 만들곤 한다. 이 패턴 자체에도 어떤 패턴이 있는 것 같지만, 나는 아직 제대로 파악하지 못했다!

11 The Tales of Gribble the Goblin were published by Hodder and Stoughton, London in 1983.

12 나는 묘비의 유머를 정말 좋아한다. 클레멘트 프로이트의 '1927년 출생: 유통기한 은…'과 같은 재치 있는 비문을 특히 좋아하는데, 내 비문으로는 이런 짧은 시 형식 (리머릭)을 제안해 본 적도 있다. "여기 무덤 아래 데이브가 누워있지 / 평생 모범 생은 아니었지 / 그의 비문은? 사람들에게 웃음을 줬대 / 그리고 여전히 무덤 속에 서 웃고 있대!"

13 Baron–Cohen, Simon(2012) *The Pattern Seekers: A new theory of human innovation*.

6

코칭 및 멘토링 문화

나는 현대 코칭과 멘토링의 발전을 초기부터 가까이에서 지켜볼 수 있는 행운을 누렸다. 1970년대 후반과 1980년대 초반에는 멘토링과 코칭이 모두 학문적 관심을 끌었으며, 특히 미국에서 그랬다. 그 당시 코칭에 관한 '증거기반' 문헌은 거의 전적으로 코칭을 지도하는 것과 관련된 것이었다. 내가 이 분야에 처음 발을 들였을 때는 직속 관리자와 팀원 간의 발전적 대화의 본질을 탐구했다.(많은 사람들이 그렇듯이 나도 '직속상관'이라는 용어에 대해 설명할 수 없는 혐오감을 가지고 있다.) 당시만 해도 티모시 갤웨이Timothy Gallwey의 『테니스 이너 게임Inner Game of Tennis』은 당시에는 내 관심사인 일의 세계에서의 학습과 성과와는 관련이 거의 없다고 생각되었다. 커뮤니케이션 분야에서 일하면서 내 관심을 집중시킨 것은 바로 대화였다. 당시 내가 개발한 '성과 관련 발전적 대화' 모델과 기타 프레임워크는 동기부여 이론에 관한 문헌을 조사하고 직속 관리자에게 팀원과의 대화가 실질적인 성과 향상으로 이어지거나 그렇지 않은 상황을 설명해달라고 요청한 것에서 비롯되었다. 당시에는 직속 관리자가 팀원을 코칭 한다는 가정하에 코칭은 권력 관계 속에서 이루어졌다. 시간이 지나면서 나는 이러한 가정에 의문을 품게 되었고, 코칭(및 멘토링)을 점점 상호 학습으로 바라보게 되었다. 즉, 직속 관리자는 적절한 경우 팀원에게 코칭을 요청함으로써 학습의 롤 모델이 되는 것이다. 이는 코칭을 개인이나 코치 – 코치이 관계에만 초점을 맞추는 것이 아니라 코칭이 조직 시스템의 맥락 내에서의 개입이라는 관점으로 이어졌다.

이 발전은 외부 전문 코칭의 측면을 연구하는 데 도움이 되었으며, 특히 나와 동료들이 함께 개발한 코치 평가 센터를 통해 기업들이 외부 전문 코치의 역량을 평가하는 데 기여했다.

경영진을 위한 코칭의 핵심 요소 중 하나는 스폰서인 경우가 많다. 나는 스폰서가 코칭 관계의 역학 관계에 미치는 영향에 관한 연구가 거의 전무하다는 사실에 호기심이 생겼다. 당시는 스폰서는 단순히 수동적인 이해관계자라고 가정하는 경우가 많았다. 나는 스폰서가 실제로는 시스템의 중요한 부분이라는 관점을 취했다. 예를 들어 스폰서는 작지만 중요한 변화를 인식하고 인정함으로써 코치이의 변화를 촉진할 수 있다.

그러나 일반적으로는 스폰서가 코치이의 코칭 이전 행동을 오히려 강화하는 데 더 주목하는 경향이 있으며(왜냐하면 그것이 스폰서의 기존 가정과 그 사람에 대한 내러티브에 맞기 때문이다), 새로운 행동은 표준에서 벗어난 작은 일탈로 간주하는 경향이 있다. 현재 나는 개인 코칭이 더 넓은 시스템에 기초해 있으며 스폰서, 동료 및 팀원 모두가 개인이 원하는 변화를 유지할 수 있도록 지원하는 역할을 한다고 보고 있다.

표 6.1 **나의 학습 여정**

나의 학습 여정		
교육으로서의 코칭	개인 개발로서의 코칭	체계적인 개발로서의 코칭
한 측면으로서의 코칭	직업으로서의 코칭	조직문화 양상으로서의 코칭
직속 관리자가 팀원들을 코칭한다.	직속 관리자가 팀에 코칭 문화를 조성한다.	직속 관리자가 팀원 간의 코칭을 큐레이트한다.

코칭 시스템은 조직 전체로 확장된다. 내가 코칭 및 멘토링 문화라는 표현을 만들었다는 얘기를 들었지만, 사실인지 의심스럽다. 나는 그런 기억이 없다! 이 개념의 기원은 훨씬 더 광범위한 용어인 학습 문화에 있으며, 이는 다시 '학습하는 조직'에서 유래한 것이다. 후자는 1990년대에 피터 센게Peter Senge와 데이비드 가빈David Garvin의 연구에서 많은 영향을 받았다. 학습 조직은 '지식을 창출하고, 습득하고, 전달하는 데 능숙한 직원들로 구성된 조직의 매력적인 비전'으로 하버드 비즈니스 리뷰의 논문[1]에 설명되어 있다. 그러나 학습 조직과 코칭/멘토링 문화의 가장 큰 차이점은 학습과 지식은 개발의 일부일 뿐이라는 점이다. 많은 것을 배우고 알 수는 있지만 성장하지는 않을 수 있다! 코칭과 멘토링은 역량뿐만 아니라 추가로 정체성과 지혜의 진화를 의미한다.

나와 내 동료 데이비드 메긴슨은 용어의 의미를 정의하기 위해 많은 노력을 기울였다. 그 결과 코칭 문화나 멘토링 문화 모두 그 자체로는 충분히 적절한 용어가 아니라는 결론을 내렸다. '코칭 문화'라는 용어를 고수하되 '사람들의 행동을 이끄는 신념, 가치관, 사고방식이 코칭이라는 담론에 깊이 뿌리내린 문화'라는 결론을 내렸다. 여기에 덧붙여, '멘토링은 코칭 문화의 범위를 확장하여 스킬과 성과뿐만 아니라 각 개인의 전인적 발전과 그 개인의 커리어 발전까지 포함한다'고 추가했다.

2012년 피터 호키스는 코칭 문화를 다음과 같이 정의했다[2].

조직 내에 코칭 문화가 존재한다는 것은 코칭 접근 방식이 리더, 관리자 및 직원 모두를 참여시키고 개발하며, 이해관계자를 참여시키는 방법의 핵심 요소로서 개인, 팀 및 조직의 성과를 높이고 모든 이해관계자들의 공동 가치를 증진시키는 방식이라는 것을 의미한다.

2005년 메긴슨과 내가 쓴 책[3]은 여러 해 동안 기업들과 기업을 돕는 코치들과 함께 연구한 결과물이다. 인터뷰 분석을 통해 코칭 에너지 필드coaching energy field와 코칭 문화의 발전 단계라는 두 가지 핵심 프레임워크가 도출되었다. 후자는 코칭 문화 진단의 기초를 형성했으며, 이는 기업이 코칭 문화를 달성하기 위한 여정에서 어디쯤에 있는지를 평가하는 데 전 세계적으로 널리 사용되고 있다. 이 연구를 바탕으로 코칭 및 멘토링 전략의 구성 요소를 파악하고 팀 내 코칭 문화를 구축하기 위한 강력한 전략을 개발할 수 있었다. 또한 코치 평가 센터coach assessment center와 코치 개발 센터coach development center의 개념에 대해서도 간략하게 소개하겠다.

이 장은 두 부분으로 나누어져 있다: 직속 관리자 코칭의 진화와 코칭 문화 창출이다. 첫 번째 부분에서는 전통적인 코칭의 7단계를 살펴보며, 현대 코칭의 출발점을 상기해 보겠다. 또한 직속 관리자 코칭의 상황적 모델과 코칭을 위한 질문 사이클, 그리고 직속 관리자 코칭의 스타일도 소개한다.

직속 관리자 코칭의 진화

4장에서 살펴본 바와 같이, 현재 우리가 알고 있는 코칭, 또는 발전적 코칭이라고 부르는 코칭은 매우 최근에 나타난 현상이다. 나의 초기 연구와 개념 개발은 직속 관리자 코칭에 중점을 두었다. 이 섹션의 모델, 프레임워크 및 도구는 주로 이 시기에 관련된 것이다. 1990년대 후반과 2000년대 초반에 전문 기관들은 코칭에 대한 표준을 설정하는 데 진지하게 착수하였고, 계속해서 진화하는 역량 프레임워크를 만들었다. 이러한 프레임워크는 코치가 일반적으로 외부 전문가라는 가정하에 설계되었다. 하지만현실은 그렇지 않다. 전 세계적으로 스스로를 전문 코치라고 칭하는 사람은 최소 15만 명에 달하며, 이들 대부분은 외부에서 일하고 있다. 그러나내부 코치의 수가 점점 더 증가하고 있으며, 향후 5년 이내에 내부 전문 코치가 외부 전문 코치를 추월할 것으로 예상된다.

따라서 다음과 같이 직속 관리자 코치를 구분하는 것이 도움이 된다.

자격인증은 일반적으로 내부 전문 코치에게 필수적인 것으로 간주되지않는다. 거기에는 몇 가지 중요한 맥락적 차이가 있다.

1. *코칭의 역할*. 업무팀에서 코칭은 일반적으로 팀 과업을 수행하는 과정에서 발생하는 사건과 기회에 의해 자극을 받는 지속적인 활동이다. 따라서 이는 코칭은 특별한 과제가 아닌 일상적인 과정에 가깝다. 반면, 임원 코칭에서는 관계가 세션의 수에 의해 제한되고 정의된다.

2. *다루는 문제의 폭이 넓음*. 임원 코칭은 미리 정해진 한두 가지 이슈에 초점을 맞추고 그 이슈의 최소한 부분적 해결로 마무리하는 경향

이 있다. 직속 관리자의 코칭은 업무의 변화와 코치이의 역량 변화에 따라 계속 변화하는 의제를 다루게 된다.

3. *코칭의 성격*. 호킨스와 스미스4는 코치의 관점과 요구 사항이 서로 다른 네 가지 유형의 코칭(스킬, 성과, 행동, 변혁 – Skills, Performance, Behavioural, and Transformational)을 언급하고 있다. 일반적으로 직속 관리자 코치는 이 스펙트럼의 양 끝 유형에는 초점을 맞추지 않는다(스킬은 다른 팀원이나 팀 외부의 전문가에게 위임하는 경향이 있음). 변혁 코칭은 너무 장기적이며 대부분의 직속 관리자가 할 수 있는 것보다 훨씬 더 실질적인 코칭 역량을 필요로 한다. 따라서 직속 관리자의 코칭은 성과에 직접적인 영향을 미치는 성과와 행동에 집중하는 경향이 있다.

4. *계약 관계*. 팀에 코칭 문화가 있는 경우를 제외하고, 직속 관리자의 코칭은 본질적으로 리더십 역할에서 비롯된 의무이다. 그러나 임원 코칭은 부가적인 것으로 여겨지는 경향이 있다.(이는 관계를 중심으로 이루어지는 멘토링과는 상당히 구분된다.)

또한, 표 6.2에서 확인할 수 있듯이 여러 가지 실질적인 차이점이 있다.

분산형 리더십으로의 리더십 스타일 변화는 이러한 구분의 모호성을 더 가속화할 가능성이 높다. 코칭이 관리자와 리더들에게 필수 역량으로 간주될수록, 기본 수준의 인증을 획득하고, 코칭 개입의 범위를 확장하며, 서비스 관계를 구축하는 것이 더욱 중요해진다.

표 6.2 **직속 관리자 코치 대비 외부 코치**

직속 관리자 코치 대비 외부 전문 코치	
직속 관리자 코치	외부의 코치
주로 현재의 문제를 해결하고 단기적인 요구 인식 제고 및 역량 강화에 집중	인식 제고 및 역량 강화에 집중
관리자가 주도하는 아젠다	고객이 주도하는 아젠다
직속 관리자 혹은 팀/조직의 필요에 따라 주도하는 속도와 일정	고객의 속도와 일정에 따라
팀원 전체에 대한 결과의 중요성	고객을 위한 결과를 강조
성과관리와의 강력한 연계 – 일반적으로 여러 개선 영역을 살펴봄	성과관리와의 연결고리가 약함 – 소수의 특정 목표에 집중됨
규율 준수의 책임	고객에 대한 책임
인사 정책 준수	인사 정책과 독립적
기업 문화와 사내 정치가 내재된	기업문화와 사내 정치에 외부 시각을 제공하는
비밀 유지는 복잡하며, 코칭에서 언급된 것과 성과관리에서 다루는 것을 구분하는 것은 지속적인 도전 과제이다.	비밀 유지는 상대적으로 간단하며, 이를 위반에 대한 규칙이 코칭 윤리에 명문화되어 있다.

직속 관리자의 효과적인 코칭은 코치의 스킬과 행동을 코치이의 스킬과 행동과 통합한다. 핵심 프로세스는 그림 6.1에서 보여주는 것처럼 여러 단계의 통합을 포함한다. 코치와 코치이는 서로의 성과에 대한 피드백을 공유하며 긴밀한 파트너십을 유지한다.

코치 Coach

- 코치이가 개발 활동을 계획, 설정 및 실행하는 데 도움이 된다.

- 코치이의 행동하는 모습을 관찰한다.
- 코치이에게 그들이 한 일에 대해 '외부/외재적' 피드백을 제공한다.

코치이 Coachee
- 개발 활동을 실행한다.
- '내부/내재적' 피드백을 통해 자신의 성과를 평가한다.
- 코치와의 자신의 경험을 리뷰한다.

전통적인 코칭의 7단계

성과 코치로서 직속 관리자는 직원들이 개인적인 변화를 이룰 수 있도록 체계적 접근 방식을 적용해야 한다. 아래의 프레임워크는 이때 따라야 할 일곱 가지 핵심 단계를 제시한다.

- *1단계: 개선의 필요성을 파악한다.*
  - 코치이에게 개발 우선순위는 어디에 있나?
  - 성능 개선이 비즈니스에 가장 큰 영향을 미치는 분야는 어디일까?

- *2단계: 관찰하고 증거를 수집한다.*
  - 코치이가 상황의 실체를 이해하는 데 도움이 되는 증거 자료를 파악한다.
  - 가능하면 한 소스와 다른 소스를 교차 확인하여 결과가 정확한지

확인한다.

- 코치이의 진행 상황을 측정하기 위한 기준으로 코치이의 현재 성
과 수준을 결정한다.

• *3단계: 개인 개선 목표를 설정하고 소유하도록 동기를 부여한다.*
- 코치이에게 개발 요구가 있고, 개선할 수 있다는 점을 코치이가 이
해하도록 도와준다.
- 코치이가 달성 가능한 목표를 설정하도록 도와준다.
- 두 사람이 달성하고자 하는 목표를 정의하고 명확히 한다.
• *4단계: 목표를 달성하기 위한 계획을 세우는 데 도움을 준다.*
- 진행 상황을 추적할 수 있을 만큼, 타깃target이 충분히 작은 단계로

그림 6.1 **전통적인 코칭 주기**

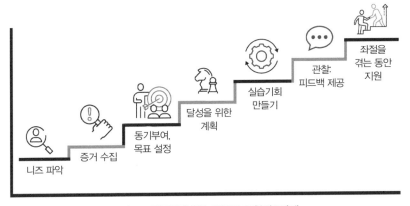

그림 6.2 **전통적인 직속 관리자 코칭의 7단계**

니즈 파악

증거 수집

동기부여, 목표 설정

달성을 위한 계획

실습기회 만들기

관찰: 피드백 제공

좌절을 겪는 동안 지원

나눠져 있는지 확인한다.

- 개발 기회에 대해 코치이의 아이디어를 들어본다.
- 코치이를 위한 잠재적 개발 기회를 파악한다.
- 코치이가 자신의 필요에 맞는 기회를 선택할 수 있도록 안내한다.

- *5단계: 원하는 스킬을 연마할 수 있는 기회를 만든다.*
  - 코치이와 자세히 대화하여 코치이의 니즈에 맞춘 가장 효과적인 개발 활동을 파악한다.
  - 업무 프로젝트와 같이 목표, 스킬을 개발하거나 연마할 수 있는 기회를 만든다.

- *6단계: 실제 행동을 관찰하고 객관적인 피드백을 제공한다.*
  - 성과 리뷰

– 코치가 피드백을 제공하기 전에 코치이가 먼저 자신의 성과를 평가하여 경험을 통해 무엇을 배웠는지 확인하는 데 중점을 둔다.

• *7단계: 좌절을 극복할 수 있도록 지원하고 도와준다.*
  – 학습을 가속화하거나 강화할 수 있는 추가 대안을 찾는다.
이 접근 방식은 분명히 많은 코칭 스쿨에서 구식으로 여겨질 것이다. 그러나 스킬이나 기본적인 행동의 개선이 의도된 결과인 상황에서는 여전히 유효하다. 이 방법은 스포츠 코칭에서 여전히 가장 일반적인 방식이다. 이는 코칭의 유산과 역사에서 중요한 부분을 차지하며, 비록 현대적 방법만큼 '세련되지'는 않지만, 이 '코칭 주역'은 여전히 작동한다.

직속 관리자 코칭의 상황적 모델

직속 관리자 코칭은 코치이가 상당한 정도의 동기와 학습 능력을 갖추고 있으며, 자신의 성과에 영향을 미칠 수 있다는 믿음을 가진 상황에서 가장 효과적이다 – 이러한 속성은 '통제의 위치'locus of control라고 불린다.

외재적 통제력Outer locus of control은 자신에게 일어나는 일이 다른 사람의 손에 달려 있다고 느낄 때 발생하며, 반대로 내재적 통제력을 가진 사람은 사건에 영향을 미칠 수 있는 자신의 능력에 대해 큰 자신감을 가지고 있다. 배움의 기회를 찾는 것은 핵심인재가 되는 것과 밀접한 관련이 있다.

한정된 분야에서 성과를 내는 좁은 성과자Narrow Achiever는 자신의 발전에 대한 관심은 높지만 환경이나 성과에 영향을 미칠 수 있는 자신의 능력에 대한 감각은 낮다. 일반적으로 좁은 범위의 작업에는 유능하지만, 유연성이 낮다. 이러한 사람들을 위한 코칭은 종종 더 폭넓은 실험을 할 수 있도록 동기를 부여하는 데 초점을 맞춰야 한다.

높은 성과를 보이는 고성과자High Achiever는 발전 방향에 대한 방향 감각과 자신의 가치에 대한 감각을 모두 강하게 가지고 있다. 그들은 이미 훌륭한 성과를 내고 있다. 그들을 준비시키는 데는 더 높은 성과를 달성하는 데 집중하며, 현실 감각을 유지하고 특정 스킬에 집중하도록 돕는다.

성과가 고르지 못한 부분적 성과자Patchy Achiever는 일반적으로 고성과자의 특징인 일관성 있는 성과를 달성할 역량이나 동기가 부족한 그러나 유능한 사람들이다. 코칭은 이들이 일관성의 필요성을 이해하고 그 필요성을 해결할 방법을 계획하는 것을 돕는다.

저성과자Under Achiever는 개발 동기가 낮고 통제력이 부족한 사람들로, 코칭의 혜택을 충분히 누리기 전에 교정 상담remedial counselling이 필요할 수 있다. 하지만 인내심을 갖고 기다리면 대부분 스스로 인정하는 것보다 더 많은 잠재력을 가지고 있음을 인식하도록 도울 수 있다.

코칭을 위한 질문 사이클

이 모델은 코치와 멘토의 질문 활용에 대한 나의 첫 번째 시도였다. 다른 많은 연구와 마찬가지로 코치의 실행을 관찰하는 것이 출발점이었다. 코칭의 효과는 코치이에게 유용한 통찰력을 제공하는 의도적인 대화라는 점을 기준으로 평가했다. 코칭 방법이나 철학은 고려하지 않았으며, 관찰자

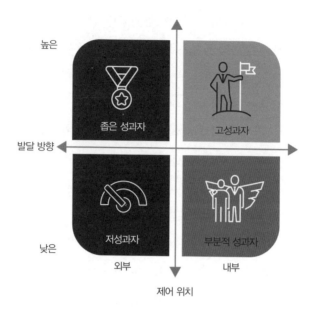

높은

좁은 성과자

고성과자

발달 방향

저성과자

부분적 성과자

낮은

외부

내부

제어 위치

그림 6.3 **발달 방향과 제어 위치 비교**

의 잡음을 최대한 배제하고 깔끔하게 효과를 평가할 수 있도록 했다. 이
네 가지 질문 유형은 여기에서 순환하는 것으로 표현되어 있지만, 실제로
코치는 자주 자신이 따르는 순서에서 벗어나 즉흥적으로 질문을 던진다.

질문 사이클은 어느 지점에서든 시작하거나 종료할 수 있지만, 이는 코
치가 학습자가 적절한 이해를 얻고 이를 바탕으로 현실적인 행동 계획을
개발하도록 하는 논리적 프레임워크를 제공한다.

도전하는 질문은 학습자가 당연하게 여겼던 것을 다시 생각하게 만드
는 것이다. 이러한 질문은 종종 불편할 수 있다. 예를 들면 다음과 같다:
'지금 당신이 동료들과 겪고 있는 문제 중 얼마나 많은 부분이 당신의 행동

에서 비롯된 것일 수 있나요?'

탐색하는 질문은 문제의 논리와 구조를 깊이 파고들고, 사물을 바라보는 대안적인 방식을 만들어내며, 새로운 가능성을 제시한다. 예를 들어 '당신의 어떤 행동이 동료에게서 다른 반응을 불러일으킬 수 있을까요?'

테스트하는 질문은 제안된 솔루션을 검토하여 정말 실용적이고 적절한지 확인하는 데 목적이 있다. 예를 들어, '프로젝트의 중간이 아닌 시작 단계에서 조언을 구한다면 그가 어떻게 반응할 것 같나요?' 또는 '이 접근법의 잠재적 이점과 위험은 무엇인가요?'와 같은 질문이 있다.

확인하는 질문은 코치와 학습자 모두 문제와 문제 해결을 위한 옵션에 대해 동일한 이해를 갖거나 혹은 서로 동의하지 않는 부분을 명확히 할 수 있다. 확인 질문은 종종 진술처럼 들린다. '자, 우리는 아마도 행동이 행동

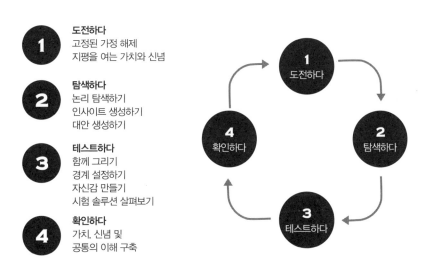

그림 6.4 **질문 사이클**

을 낳는다는 점과 당신이 부정적인 순환을 끊을 수 있다는 것에 동의했나요?

직속 관리자 코칭 스타일

직속 관리자 코치가 채택하는 스타일(숙련된 경우는 상황에 따라, 혹은 경험이 부족한 경우는 자신에게 가장 편하다고 느끼는 접근 방식에 따라)은 두 가지 측면에 따라 달라지는 것 같다.

1. 지시적 – 비지시적 차원은 누가 관계와 그 과정을 책임지는지에 대한 이슈와 관련이 있다. 누가 학습 목표를 설정하는가? 누가 속도를 정하는가? 누가 학습 과제나 실험을 제안하는가? 피드백은 누가 소유하는가? 실제로 좋은 코치는 학습자의 태도와 행동에 따라 지시적인 정도를 달리한다.
2. 두 번째 차원은 내재적 – 외재적 관점이다. 이는 피드백을 주는 것과 코치이 스스로 피드백을 생성하도록 돕는 것을 구분한다.

이러한 차원들을 조합하면 평가자, 튜터, 시연자, 촉진자 assessor, tutor, demonstrator, and stimulator라고 부르는 네 가지 코칭 스타일이 탄생한다.

평가자는 개인을 위한 과제 및 학습 목표를 설정한다. 주로 외재적 피드백을 제공한다. 이 스타일은 필연적으로 학습에 대한 소유권을 학습자로부터 빼앗고, 극단적으로는 관리자의 눈치를 피하기 위해 필요한 것만 배우는 비교적 편협한 학습을 초래한다! 이 스타일은 코칭 스펙트럼의 말하기Tell 쪽에 강하게 속한다.

시연자는 코칭 스펙트럼에서 보여주기Show 단계에 가장 익숙하다. 이들은 학습자에게 직접 해보거나 다른 사람의 경험을 참조하여 달성할 수 있는 것을 보여준다. 보여주기를 강조하는 것은 '올바른' 방법을 암시하지만, 학습자는 자신이 본 것을 적용하고 자신의 접근 방식을 실험해 보도록 권장된다. 가장 효과적인 방법은 '이렇게 하세요'와 같은 문구를 피하고 다음과 같이 보다 포괄적인 표현을 사용하는 것이다. '회의에서 내가 그 부수적 이슈를 다루는 방식에서 어떤 점을 느꼈나요?'

튜터는 학습 목표를 설정하고 이를 달성하는 방법에 대해 학습자와 협

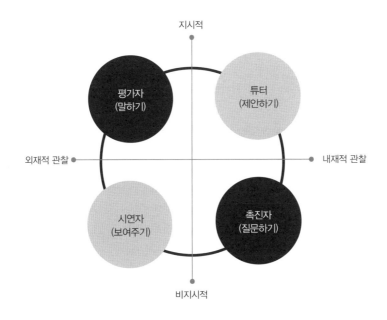

그림 6.5 네 가지 스타일의 직속 관리자 코칭

의한다. 일반적으로 학습자에게 본질적으로 무엇을 관찰해야 하는지 알려준다: '이 프레젠테이션을 할 때는 청중과 어느 정도 눈을 마주치는지 생각해보세요.' 이 스타일의 문제점은 학습자의 주의를 특정 관찰에 집중하게 함으로써 똑같이 유용한 다른 관찰을 학습자가 소홀히 할 수 있다는 것이다. 이 스타일은 코칭 스펙트럼의 제안하기Suggest 단계와 상당히 잘 어울린다.

촉진자는 학습자의 목표와 함께 작업한다. 이들은 코칭 스펙트럼의 스스로 해결하라work it out yourself 쪽에서 활동하며 학습자가 자신의 논리와 경험을 상황에 적용하도록 장려한다. 이 스타일은 학습자에게 훨씬 더 많은 요구를 하며, 학습자는 과정에 대한 상당한 책임을 지고, 과정이 어디로 향하는지에 대한 불확실성을 견딜 수 있는 성숙함이 필요하다.

효과적인 직속 관리자 코치는 학습자의 필요에 따라 스타일을 전환하는 능력이 뛰어난 것으로 나타났다. 형편없는 코치를 만드는 가장 일반적이고 큰 이유는 상황에 상관없이 늘 스펙트럼의 같은 지점에서만 움직인다는 점이다.

최신 정보 제공

나와 동료들이 이러한 모델을 만든 이후 거의 30년 동안, 직속 관리자가 코칭을 하는 것에서 팀원들이 코칭을 하고, 코칭 행동이 집단적 공동 개발에 내재된 팀 분위기와 문화를 조성하는 방향으로 점진적으로 변화해 왔다. 최근 들어, 일부 리더들이 팀 구성원 간에 이루어지는 코칭 대화를 조율curate하는 역할로 발전해 가는 것을 관찰했다. 이는 코칭의 의미에서 말하는 전통적인 슈퍼비전과는 다르지만, 팀 구성원의 코칭 스킬 향상을 지원하고, 코칭과 코칭받는 것을 롤 모델로 삼으며, 팀 개발 계획, 품질 관리, 의사결정과 같은 팀의 일상적인 루틴에 코칭을 통합하는 것을 포함한다.

그다지 진전을 보이지 않은 한 가지 영역은 숙련된 코치이의 개념이다. 코칭이 공동 학습 대화라면 코치이도 코칭 대화를 최대한 활용하기 위해 무엇을 기대해야 하고 어떻게 해야 하는지 이해해야 한다는 것은 적어도 20년 동안 나의 취미였다. 그렇지 않으면 파트너 한 명만 스텝을 아는 상태에서 탱고를 추는 것과 마찬가지이다! 코치이 교육에 투자할 생각을 하는 조직이 너무 적다는 것은 유감스러운 일이다.[5]

내부 코치의 지위와 관련해서는 아직 해야 할 일이 많다. 내부 코치가 해당 분야의 전문 기관에서 인증을 받는 것이 점점 더 보편화되고 있지만 전문적인 슈퍼비전을 받는 경우는 드물다.

세기가 바뀌고 얼마 지나지 않아 나는 워크샵 참가자들에게 직속 관리자가 코치 과정을 밟았을 때 어떤 일이 있었는지 물어보기 시작했다. 참가자들은 대부분 관리자와 자신 모두 불편함을 느꼈다고 이야기했다. 관리자가 자의식을 갖고 배운 코칭 모델에 따라 일하면서 서두르거나, 비교적 유동적이었지만 코치이가 동등한 파트너라고 느낄 수 있는 분위기를 만들지 못했다는 것이었다. 대부분의 경우, 모두가 익숙하고 편했던 이전의 행동으로 돌아갔다. 이러한 통찰을 바탕으로, 우리는 여러 조직에서 팀 전체가 코칭을 배우고, 배운 내용을 팀 업무 방식에 적용하도록 하는 접근 방식을 시도했다. 그 결과 팀 코칭 문화라는 개념이 탄생했다.

우리는 이미 한동안 코칭 문화라는 개념을 탐구해 왔지만, '양 목욕시키기' 같은 일괄 적용Sheep Dip 방식이 효과적이지 않다는 증거가 나오면서 더 나은 해결책을 찾는 데 관심이 높아졌다. 그래서 메긴슨과 나는 '코칭이 작동하게 만들기' 위해 조직의 코칭 문화에 대한 구체적인 조사를 실시했다.

코칭 문화

돌이켜보면 우리가 코칭 문화에 대해 가졌던 초기 인식에는 어느 정도 순진함이 있었던 것 같다. 우리는 코칭 문화를 조직 전체의 존재 방식으로, 조직의 모든 프로세스와 관계에 스며드는 사고방식으로 상상했다. 많은 조직이 이에 대해 립서비스를 했지만, 실제로는 이와는 다른 현실이 있었다. 근본적인 가정은, 조직 시스템의 특정 지점에서만 연결되는 일종의 오버레이를 만드는 데 초점을 맞추는 것이었다. 이는 마치 텐트를 고정하는 말뚝peg과 비슷했다.

최근 컨퍼런스 보드Conference Board와 함께 진행한 연구에서 드러난 주요 도전 과제 중 하나는, 많은 고위 관리자들이 포스트 코로나 시대의 리더십 요구 사항에 적응하지 못하고 있다는 사실이 드러났다. 그들은 점점 더 통제할 수 없는 환경에 직면하자, 효과는 점점 떨어지는데도 불구하고 더 많은 통제를 시도했다. 이 리더들 중 상당수가 코칭 교육을 받은 경험이 있었다. 그러나 부족한 점은, 이들이 통제를 내려놓고 코칭 롤 모델 및 코칭 문화의 큐레이터 역할을 받아들이도록 돕는 조직 시스템 내에서의 지원이다.

코칭 에너지 필드와 코칭 문화 진단은 다음과 같다. 조직이 코칭 문화를 향한 여정에서 어느 단계까지 와 있는지 명확하게 파악할 수 있는 유용한 도구이다.

코칭 에너지 필드

코칭 문화는 고립된 채로 발생되지 않는다. 코칭 문화는 조직의 기존 문화, 구조, 시스템에 내재되어 있고 영향을 받는다. 우리는 코칭 문화의 진화를 지원하는 긍정적인 에너지를 제공하거나 코칭 문화가 뿌리내리는 데 방해가 되는 다섯 가지 중요한 요소를 다음과 같이 확인했다.

1. 코칭을 하거나 코칭을 받은 경험. 직속 관리자를 코치로 광범위하게 교육하는 것의 단점 중 하나는 잘못된 코칭을 하는 사람들을 많이 배출한다는 것이다. GROW와 같이 미리 설계된 모델을 엄격하게 따르는 공식적인 코칭은 코치와 코칭을 받는 사람 모두에게 불편하다. 필립 페라Phillip Ferrar의 연구에 따르면 직원들이 코칭을 피하기 위해 적극적으로 관리자를 피하는 것으로 나타났다![6] 반면에 코칭을 받은 긍정적인 경험은 사람들이 코칭을 찾도록 유도하여 코칭 문화를 구축하는 데 도움이 될 수 있다.

2. 역량. 코칭을 잘할 수 있다는 자신감이 있는 사람일수록 코칭을 더 많이 할 것이다. 조직에서 이를 장려하는 실질적인 방법 중 하나는 사람들을 멘토로 훈련시키는 것이다. 이는 개인적으로 많은 것이 걸려 있는 직속 부하와의 관계에서 주저할 수 있는 개발 스킬과 대화를 멘토링 관계에서 연습할 수 있기 때문이다. 또한 스킬(예: 원격 코칭을 위한 교육), 인프라(일반적인 업무 공간을 둘러싼 미묘한 영향에서 벗어나 사

람들이 만날 수 있는 조용한 장소가 있는가?), 그리고 사람들이 코칭 스킬을 성장시키고 향상시킬 수 있는 기회의 제공을 통해 역량을 강화할 수 있다는 사실도 발견했다. 이제 관리자는 EMCC에서 코치나 멘토로서 자격증을 취득할 수도 있다.

3. 신념과 가치관. 사람들이 지속적인 학습에 얼마나 적극적인지, 그리고 조직이 과제 성과와 개인 발전 간의 균형을 얼마나 잘 잡는지에 달려 있다.

4. HR 및 기타 주요 조직 시스템과의 통합. 비즈니스 우선순위, 평가 및 개발 프로세스, 보상 시스템과의 연계 강도도 중요하다.

5. 대화. 조직에서 심리적 안전과 솔직한 대화가 어느 정도로 일반적인지가 중요하다.

에너지 필드를 측정하는 것은 인터뷰를 통해 아주 간단하게 할 수 있으며, 조직이 코칭 문화를 조성하기로 할 경우 추후 작업 규모의 기준을 제공한다.

코칭 문화의 발전 단계

여러 사례 연구를 통해 조직이 코칭 문화를 조성할 때 거치는 네 단계를 확인할 수 있었다. 코칭이 조직 전체에 확고하게 자리 잡은 최종 단계에 도달한 조직은 찾지 못했고, 17년이 지난 지금도 사례를 찾기가 매우 어렵다. 우리가 발견한 것은 대기업 구조 내에서 우수성을 갖춘 조직이었다. 네 단계는 다음과 같다.

초기 단계의Nascent. 여기서는 코칭이 이루어지기는 하지만 임시방편적이며 종종 경영진의 특권이나 교정적 개입으로 사용된다. 코칭은 단순히 또 하나의 도구일 뿐이며 효과적인 코칭이 무엇인지에 대한 개념이 부족하고, 외부 코치에 대한 지출과 직속 관리자 교육에 대한 투자로 무엇을 얻고 있는지 측정할 수 있는 방법도 없다. 최고 경영진은 코칭 행동에 대한 롤 모델이 되지 못하고 자신의 코칭 스킬을 개발하는 데 거의 투자하지 않는다. 코칭은 직장에서 더 긴급하고 단기적인 다른 요구사항에 따라 뒷전으로 밀려난다. 사람들이 코칭을 받는 시기와 여부는 필요와 욕구와 느슨하게 연관되어 있기 때문에 가장 어려운 행동이나 윤리적 문제는 종종 다루어지지 않는다.

전술적Tactical. 조직은 코칭 문화를 구축하는 것이 어떻게 가치를 더할 수 있는지 이해하지만, 그 가치를 실현하는 방법에 대해서는 잘 알지 못한다. 최고 경영진은 느슨하게만 관여하고 있으며 HR의 이슈가 된다. 직속 관리자를 위한 교육은 널리 이용 가능하지만 교육 후 지원은 드물다. 승계 계획 및 평가와 같은 HR 시스템과의 연계는 미약하다. 사람들은 어려운 문제를 해결해야 할 필요성을 인식하지만 매우 안전하다고 느끼는 환경에서만 그렇게 할 것이다.

전략적Strategic. 사람들은 일반적으로 코칭의 가치를 인식하고 다양한 상황에서 코칭할 수 있는 능력과 자신감을 가지고 있다. 코칭하는 행동을 보여주지 않으면 승진하기가 훨씬 더 어려워진다. 최고 경영진은 일반적으로 다른 사람을 코칭하고 코칭을 받는 것에 대해 개방적인 태도를 보여줌으로써 모범을 보인다. 또한 상호 코칭과 멘토링(하급 직원이 상급 직원을

코칭하거나 멘토링하기도 함)도 있다. 코칭과 주요 비즈니스 요인 사이의 연관성은 널리 알려져 있다. 공식적인 코칭 프로세스는 잘 작동하지만(부분적으로는 측정이 가능하기 때문에), 그러나 비공식적인 과정은 문제의 핵심에서 삐걱거린다. 코칭과 멘토링은 더 광범위한 HR 시스템 포트폴리오에 통합되기 시작한다.

통합된Embedded. 공식 코칭과 비공식 코칭 모두 조직 전체에서 빈번하고 지속적으로 이루어진다. 코칭과 멘토링은 HR 시스템의 구조에 자연스럽게 내장되어 있어 자동으로 이루어진다. 사람들은 계층 구조에서 상대적 지위에 관계없이 동료로부터 피드백과 코칭을 구한다. 코칭과 멘토링은 조직 문화에 자연스럽게 녹아들어 있어, 굳이 이름을 부르지 않아도 일상적인 업무 대화에서 자연스럽게 언급된다.

조직이 처한 상황을 평가하고 연구용으로 널리 사용되는 이 설문지는 http://www.clutterbuck-cmi.com/에서 다운받을 수 있다. 부록 4 참조.

코칭 문화 만들기

MIT 슬론 경영대학원의 에드거 샤인은 문화의 세 가지 측면을 설명한다. 그는 문화를 다음을 기반으로 한 사회적 학습 과정으로 정의한다.

1. 기본 가정Basic assumptions – 조직이 환경과 관계를 맺는 방식; 현실의 본질, 시간과 공간, 인간의 본성, 관계의 적절성을 인식하는 방식. 기본 가정은 종종 당연한 것으로 간주되며 의식적으로 표현되는 경우는 드물다.

2. 가치관Values – 사람들이 중요하다고 생각하는 것(예: 가족 대 일의 상대적 중요성)

3. 인공물 및 창작물Artefacts and creations – 기술, 예술, 물리적 구조, 가시적 및 청각적 행동 패턴(예: 이사 전용 주차 공간 또는 소매점에 직원을 위한 별도의 출입구 등).

중요한 문제는 최고 경영진이 문화 변화의 필요성을 얼마나 잘 이해하고 있느냐는 것이다. 그들이 이해해야 하는 것은 다음과 같다.

1. 문화 변화의 복잡성
2. 그렇게 하는 데 있어 그들의 역할 – 다른 사람은 모두 변해야 하지만 자신은 변하지 않아도 된다고 생각하는 경우가 많다.
3. 필요한 기간 및 투자 규모(1년, 2년, 3년 내에 합리적으로 달성할 수 있는 목표는 무엇인가?)
4. 성공의 의미(사람들이 끊임없이 질문하고 성찰하는 조직, 사람과 프로세스 모두의 지속적인 개선이 표준이 되는 조직을 이끌고 싶은가?)

아래 표는 내가 조직과 함께 문화 변화를 맥락에 맞게 설정하여 비즈니스 성과와 더 밀접하게 연결할 수 있도록 개발한 방법 중 하나를 설명한다. 이는 유럽 품질 모델European Quality Model을 대략적으로 기초하고 있다.

각 열의 항목은 예시일 뿐이다. 각 조직마다 고유한 관점과 강조하고자 하는 점이 있을 것이다. 이러한 방식으로 다양한 요소를 자세히 설명하면 실용적이고 일관된 문화 변화 계획을 세울 수 있다.

코칭 문화 전략의 구성 요소

전 세계 여러 조직과 진행한 워크숍은 코칭 문화를 달성하기 위한 전략에서 모든 핵심 문제를 다루기 위한 간단한 프레임워크를 만드는 기초를 제공했다. 12가지 요소는 다음과 같다.

1. *외부 코치 사용 시 품질 및 가성비.* 일반적으로 외부 코치가 내부 코치보다 더 효과적일 것이라고 생각할 수 있지만 이에 대한 실질적 증거는 없다. 실제로 2015년의 한 연구7에서는 내부 코치가 더 효과적이라는 결론을 내렸다. 내부 코치가 기업 문화와 정책을 더 잘 이해하고 전문적인 슈퍼비전을 받을 가능성이 높다는 것이 그 이유 중 하나이다. 문제는 코칭 자격이 코칭 역량과 동일하지 않으며(자격은 위생 요소 Hygiene Factors이다! 위생 요소는 불만족을 방지하는 데 필요한 요소),

표 6.3 코칭 문화 품질 프로세스

코칭 문화 품질 프로세스				
	목적(목표) 및 정책	시스템 및 프로세스	사람	결과 및 측정
개인	개인 개발 계획	성과관리 시간관리 성찰 공간	코칭/멘토링 기술 C&M 지원 시스템 임원 코칭	코칭의 품질 발달 개발 성취도 및 커리어 목표
팀	팀 개발 계획 리소스 할당 정책	커뮤니케이션 작업관리 품질관리 의사결정 전략 계획	팀 멤버 간의 상호 코칭 스킬	팀 목표 달성 심리적 안전감
조직	사업 개발 계획 인사 정책 및 절차	채용 및 유지 인재관리	리더십 롤 모델 문화 변화 운영 그룹	측정값 • 코칭 문화 • 혁신과 위험 환경

수수료 수준이나 주장된 코칭 경험 시간도 동일하지 않다는 것이다. 코치 평가 센터는 외부 코치의 역량을 평가하는 한 가지 방법이지만 운영 비용이 많이 든다. 인터뷰 방식은 셀프 마케팅을 잘하는 코치를 선호하는 경향이 있으므로, 실체보다 과대 포장된 보상이 주어진다. 코치가 실제로 코칭하는 모습을 관찰하는 것만큼 좋은 방법은 없다. 따라서 코치를 직접 만나는 것이 중요하다.

- 외부 코치가 어떻게 코칭을 진행하는지, 그리고 이들이 조직의 특정 요구와 문화에 어떻게 적합할지를 평가하는 강력한 프로세스가 필요하다.

- 다양한 종류의 코칭에 대해 적절한 요금 수준을 결정하기 위한 명확한 구조와 정책이 필요하다. 어떤 변화가 의도되며, 그 변화를 달성하는 것의 가치는 무엇인지? 이 변화에 맞는 코치의 기술이나 숙련도 수준은 얼마인지? 예를 들어, 팀 코칭은 일반적으로 개인 코칭보다 더 높은 요금을 받을 수 있다.

2. *경험이 풍부한 준 전문 코치로 구성된 내부 집단 구성하기.* 외부 인력을 통한 코칭은 상대적으로 비용이 많이 든다. 따라서 외부 코치와 비슷한 수준의 자격을 갖춘 사내 코치를 개발하는 방향으로 전환하는 것은 놀라운 일이 아니다. 일반적으로 사내 코치는 최고 경영진 밑의 직원들과 함께하고 외부 코치는 최고 경영진과 대부분의 고위 임원들을 코칭한다고 가정한다. 나는 조직에 외부 코치가 필요한 시기와 이유에 대한 명확한 정책을 마련할 것을 권고하면서 이러한 관점에 대해 정기적으로 의문을 제기하기 바란다. 물론 상대적 권력(외부 코치가 고객사로부터 지나친 감시를 받을 수도 있음)과 기밀 유지의 문제

도 있지만, 외부에서 코치를 영입하는 주된 이유는 임원들의 자존심을 채워주기 위해서인 경우가 많다. 창의적인 해결책은 경영진이 내부 및 외부 코칭을 모두 경험할 수 있도록 하는 것이다. 영국의 국민보건서비스처럼 내부 및 외부 코치를 하나의 통합된 자원으로 볼 수 있다면 모두에게 이익이 될 수 있다. 이제 팀 코칭 짝에 내부 코치와 외부 코치가 함께 하는 경우가 점점 더 흔해지고 있다. 각 코치가 가져오는 다양한 관점이 코칭 세션을 더욱 풍성하게 만들어준다.

3. *코치를 위한 슈퍼비전*. 주요 전문 기관은 모두 코치에게 전문적인 슈퍼비전을 받을 것을 권장하며, 유럽에서 시작된 기관은 모두 이를 요구한다. 정기적인 슈퍼비전의 증거가 부족하면 유럽의 많은 주요 조직에서 임원 코치로 일하는 것에서 배제될 수 있다. ICF에서 권장하는 멘토 코칭은 비즈니스 구축과 자격증 취득에 유용할 수 있지만, 광범위한 추가 학습과 자격이 필요한 슈퍼비전은 아니다. 회사 내에서는 내부 코치들을 위한 그룹 슈퍼비전이 가장 비용 효율적인 형태로, 최대 여덟 명까지의 그룹에서 제공된다. 그러나 일부 조직은 내부 코치들에게 긴급한 문제를 개별 슈퍼비전으로 다룰 기회를 제공하기도 한다. 내부 코치와 외부 코치를 혼합하여 슈퍼비전 그룹을 구성하는 것도 상호 학습 측면에서 긍정적인 결과를 가져올 수 있다.

4. *직속 관리자들이 코칭을 활용하고 개발을 위한 대화를 나눌 수 있는 스킬의 개발*. 멘토링 프로그램은 여기서 '트로이의 목마'가 될 수 있다. 보고 라인 밖의 사람과 발전적인 대화를 나누면 관리자의 부담이 줄어들기 때문에 더 자유롭게 실험할 수 있다.

5. *팀 내 코칭 문화 조성하기*. 직원들에게 코칭과 멘토링을 받고 커리어

와 자기 개발을 책임지는 방법을 교육하는 것은 매우 가치 있는 투자이다.

6. *팀 코칭*. 8장에서 자세히 살펴볼 팀 코칭은 개인 코칭보다 몇 배 더 복잡하고 영향력이 크다. 팀 코칭은 팀 빌딩도 아니고, 팀 퍼실리테이션도 아니며, 모든 팀원을 개별적으로 코칭 하는 것도 아니지만, 이 모든 것을 포괄할 수 있다. 팀 코칭은 현재 팀의 성과를 향상시키고 미래에 더 나은 성과를 낼 수 있는 역량을 만드는 것이다.

7. *코칭 사고방식을 비즈니스 목표에 연결하기*. 코칭과 멘토링의 유사성을 고려할 때, 비즈니스 목표에 초점을 맞춘 멘토링이 코칭으로 이어지지 않는 경우가 많다는 것은 의외이다. 예를 들어, 인재 유지가 비즈니스의 핵심 원동력이라면 이를 지원하기 위해 코칭을 어떻게 활용할 수 있을까? 매출 증대부터 윤리적 분위기 조성까지 거의 모든 기업 목표는 코칭을 통해 지원할 수 있다. 명확한 연관성을 만드는 것은 코칭을 개인 변화에 집중된 일반적인 행동에서 시스템적이고 조직적인 변화를 촉진할 수 있는 사고방식으로 바꾼다.

8. *IT 및 기타 지원 리소스*. 코치봇부터 앱까지, 기술은 코칭의 효과를 높일 수 있는 모든 종류의 향상된 기능을 제공하고 있다. 가장 간단한 수준에서 사람들이 온라인으로 검색하고 접근할 수 있는 코치 풀을 갖추면 HR의 관리 부담이 줄어든다. 코칭 시스템을 일반 HR 시스템과 통합하면 평가 피드백이나 자가 진단을 통해 파악된 개발 요구사항을 코칭과 기타 학습 자원의 조합을 통해 즉시 해결할 수 있다.

9. *코치를 위한 지속적인 교육*. 기업에서 자주 발생하는 현상 중 하나는 사내 코치들을 양성할 때 처음에는 열성적으로 참여하지만, 점차 흥

미를 잃고 중도 탈락하는 경우가 많다는 것이다. 코치와 그들을 담당하는 HR과의 인터뷰에서 보면, 사내 코치들은 종종 열정을 잃고 조직 전체보다 자신의 팀에 더 집중하는 경향이 있는 것으로 보인다. 그들의 관심을 유지하는 핵심은 코치 역할에서 성장할 기회를 제공하는 것이다. 이는 코치 개발 센터, 그때그때 맞춰서 이루어지는 지속 교육, 또는 코칭 커리어 경로를 만드는 방법으로 가능할 수 있다. 후자는 독립적인 코칭이 '일반적인' 후반부 커리어의 선택이 되면서 점점 더 중요해지고 있다. 내부 코치로서의 경험은 그들의 미래 경력과 직접 연결되기 때문에 동기를 부여한다.

10. *측정.* 코칭 문화 설문조사는 코칭 문화로의 진행 상황에 대한 전반적인 개요를 제공한다. 그러나 다음과 같은 보다 구체적인 문제를 대상으로 하는 것도 유용하다.

    ① 코칭과 멘토링이 다양성 및 포용성과 같은 핵심 비즈니스 지원 요소에 미치는 영향

    ② 본인 및 직속상관이 평가한 직속 관리자의 코칭 스타일과 역량

    ③ 내부 및 외부 공인 코치가 제공하는 코칭 품질

11. *최고 경영진의 스폰서 및 롤 모델.* 나는 최고 경영진의 행동에 따라 코칭 문화를 향한 진전이 이루어지거나 깨지는 사례를 많이 보아 왔다. 바클레이Barclays 은행의 CEO는 개방적이고 윤리적인 분위기의 필요성을 주장하다가, 자신이 내부고발자의 기밀을 요구한 혐의로 비판을 받고 회사가 1,500만 달러의 벌금을 물게 되면서 모든 신뢰를 잃었다. 이는 코칭 문화를 조성하는 데 있어 가장 어려운 과제 가운데 하나이다. 코칭의 효과적인 롤 모델이 되려면 경영진 리더

가 코칭 행동과 사고방식을 삶으로 보여줄 수 있어야 한다.

12. *코칭 및 멘토링 관리*. 프로그램 매니저의 역할은 조직이 코칭과 멘토링에 대한 투자에서 더 큰 가치를 달성하는 데 집중함에 따라 중요성과 위상이 커졌다. 최근 몇 년 전 EMCC가 도입한 프로그램 매니저를 위한 공식 자격증은 이 역할에 명성을 부여했으며, 이는 역할 보유자가 회사 전반에 대한 폭넓은 지식을 습득하고 연결을 구축할 수 있는 커리어 이동으로 여겨지기도 한다.

팀 내 코칭 문화 구축

2000년대 초, 나는 직속 관리자들이 코치 역할을 할 수 있도록 하는 '양 목욕시키기 같은 일괄 적용' 훈련 효과에 관한 일화들을 수집하기 시작했다. (보통은 이 훈련은 2~3일간 진행되는 직속 관리자 코치 워크숍을 의미한다.) 결과는 내 예상보다 훨씬 더 나빴다. 많은 관리자들이 팀으로 돌아가자마자 예전의 행동으로 되돌아갔다. 나머지 관리자들은 배운 대로 행동하려고 노력했지만, 며칠 만에 다시 원래의 방식으로 돌아가는 것을 발견했다. 무엇이 잘못되었을까? 그들의 이야기를 들으면서, 그리고 어떤 경우에는 같은 사건을 경험한 그들 팀의 이야기를 들으면서 이러한 실패는 필연적임이 분명해졌다. 직속 관리자와 그 팀은 복잡한 시스템을 형성한다. 시간이 지남에 따라 이들은 함께 일하는 패턴과 습관을 개발하게 되고, 이러한 습관은 깨기 어려울 수 있다. 일단 시스템이 자리 잡으면 내부든 외부든 그 어떤 변화든 기존의 방식으로 되돌리려는 반응을 보인다. 그 방식이 역기능적인 것이라도 마찬가지이다. 코칭이 효과적으로 이루어질 경우 상당히 불편한 경험이 될 수 있다는 점을 고려하면, 시스템이 평형 상태로 돌아가려고 하는 것은 놀라운 일이 아니다. 이러한 경험을 통해 우리는 업무 팀 내에 코칭을 도입하기 위한 몇 가지 중요한 기본 규칙을 도출했다.

시스템을 변경하려면 전체 시스템을 변경해야 한다

한 부분을 바꾸면 시스템이 저항할 것이다. 전체를 바꾸면 변화가 지속될 가능성이 높다. 팀 맥락에서는 코칭 문화로의 변화를 이해하고 지지하는 데 있어 관리자와 모든 직속상관 등 팀 전체를 참여시키는 것이 매우 중요하다. 직속 관리자를 교육하는 것을 볼룸 댄스에 비유할 수 있다. 파트너 중 한 명만 탱고를 출 줄 안다면 그 커플이 춤을 잘 추기는 어려울 것이다! 코칭 문화가 있는 팀에서는 모두가 코칭의 기본을 이해하고 다른 사람을 코칭 할 수 있다.(때로는 직속 구성원에게서 코칭을 받는 직속 관리자도 포함된다!). 마찬가지로, 모두가 코칭 받는 방법을 알아야 코치가 자신을 더 잘 돕도록 도움을 줄 수 있다.

코칭 마인드를 습득하는 데는 시간이 걸린다

코칭은 마인드셋인 동시에 스킬셋이다. 집중된 워크숍을 통해 외부에서 안전한 환경에서 기본적인 지식과 스킬 그리고 실습 기회를 제공할 수 있다. 그러나 코칭의 효과는 일반적으로 코칭 대화 사이에서 발생하며, 이때 학습자는 통찰력, 아이디어, 문제 및 의도를 성찰하게 된다. 코칭을 배우고 코칭을 받는 것이 가장 효과적인 시점은 내용을 상대적으로 작은 단위로 나누어 학습하고, 충분한 시간(최소 2주 이상)을 두고 성찰하고, 흡수하며, 배운 것을 실천할 때이다.

직속 관리자와 팀은 서로에 대한 명확한 기대치를 가져야 한다

연구에 따르면 직속 관리자가 효과적인 코칭을 하는 데 있어 여러 가지 잠재적 장애물이 존재한다. 예를 들어, 리더가 의도를 가지고 있는 것처럼 보이거나 부모-자녀 관계식 행동에서 벗어나기 어려워하는 것 등이 있다. 이러한 장애물은 직속 관리자와 팀이 코칭의 본질과 목적에 대해 명확한 기대를 가지고 있다면 극복할 수 있다. 필요한 큰 인식 전환 중 하나는 직속 관리자가 팀원에게 코칭을 '제공하는' 역할을 맡는다는 가정에서 벗어나, 코칭이 이루어질 수 있는 환경을 조성하는 것이 그들의 역할임을 인식하는 것이다.(코치는 관리자일 수도 있고, 다른 팀원 혹은 외부에서 온 사람이 될 수도 있다.)

변화 프로세스가 지원되어야 한다

팀 내에서 심리적 안전감을 주는 환경을 조성하는 것은 코칭 문화의 신속한 형성과 밀접한 상관관계가 있다. 동시에, 팀원들이 자신들의 학습 과정이 외부의(예를 들어, 고위 경영진으로부터) 지원을 받고 있다고 느끼면 더 자신감 있게 발전할 수 있다. 외부 지원은 외부 전문 팀 코치 또는 퍼실리테이터와 같은 전문가의 형태로 이루어질 수 있다. 이러한 외부인은 드러나지 않은 갈등을 다루거나 팀의 목표를 명확히 하는 데 도움을 줄 수 있는 스킬을 가진 사람이다.

학습은 팀의 현재 문제와 관련이 있어야 한다

높은 목표를 달성하는 데 집중하는 팀은 추상적이고 이론적인 것에 많은 시간을 할애할 여유가 없다. 그들은 코칭 문화를 달성함으로써 얻을 수 있는 이점이 무엇인지(개인적, 집단적으로) 알고 싶어 하지만, 대체로 배운 것을 팀이 직면한 실질적이고 비교적 즉각적인 문제에 어떻게 적용할 수 있을지 알고 싶어 한다.

우리는 여러 영국 및 다국적 대형 기업 고용주들과 결론을 공유하고 우리가 확인한 모든 문제를 해결할 수 있는 접근 방식을 설계하는 아이디어를 나누었다. 그 결과로 소매업부터 고등 교육 분야에 이르기까지 다양한 분야에서 일련의 실험이 진행됐다.

각 실험의 핵심은 팟캐스트, 자기 진단, 참고자료 읽기 등으로 구성된 온라인 학습 리소스였다. 모듈의 수는 필요한 학습의 깊이와 각 조직의 학습 관리의 체계에 따라 달라진다. 팀의 각 구성원은 팀 회의에 오기 전에 이러한 자료를 일반적으로 1시간 이내에 숙지해야 하며, 보통 팀 회의가 끝나면 사전 학습을 통해 배운 내용을 함께 탐구하고 각자의 환경에서 어떻게 적용할지 논의한다. 그런 다음 서로 계약을 맺고 배운 스킬과 프로세스를 연습한다. 모듈이 진행되는 동안 팀은 점차 코칭 프로세스에 대한 자신감과 능력이 향상되고 코칭 마인드가 업무 전반에 대한 사고방식에 뿌리내리게 된다.

이 글을 쓰는 지금도, 나와 동료들은 팀 문화에 대한 방대한 새 지식을 반영한 수정되고 업데이트된 자료를 바탕으로 실험을 재검토하고 있다.

코치 평가 및 개발 센터

코치를 평가한다는 발상은 외부 코치를 고용할 때 지불한 비용만큼의 가치를 제대로 얻고 있는지를 판단하기 위해 여러 회사들이 도움을 요청하면서 생겨났다. 문제 가운데 하나는 수수료가 코치의 능력보다는 마케팅 전문성과 더 관련이 있었다는 점이다. 동시에 공식 자격증은 코치의 효과를 반영하는 것은 아니었으며, 부가가치를 비교하는 것보다 위생 요인에 더 가까웠다. 다음 장에서는 우리가 지속적으로 탐구하고 있는 코치의 성숙도에 대해 다루고자 한다. 이는 여러 대형 고용주와 함께 설립한 평가 센터의 결과이며, 평가 센터는 코치들이 실제로 어떻게 코칭하는지 관찰하기 위한 것이었다.

평가 센터의 디자인은 다양했지만, 출발점은 항상 기본적인 요소를 다룬 지원서였다. 지원서에는 초기 및 지속적인 코치 교육, 코칭 철학, 전문 분야 등이 포함되었다. 모든 조직은 상당한 경험을 가진 코치를 원했다. 추가 요소는 다음과 같았다:

1. 심리 인터뷰(초기 디자인에는 포함되었지만 이후 대부분의 디자인에서는 비용상의 이유로 제외됨). 이는 코치가 실제 코칭을 하기에 안전한 사람인지 확인하기 위한 것이었다. 예를 들어, 자신의 문제에 너무 사로잡혀 이를 고객에게 투사할 수밖에 없는 코치들을 일부 발견하기도 했다. 시간이 지나면서 이러한 특성은 다음 단계에서도 나타날 수 있다는 것을 깨달았다.

2. 패널 인터뷰, 코치의 여정, 철학, 접근 방식 등을 탐구하는 단계. 여기서 자주 우려되는 점은 코치가 고객의 상황에 대해 아무런 호기심을 보이지 않는 경우였다. 고객의 역할이나 조직과 분야의 상황이 그들에게는 중요하지 않은 듯 보였다. 또한 많은 코치들이 시스테믹 사

고를 보이지 않았다.

3. 기업에서 제공한 고객을 대상으로 한 실제 상황의 관찰. 두 명의 관찰자가 방 뒤편에 앉아 기본 특성 체크리스트를 가지고 코치가 목적에 맞는 학습 대화를 유지할 수 있는지를 평가했다.
4. 실제 상황에 대한 코치와 코치이의 서면 평가

평가자들은 매일의 마지막에 각자의 점수를 비교하기 위해 모였다. 대부분의 경우 평가자들의 점수는 매우 일치했지만, 점수가 1점 이상 차이가 나는 경우에는 전체 평가자 팀의 논의를 거쳐서 결정했다. 이 과정을 통해 깨달은 것은 일관되게 전체 코치의 3분의 2가 평가의 기본을 달성하지 못했다는 사실이었다. 우울하게도… (한 유럽 은행을 위한 이벤트에서 한 코치는 고객에게 45분 동안 일방적으로 이야기를 하고, 마침내 질문을 했을 때마저도 스스로 답을 했다!) 긍정적인 측면은, 경청하고 통찰력을 자극하는 질문을 던지는 코치들을 관찰하는 것은 즐거웠다는 것이다. 흥미로운 측면 중 하나는 코치들이 평가 센터에 접근하는 방식에 차이가 있다는 것이었다. 어떤 코치는 자신의 코칭 방식에 대한 피드백을 받을 수 있는 특별한 기회로 여겼고, 어떤 코치는 자신의 존엄성과 경험에 대한 모욕으로 여겼다. 전자는 항상 가장 효과적인 코치 중 하나였고 후자는 최악의 코치 중 하나였기 때문에 점수 간에는 거의 완벽한 상관관계가 있었다!

평가 센터의 원칙은 사내 코치 개발에도 적용할 수 있다. 동일한 기본 접근 방식에 더해, 전문가 관찰자와 동료가 제공하는 훨씬 더 높은 수준의 피드백이 제공되며, 코치로서의 개인 개발 계획을 따르는 과정에서 동료들이 지원하는 액션 러닝 세트가 포함된다.

코칭 및 멘토링 프로그램 관리자의 역할

코칭/멘토링 프로그램의 관리자는 프로그램 성공의 핵심이다. 이들의 역할과 책임은 다음과 같다.

1. 비즈니스 전반에 걸쳐 코칭 및 멘토링을 장려하고 고위 경영진의 지원을 확보한다.
2. 목표 및 성공 기준 정의, 채용, 매칭, 교육, 평가에 이르기까지 프로그램을 관리하고 운영한다.
3. 비밀유지 조항을 제공하고 유지한다.
4. 관계에 어려움을 겪고 있는 경우 도움을 제공한다.
5. 모든 이해관계자의 기대치를 관리하고 지속적으로 정보를 제공한다.
6. 참가자와 HR이 필요한 지원 리소스를 확보할 수 있도록 한다.
7. 관계를 모니터링하고 프로그램을 평가한다 – 프로그램 상태를 지속적으로 평가하고 조정한다.
8. 프로그램에 대한 재정을 관리하고 유지한다.
9. 프로그램에 대한 관리 기록을 설정하고 유지 관리한다. 예를 들어:
   ① 참가자 세부 정보
   ② 참석한 교육
   ③ 매칭 세부 정보
   ④ 첫 만남 날짜
   ⑤ 대기 중인 참가자 목록
   ⑥ 관계 및 프로그램의 결과
   프로그램 관리자는 이 데이터를 추적할 수 있는 적절한 시스템을

갖추고 이 데이터를 안전하게 저장 및 공유한다.

10. 그들이 이직할 때 프로그램이 흔들리지 않도록 자신의 계승자를 확보한다.

요약 및 향후 전망

코칭 문화라는 개념은 이 책에서 다루고 있는 다른 많은 주제들을 하나로 묶어준다. 이는 개인의 변화뿐만 아니라 조직의 변화에 헌신하는 리더십이 필요하다. 코칭 문화를 달성하는 단계에서 핵심 역할을 하는 지렛대는 업무 팀Work Team이라는 점을 인식해야 한다. 팀의 일상 업무에서 사람들은 코칭 방식으로 생각하고 행동할지 여부를 선택한다. 이는 결국 높은 수준의 연결성과 커뮤니케이션을 필요로 한다. 그렇게 해야 팀과 조직의 모든 부분에서 질문과 상호 성찰을 수용하고 그에 따라 반응할 수 있게 된다. 이를 위해서는 코칭과 멘토링이 상호 지원적인 성장 지원 방식으로 통합되어야 하는데, 이는 사람들이 자신을 성과를 향상시키고 자신이 열망하는 사람으로 성장하는 데 도움을 준다.

내가 체계적 인재관리를 정의하려고 시도하면서 떠오른 질문이 있다. '정말 유능한 인재가 왜 이곳에서 일하고 싶어 할까?' 코로나 이후 대량 사직의 물결 속에서 사람들이 이직을 고려하는 이유 중 하나는 자신이 소중하게 여겨지고, 목적을 느끼며, 성취감을 느낄 수 있는 근무 환경을 찾기 위해서이다. 코칭 문화를 만드는 것은 그 목표를 달성하기 위한 가장 효율적이고, 잠재적으로 가장 비용이 적게 드는 방법 중 하나라고 생각한다!

참고

1. Garvin, D.A., Edmondson, A.C., and Gino, F., 2008. Is yours a learning organization?. *Harvard Business Review, 86*(3), p.109.
2. Hawkins, P(2012) *Creating a Coaching Culture*, Open University Press, Maidenhead.
3. Clutterbuck, D and *Megginson, D(2005) Making Coaching Work: Creating a coaching culture*, CIPD, Wimbledon.
4. Hawkins, P. and Smith, N., 2010. Transformational coaching. *The complete handbook of coaching*, pp.231–244.
5. Aside from my e-books, *How to be a great coachee* and *The leader's guide to being coached*, there is very little literature. One notable exception is a paper by Paul Stokes(Stokes, P.K., 2015. *The skilled coachee: An alternative discourse on coaching*. Sheffield Hallam University(United Kingdom).
6. Ferrar, P.(2006). The paradox of manager as coach: Does being a manager inhibit effective coaching? Unpublished Master's dissertation, Oxford Brookes University, Oxford.
7. Jones et al(2015) The effectiveness of workplace coaching:A meta-analysis of learning and performance outcomes from coaching, *Journal of Occupational and Organizational Psychology*, March, pp20–21.

7

코치 실행 및 개발

코칭의 역사는 비교적 짧다. 옥스퍼드 영어 사전에 따르면 '코치'라는 단어는 1849년에야 등장하며, 학생들의 시험 합격을 도와주는 튜터를 지칭했다. 그 후 1851년 윌리엄 태커레이William Thackeray의 소설『대저택Pendennis』에서는 코치가 무용 지도자로 등장한다. 이후 코치라는 개념은 스포츠로 확장되어 처음에는 조정경기, 이어서 테니스로 퍼져나갔다. 이는 상당한 논쟁을 불러일으켰다. 여유가 있는 사람은 코칭을 받는데 그렇지 않은 사람은 코칭을 받는 것이 불공평하고 비신사적인 것일까? '코치'라는 단어 자체는 헝가리의 호화로운 마차 디자인에서 유래되었다. 이 비유는 학습의 고된 과정을 덜어주는 것과 같으며, 마차가 걷는 것보다 훨씬 편리했음을 시사한다. 또한 'coax'라는 단어의 영향도 있을 것이다. 이 단어는 원래 '바보로 만들다'는 의미에서 설득하거나 영향을 미친다는 의미로 변형되었다.

120년 이상 동안 코칭은 주로 교육과 관련이 있었다. 스포츠에서는 코치를 '코치하는 사람Coacher'라고 부르기도 한다. 이 용어는 또한 기업 세계에 흡수되어 코치와 강사가 동의어가 되었다. 코치는 학습자가 슈퍼비전 없이도 업무를 수행할 수 있을 때까지 방법을 시연하고 관찰하며 피드백을 제공해야 했다. 오늘날에도 이러한 코칭 방식은 기업 현장에 깊이 뿌리 박혀 있다. 오늘날 일반적으로 받아들여지는 코칭으로 정의가 전환되기 시작한 것은 미국의 테니스 코치였던 갤웨이의 저술이 있었기 때문이다. 갤웨이는 인도 구루의 제자로서의 경험을 통해 사람들이 내부 자원에 접근하도록 돕는 것이 주입식 교육보다 더 효과적이라는 것을 확신하게 되었다. 그의 저서인『테니스 이너 게임』은 테니스 코칭에 혁신을 가져왔고, 궁극적으로 다양한 맥락에서의 코칭에도 큰 변화를 일으켰다. 그러나 갤웨이가 접근하지 않았던 것은 3,000년의 멘토링 역사로, 멘토링은 사람들이 자신의 지혜에 접근하고 또한 개발하도록 돕는다는 원칙에 기반하고 있다.

1990년대 중반, 점점 더 많은 코치들이 코칭의 지시적이고 교육적인 기원에서 벗어나고자 하는 갈망이 커졌고, 이것이 전문 단체를 설립하게 된 원동력 중 하나였다. 6개 정도의 전문 단체가 높은 전문성을 달성하면서

표 7.1 **나의 학습 여정**

나의 학습 여정		
코칭은 가르침	코칭은 공식적, 구좌화된 학습을 위한 프로세스	코칭은 학습 대화의 한 형태임
코칭과 멘토링은 같은 공간을 두고 경쟁하고 있음	멘토링은 '코칭+'	코칭과 멘토링이 최고 수준의 효과성에서 통합됨
음성 대화	코칭의 침묵의 대화	코치 – 고객 – 슈퍼바이저 시스템

빠르게 성장했다. 그러나, 가장 오래된 기관인 EMCC는 유럽 멘토링 센터로부터 시작했다.

20세기 말에 접어들면서 이 단체(원래 셰필드할람대학교의 메긴슨과 내가 공동 설립한)는 코칭과 멘토링 사이에 인위적인 차이를 만들기보다는 유사점을 강조하고 코치들을 초대하기로 결정했다. 현재 우리는 가장 효과적인 코칭에는 멘토링의 여러 측면이 포함되며, 그 반대의 경우도 마찬가지라는 것을 알고 있다.

현대 코칭이 처음 등장했을 때 내가 가장 먼저 시도한 것 중 하나는 다른 형태의 학습 지원과 비교하여 코칭을 포지셔닝하는 것이었다. 표 7.2는 그 본질을 잘 포착하고 있다.

이 표가 처음 작성된 1990년대 중반에는 당시 문헌의 비중을 비교적 정확하게 나타내고 있었다. 세기가 바뀌면서 코칭은 크게 변화했다. 리더와 팔로워의 관계에서 벗어난 전문 코치가 등장하면서 권력의 거리는 줄어들었다. 피드백의 초점도 주로 성과에서 코치가 판단하는 더 넓은 범위의 이슈로 옮겨갔지만, 코칭이 집중해야 할 부분을 결정하는 스폰서의 역할은 여전히 강력했다.

최근 리뷰(2019)에서는 돕는 역할의 범위를 확장하고 심리치료적 개입에 대한 몇 가지 성찰을 포함했다. 사람들이 삶, 관계, 커리어, 웰빙에 긍정적인 변화를 일으키도록 돕는 역할에는 여러 가지가 있으므로 전문가조차도 이러한 역할이 서로 어떻게 관련되고 교차되는지 혼란스러워하는 것은 놀라운 일이 아니다. 코칭과 멘토링이 위치한 스펙트럼에서 몇 가지 공통된 관점을 정의할 수 있다.

- 모두 어느 정도의 대화가 포함되며, 대화는 새로운 관점과 가능성을 향한 마음을 열어준다.
- 모두 도움을 주는 사람과 도움을 받는 사람 간의 주의 의무Duty of Care를 포함하거나 내포하고 있다.
- 모두 학습자가 더 나은 선택을 할 수 있도록 인식을 높이는 것과 관련이 있다.
- 모두 학습자가 선택 사항을 실현하는 데 있어, 일정 수준의 지원이 필요하다.

이 스펙트럼 내에서 식별할 수 있는 역할로는 다음이 포함된다.

- 교사
- 튜터
- 기본 코치(상대적 아마추어)
- 기본 멘토(상대적 아마추어)
- 스폰서
- 인증 코치/멘토
- 행동과학에 대한 탄탄한 기반을 갖춘 코치 또는 멘토
- 상담사
- 심리학자
- 정신과 의사(이 역할에 대화가 포함되는지 여부에 대해서는 의견이 분분하지만)

표 7.2 **학습을 돕는 방법의 비교**

학습을 돕는 방법의 비교					
	교사	튜터	코치	멘토	상담사
전달의 성격	부분적으로 지식을 포함한 정보 명확함	지식 대체적으로 명확함	스킬, 일부 지식 대체적으로 명확함	지혜 대체적으로 암묵적임	자아인식, 통찰력 암묵적인 것을 명확하게 함
학습의 방향	교사에서 학생	대체적으로 튜터에서 학생으로, 그러나 때로는 어느 정도 양방향	코치에서 학습자 학습자의 성장을 자극함	양방향의 성찰적 학습	학습자의 성찰을 자극함
권력의 거리	높음	보통 높음	작업 관계에 따라 보통 높음	낮음	낮음 (하지만 남용 가능성 있음)
피드백의 성향	비인격적 – 점수와 성적 교사에 의해 제공됨	프로세스	성과	개인적, 주로 학습자에 의해 제공됨	직접적인 피드백을 피하고 학습자가 자신의 문제를 검토하도록 격려함
개인적 관계의 강도	일반적으로 낮음	낮음에서 중간 정도	중간 정도	중간에서 높은 정도 우정으로 발전할 가능성	최소

이러한 역할 중 일부는 전문적인 규율의 적용을 받지만, 이러한 규율이 역할 간의 명확성을 크게 제공하지는 않는다. 이는 역할이 겹치고, 실무자가 여러 역할을 동시에 수행할 수 있기 때문이다. 예를 들어, 영국심리학회에는 코치 역할을 하는 심리학자들로 구성된 상당한 규모의 회원 그룹이 있다. 또한, 전문 분야에서는 전문가 인증의 표준 또는 수준을 통

해 능력의 위계를 부과하기도 한다. 코칭 분야에서 EMCC는 파운데이션 Foundation, 프랙티셔너Practitioner, 시니어 프랙티셔너Senior Practitioner, 마스터 프랙티셔너Master Practitioner 인증accreditation을 제공한다. ICF(국제코치연맹)은 준 인증 코치Associate Certified Coach, 프로페셔널 인증 코치Professional Certified Coach, 마스터 인증 코치Master Certified Coach 자격을 제공한다.

'행동과학에 탄탄한 기반을 둔 코치 또는 멘토'라는 역할은 특히 언급할 가치가 있다. 고객과 고객의 상황이 복잡할수록 행동 패턴과 그 이면의 심리를 파악하는 것이 더 중요해진다. 심리학 관련 자격이 있다고 해서 유능한 코치가 되는 것은 아니며(그 반대의 경우도 마찬가지), 심리학자들은 자신의 실무를 매우 좁은 전문 분야로 정의하는 경향이 있다고 주장할 수 있다. 비교적 최근에 등장한 용어인 '코칭 심리학자'는 심리 측정 및 기타 진단 기법의 사용을 강조하는 경향이 있다. 반면에 행동과학자는 집단 과정과 복잡한 시스템을 포함하여 인간의 동기와 행동의 광범위한 스펙트럼을 연구한다. 이들은 복잡한 영역이지만, 기본 코치와 '행동과학에 기반한 코치'의 중요한 차이점은 후자가 강력한 증거기반을 중요시한다는 점인 듯하다.

이러한 다양한 역할을 지시성이나 친밀감의 정도와 같은 다양한 특성에 따라 계층화하려는 유혹을 느낄 수 있지만, 그렇게 할 경우 한 역할의 실행자가 다른 역할의 침입으로부터 자신의 정체성을 보호하기 위해 사용하는 특정 편견만 강화될 뿐이다. 예를 들어, 멘토링은 지시적이고 코칭은 비지시적이라는 생각을 퍼뜨리는 코칭 기관들은 역사가 정확히 정반대를 시사하고 있다는 사실을 무시하기로 선택한 것이다!

표 7.3은 위의 역할들 간의 주요 유사점과 차이점 몇 가지를 정리한 것

표 7.3 도움을 주는 역할의 업데이트된 비교표

도움을 주는 역할의 업데이트된 비교표				
역할	목적	관계 (핵심)	학습의 초점	한계
교사	특정 분야의 지식 전달	강사 – 학생 학습은 거의 일방향적	커리큘럼 내에서 정보와 지식의 유지력을 보여주는 학생을 가능하게 함 (예: 시험 조건에서) 선형적 관점 (주제 영역 내에서 집중됨)	훌륭한 교사는 커리큘럼 외의 학습에 대한 열정을 불러일으킴. 특히, 그들은 전인적 개인으로 성장하도록 목표를 설정함. 그러나, 행정 업무와 대규모 수업은 이 역할의 측면을 제한할 수 있음
튜터	반복 가능한 정보와 지식을 넘어서 이해와 창의적 사고 자극	학생의 학습 과정에서 도전과 지원 제공 학생이 학습의 장애물 또는 자기 관리 문제를 극복하도록 도움	의미 이해 다양한 관점 (다른 관련 지식 출처와의 연결 장려)	튜터 역할이 학생의 일반적 복지에 관한 책임을 명시적으로 포함하는 경우도 있지만, 항상 그렇지는 않음 튜터링은 교사 또는 강사와 같은 다른 교육 직업의 측면이 될 수 있음
기본 코치	학습자가 요구되는 기술을 습득하거나 좁은 성과 영역을 개선하도록 지원	주로 거래적 일정량의 친밀감이 효과성에 기여할 수 있지만, 코치와 코치가 서로 좋아할 필요는 없음 많은 코칭이 단기적인 경우가 많으며, 장기적인 관계는 의존성을 생성할 수 있음	명확하게 정의된 SMART 성과 목표에 대한 진행	코치는 자신이 얼마나 지시적일 수 있는지 보통 인식하지 못함 (예를 들어, GROW와 같은 단순한 모델을 고수하거나 질문의 방향을 선택하는 것만으로)
기본 멘토	학습자가 올바른 경력 선택을 하고 네트워크를 개발하도록 지원	관계의 질이 효과성에 필수적임 멘토는 코치보다 더 큰 친구 관계와 자신에 대한 통찰을 제공함 따라서 보통 더 높은 수준의 친밀감이 있음	새로운 지평을 여는 것 학습자의 정체성과 맥락 인식의 중요한 변화가 경력 자기 관리와 개인 개발의 소유권을 촉진함	멘토의 경험과 맥락 지식이 통찰을 유도하는 질문을 만드는 대신 멘티에게 '불평'하게 할 수 있음

역할	목적	관계 (핵심)	학습의 초점	한계
스폰서	실질적인 경력 관리 제공	스폰서의 권력과 영향력에 대한 접근과 후배의 스폰서에 대한 충성도로 사회적 교환	학습자가 자신을 도전시키고/또는 더 큰 가시성을 제공할 프로젝트와 역할을 찾도록 지원 학습자를 영향력 있는 네트워크에 노출시키기 옹호	매우 무력감을 줄 수 있음 학습자의 의제보다는 스폰서의 의제 (또는 조직의 의제)를 강조할 수 있음 강압적일 수 있음
공인 코치	특정 분야에서 학습자가 잠재력을 달성하도록 지원	문제 해결과 정의된 목표 추구를 위한 전문적인 지원	특정 맥락이나 목표와 관련된 학습	맥락이 시스테믹 관점을 요구할 때, 주로 선형적인 초점 – 고객과 그들의 문제
공인 멘토	학습자가 더 성숙해지도록 지원 (더 지혜롭게)	양육과 도전의 균형 역할 모델링 전문적인 우정	정체성의 전환	효과성은 멘토의 사회적 정서적 및 인지적 성숙도에 의존
행동 과학에 대한 탄탄한 기반을 갖춘 코치 또는 멘토	학습자의 사고의 질을 향상시키기 위해	높은 수준의 상호 개인적 노출변형 체계적 관점	변형	멘토링과 치료 사이의 경계에서 운영되며 지속적인 자기 모니터링이 필요함
상담사	고객이 특정 문제를 해결하도록 도움	비교적 거래적인 (예: 직업 상담) 것에서부터 높은 신뢰와 정서적 연결이 있는 것까지 다양할 수 있음	대처 능력 향상 (예: 스트레스 상황에서) 자원을 더 잘 활용할 수 있도록 되는 것	계약이 다른 역할보다 덜 공식적이어서 역할의 명확성이 부족할 수 있음
심리학자	기능하는 개인이 자신의 사고와 행동의 원인을 이해하도록 돕고 더 나은 선택을 하게 하려는 것	신뢰가 중요함 적절한 수준의 전문적 거리유지를 유지함	자기 효능감	다양한 심리학 학파가 서로 다른 규칙을 설정하고 역할의 명확성을 부족하게 함
정신과 의사	질병을 진단하기 위해 고객이 자신의 기능 장애적인 정신 과정을 인식하도록 하고, 그 과정들을 변화시켜 더 기능적으로 만드는 것	전문가 신뢰가 중요함 높은 수준의 전문적 거리유지	회복	전문적 규제와 감독이 전문가가 합법적으로 도움을 줄 수 있는 방법을 제한함

이다. 각 진술은 일반화된 것이며 개인이 고유한 방식으로 역할을 결합할 수 있음을 강조하는 것이 중요하다. 예를 들어, 학교에서 가장 친했던 선생님들이 내 첫 번째 멘토들이기도 했다.

- 참고: 이러한 구분은 확정적인 것이 아니다. 이러한 구분은 결정적인 것이 아니고, 차이점과 유사점이 어디에 있을 수 있는지를 반영하고 추측하려는 시도이다. 각 역할에 대한 사람들의 관점에 따라 이 표는 다르게 보일 수 있다.

이러한 역할 간에 매우 명확한 구분이 가능하더라도, 그것이 바람직하지 않을 수도 있다. 역할 간의 중첩은 지나치게 좁은 관점을 피하기 위한 중요한 효율성 요소가 될 수 있다. 그러나 우리가 추론할 수 있는 것은 변화가 필요한 상황이 복잡할수록 실무자가 인간의 동기 및 행동 역학에 대해 적절한 수준의 이해를 갖추는 것이 더욱 중요하다는 것이다.

코칭에 대한 수십, 수백 가지의 다양한 학파가 존재하며, 나는 이러한 다양성을 환영한다. 코칭은 심리학에서 수피즘Sufism(역주: 이슬람의 신비주의 및 신비주의 계열의 사상을 총칭하는 말) 무용에 이르기까지 다양한 관점을 제공하는 다른 많은 학문과 철학에서 차용해왔다.(나는 점성술 코칭에는 선을 긋고 매년 만우절 블로그에 핫스톤 코칭(역주: 뜨거운 돌을 올리는 마사지의 한 방식을 가리키는 말로, 저자의 농담임)에 관한 글을 올려 많은 재미를 봤다!)[1]

그러나 이러한 다양성의 단점은 '좋은' 코칭이 어떤 것인지 판단하기가 매우 어렵다는 것이다. 코치들이 관찰 세션에서 다른 코치의 성과를 평가하도록 한 타티아나 바키로바Tatiana Bachkirova의 실험에 따르면 코치들은 주로 '다른 사람들이 내가 하는 방식대로 하는가?'를 기준으로 판단하는 것으로 나타났다. 타티아나와 나는 유럽 최초의 코치 평가 센터(6장에서 자세히 설명)를 함께 세웠는데, 이 센터는 특정 방법론을 뛰어넘어 단순히 세 가지 요소에 초점을 맞추도록 설계되었다.

- 실행을 하기에 안전했나?(예를 들어, 자신의 심리적 짐이 너무 많아서 이를 고객에게 투사한 것은 아닌가?)
- 일관된 코칭 실천 철학을 가지고 있었나?
- 목적의식을 갖고 고객과 세심하게 학습 대화를 나눌 수 있는가?

평가 센터의 코치들은 모두 고객 조직에 기존 공급자로 등록되어 있거나, 경력과 자격에 관한 서류 심사를 통과한 사람들이었다. 그럼에도 불구하고 지속적으로 60~70%가 부족한 성과를 보였다. 이들이 코칭한 시간이나 청구한 수수료는 코칭 역량과 유의미한 상관관계를 보이지 않았다. 일부 전문협회 및 교육 기관에서 높은 수준의 인증을 받은 코치 가운데 일부는 가장 낮은 성과를 내기도 했다.

반면에 '좋은good' 코치들은 종종 뛰어난 성과를 보였다. 평가 센터를 더 많이 운영할수록 우리가 인터뷰하고 관찰한 코치들은 자기 자신(정체성)과 업무(고객과의 관계)에 대해 여러 가지 다른 사고방식을 가지고 있다는 것을 더 명확하게 알 수 있었다. 시간이 지남에 따라 이러한 요소들은 코치의 성숙도Coaching maturity 모델로 집약되었다. 6장에서 간략하게 설명한 코치 개발 센터는 평가 프레임워크를 기반으로 하지만 코치들이 자신의 코칭 실무를 위한 증거기반의 개인 개발 계획을 수립하는 데 도움을 주는 것을 목표로 한다.

이 활동과 관련하여 나와 메긴슨은 동시에 서로 다른 방향에서 코칭의
목표에 대한 일반적 통념에 의문을 갖기 시작했다. 코칭 대화는 명확하고
바람직하게 SMART한 목표에서 시작해야 한다는 개념은 매우 서구적인
개념이며 증거기반이 약하다.

슈퍼비전은 나 자신의 발전과 다른 코치와 멘토의 발전을 지원하는 데
중요한 역할을 해왔다. 1990년대 중반, 나를 포함해 6명의 매우 경험이 풍
부한 코치이자 대부분 이 분야의 연구자이며 작가인 사람들이 모여 최초
의 동료 슈퍼비전 그룹을 결성했다. 우리는 6개월마다 역할을 돌아가면서
맡았기 때문에 시간이 지남에 따라 모든 사람이 다른 사람의 슈퍼비전을
받을 수 있었다. 또한 정기적인 모임을 통해 슈퍼비전의 공통적인 문제를
탐구하거나 특정 전문 지식을 공유하기도 했다. 예를 들어, 내가 게슈탈트
를 처음 접한 자리였는데, 각자가 가지고 있는 경험과 지식의 영역을 서로
공유할 수 있었다. 옥스퍼드 브룩스 대학교에서 첫 코치 슈퍼바이저 과정
을 개설했을 때 나는 방문 교수로서 교수진 또는 참여자의 선택권이 있었
다. 나는 내가 모르는 것을 배우고 싶었기 때문에 참가자를 선택했다. 현
재 나는 전 세계에서 온 코치들을 개별적으로 또는 그룹으로 슈퍼비전을
하고 있다. 여기에는 슈퍼비전을 받을 수 없는 아프리카의 개발도상국 코
치들을 위한 재능기부 프로그램도 포함된다.

나는 멘토를 위한 슈퍼비전을 지원한 경험이 많다. 유럽의 모든 코칭 전
문 기관과 다른 대륙의 많은 기관에서는 코치에게 슈퍼비전을 받도록 요
구한다. 유럽에서 코칭을 구매하는 기업 중 높은 수준의 공식 자격과 정기
적인 전문 슈퍼비전을 받지 않은 코치를 고용하는 경우는 거의 없다. 그렇

다면 왜 멘토에게 같은 기대를 하지 않을까?

임원 코치는 일반적으로 전문가로 여겨지며, 치료나 상담과 같은 다른 직업에 비해 슈퍼비전이 지속적인 전문성 개발, 품질 관리 및 경계 유지에 필수적이며, 특히 고객 보호 측면에서 그렇다. 반면 멘토는 일반적으로 아마추어로 간주되며, 훈련이 덜 되어 있고 무급으로 활동하는 경우가 많다. 그러나 이러한 가정은 여러 가지 이유로 점점 의문을 품게 된다.

- 코치와 동등한 수준의 교육을 받고 고객의 역할에 대한 실질적이고 유관한 경험을 갖춘 전문 멘토가 등장했다. 10여 년 전 EMCC가 이 분야에 대한 최초의 역량 프레임워크를 수립했을 때, 코치와 멘토를 동등하게 언급하면서 코치와 멘토 모두 전문적인 역할을 수행할 수 있으며 이를 위해서는 슈퍼비전이 필요하다는 점을 인식했다. 이 선견지명은 적어도 유럽에서는 멘토 슈퍼비전을 위한 준비된 플랫폼을 제공한다. 특히 북유럽에서는 이전에는 코치가 되는 것을 고려했던 은퇴한 임원들이 전문 멘토가 되는 것을 선호하는 움직임이 증가하고 있다. 이러한 변화의 주된 이유는 첫째, 코치 시장이 혼잡하다는 점과 둘째, 자신의 경험을 가치 있게 인정받고 활용하기를 원하기 때문이다.
- 영국과 덴마크를 포함한 여러 국가의 멘토링 프로그램 관리자들은 멘토 역할을 잘 수행하기 위해 '일반ordinary' 멘토에게 그룹 슈퍼비전을 제공했다. 이러한 세션은 멘토링 프로그램 내의 문제를 드러내고, 멘토들 간의 동지애를 형성하며, 멘토가 더 높은 수준의 지식과 기술을 습득할 수 있도록 지원하는 기회를 제공한다.

- 대부분의 임원 코칭은 특정 단기 스킬 또는 성과 목표를 달성하는 맥락에서 이루어진다. 중기적인 행동 문제를 다루는 경우는 훨씬 적고, 개인의 변화를 목표로 하는 경우는 더 적다. 그러나 멘토링은 상대적으로 높은 수준의 공개와 친밀감을 포함하는 장기적인 관계인 경향이 있다. 멘토링은 멘티가 무엇을 하는 것보다 어떤 사람이 될 수 있도록 돕는 데 중점을 둔다. 따라서 슈퍼비전을 필요로 하는 경계 및 기타 문제가 발생할 잠재력은 깊은 행동적 및 변혁적 문제를 다루는 코치의 경우와 매우 유사하다.

- 같은 조직에 속한 멘토와 멘티는 모든 어떤 압력으로부터 물러설 필요가 있다. 예를 들어, 멘토가 가진 제도와 사내 정치에 대한 지식은 큰 도움이 될 수 있지만 많은 부담이 될 수도 있다. 슈퍼비전은 멘토가 자신의 지식을 언제 어떻게 유익하게 사용할지, 자신의 지식을 언제 '파킹Parking, 미루다'해야 하는지, 자신의 가치, 야망, 커리어 요구와 멘티의 요구를 어떻게 분리할지 결정하는 데 도움이 된다.

- 일반적으로 임원 코칭은 대체로 주어진 임무로 한정된 계약 관계다. 반면 멘토링은 기본적으로 관계이며, 모든 관계와 마찬가지로 복잡하고 내면적으로 이해하기 어렵다. 멘토링에 대한 국제 표준에서는 멘토와 멘티가 정기적으로 관계를 검토할 것을 권장하지만, 슈퍼비전은 멘토가 관계의 역학과 멘티와 함께 신뢰, 개방성, 목적의식을 더욱 깊이 성찰하도록 도와준다. 멘토링에서 가장 흔히 발생하는 문제 중 하나는 '관계의 침체'이다. 쉽고 표면적인 문제가 해결된 후 6개월 정도 지나면 찾아오는 지루함이다. 멘토는 슈퍼비전을 통해 멘티와 협력하여 멘티의 커리어에 훨씬 더 큰 영향을 미칠 수 있는 더 깊은

문제를 탐색할 수 있다. 마찬가지로 멘토링 관계의 종료는 멘토와 멘티 모두에게 어려울 수 있다. 관계가 단순히 사라지면 양쪽 모두 자신이 어떤 식으로든 실패했거나 버려졌다고 느끼게 된다. 멘토에게 이러한 감정을 함께 논의하고 긍정적이고 만족스러운 공식적인 결말을 맺을 수 있는 방법을 계획하는 데 도움을 줄 수 있는 슈퍼바이저가 있다면 그런 일은 거의 발생하지 않는다.

영국 국민보건서비스와 덴마크 노동조합Djøf은 멘토링 프로그램의 효과에 필수적 요소로 슈퍼비전을 도입한 강력한 사례이다. 하지만 소수의 사례로 트렌드가 형성되지는 않는다. 명확한 것은 현재 멘토링을 평가하는 전문 기관과 전 세계에서 생겨나고 있는 멘토링 아카데미가 이 주제를 진지하게 다루고 있다는 점이다.

2021년에 나와 동료들(리제 루이스Lise Lewis, 크레이그 맥켄지Craig McKenzie, 미셸 챈Michelle Chan, 토니 디켈Tony Dickel)은 슈퍼비전을 하는 데 경험이 풍부한 세계 최고의 슈퍼바이저들을 모아 슈퍼비전 실천의 확장을 위한 프레임워크를 개발했다. 이는 빠르게 확장되고 있는 슈퍼비전의 또 다른 분야이다. 이 장에서 나는 코칭의 일곱 가지 대화를 검토하고자 한다. 이는 코치와 그들의 슈퍼바이저가 코칭 대화를 일곱 가지 관점에서 탐구하도록 돕기 위해 개발된 프레임워크이며, 슈퍼비전을 위한 시스테믹 프레임워크이다.

코치 성숙도

코치 성숙도 문제는 처음에는 수십 명, 궁극적으로는 수백 명의 코치들이 코치 평가 센터에 참석하는 것을 관찰하면서 발전했다. 관찰된 코치들의 대화는 고통스럽고 힘들지만 별다른 성과를 거두지 못하는 것부터 에너지 소비는 훨씬 적으면서도 훌륭한 통찰력을 이끌어내는 능숙하고 영감을 주는 것까지 다양했다. 메긴슨과 나는 이러한 관찰을 통해 얻은 결론을 저널과 코칭 핸드북으로 발표했다.2 현재 이 프레임워크는 전 세계 수만 명의 코치들에게 소개되었으며, 최소한 외형적 타당성을 지닌 것으로 보인다. 하지만 주제가 진정으로 확립되었다고 만족하지 않는 나와 여러 학자 및 실무자들은 현재 처음부터 다시 시작하고 있다. 처음에는 이미 개발된 코치 성숙도의 네 단계 모델을 재검토할 계획이었으나, 원래 작업의 영향을 받지 않는 접근 방식을 선택하게 되었다. '코치 되기 과정Becoming of a coach' 프로젝트에서 우리는 여러 국가의 경험이 풍부한 코치들을 인터뷰하여 그들이 오늘날의 코치가 되기까지의 학습 여정을 담아내고 있다. 데이터는 원래 모델을 폭넓게 지지하며, 추가적인 깊은 통찰력도 제공한다. 후자는 완전히 검증된 후에 다른 책의 주제가 될 것이며, 현재로서는 이 연구에 대한 확정적인 발언을 할 준비가 되어 있지는 않다.

원래의 관찰과 반영을 통해, 많은 코치들에게는 모두가 아니라 하더라도 발전 단계를 나타내는 네 가지 코칭 마인드셋이 도출되었다. 이 네 가지 수준은 모델 기반, 프로세스 기반, 철학 또는 학문 기반, 그리고 시스테믹 절충주의 접근이다 models-based, process-based, philosophy or discipline-based, and systemic eclectic(표 7.4).

모델 기반 코칭은 일반적으로 신규 코치가 시작하는 곳이다. 이들은 GROW(목표, 현실, 옵션, 의지) 또는 그 파생 모델 중 하나와 같이 어떤 상황에서도 적용할 수 있는 면밀하게 정의된 접근 방식에 대한 재확신이 필요하다. 대화가 의도한 바를 달성하지 못하면 모델을 제대로 따르지 않는다고 생각하여 더욱 경직된 자세로 모델을 적용하게 된다. 그래서 모델을 따르는 것이 고객의 세계를 탐색하는 것보다 더 중요해진다. 이 코칭은 고객을 향해 코칭coaching to the client하는 것이다. 코칭 세션에서 해결책을 찾아야 하는 주도권은 종종 고객보다 코치에게 더 많이 있다. '좋은 코치는 어떤 상황에서도 누구라도 코칭 할 수 있다는 위험한 신화'는 코칭에 대한 매우 편협한 인식에서 비롯된 것으로 보인다. 종종 그들은 사람 중심의 접근 방식을 추구하면서도 대화를 통제하려는 아이러니를 인식하지 못한다.

프로세스 기반 접근법은 코치가 그들의 경직된 접근 방식이 단순한 스킬 문제와 무관한 상황에서는 효과적이지 않다는 것을 마침내 깨닫게 될 때 발생한다. 이들은 보다 다양한 도구, 기법, 모델을 추가하는 데서 해결책을 찾는다. 이들은 대화를 완전히 통제하기보다는 고객과 어느 정도의 '권한 공유'를 허용할 만큼 여유를 갖는다. 예를 들어, 실험을 시도해도 괜찮은지 허락을 요청할 수 있다. 우리는 이 단계를 고객과 함께 코칭을 하는coaching with the client 단계라고 이야기하지만, 여전히 '존재하기being'보다는 주로 '하기doing'에 가깝다. 이 단계에서 코치는 일상적으로 적용하는 하나 이상의 진단 도구를 코칭에 통합하는 경우가 많다. 이는 고객의 부족한 상태를 돕기 위한 것이지만, 그 효과는 종종 더 미묘한 형태의 통제에 빠지는 경우가 많다. 이제 대화는 모델에 의해 제한되지 않고, 진단에서의 가정에 의해 제한된다.

시간이 지나면서 자신감이 생기고 훨씬 더 많은 리소스를 활용할 수 있게 되면 코치는 '하기'에 초점을 맞추던 것을 버리고 '존재하기'로 전환한다. 코치들은 자신이 하는 일과 자신이 누구인지를 통합한다. 이제 코치들은 도움과 인간 개발에 대한 광범위한 가정 안에서 활동한다. 이들은 게슈탈트처럼 훨씬 더 높은 수준의 성찰적 실천과 자아를 더 많이 활용한다. 자아인식은 고객을 돕는 데 중요한 역할을 하며, 고객이 자신과 자신의 상황을 이해하게 돕는다. 도구 키트는 더 많지만, 더 적은 수의 도구를 훨씬 더 선택적으로 사용한다.

이들은 계속해서 성숙해지면서 더 복잡한 사고방식을 흡수하며, 특히 시스템에 대한 인식과 익숙함을 키운다. 앞서 설명한 것처럼 시스테믹 절충주의 코치는 매우 침착하고 존재감을 드러낸다. 이들은 초기 단계에 있는 코치보다 훨씬 말을 적게 한다. 이들은 코칭의 스킬과 멘토링의 지혜를

표 7.4 **코칭 대화에서 코칭 성숙도의 네 가지 수준 비교**

코칭 대화에서 코칭 성숙도의 네 가지 수준 비교		
코칭 접근 방식	스타일	주요 질문
모델 기반	제어	필요한 곳으로 이동하려면 어떻게 해야 하나? 이 상황에 맞게 내 스킬이나 모델을 조정하려면 어떻게 해야 하나?
프로세스 기반	포함	클라이언트에 충분한 제어권을 제공하면서도 어떻게 하면 목적이 있는 대화를 유지할까? 이 경우 내 프로세스를 적용하는 가장 좋은 방법은 무엇인가?
철학 기반	촉진	고객이 스스로 이 작업을 수행할 수 있도록 도와주려면 어떻게 해야 하나? 내 철학이나 학문의 관점에서 고객의 문제를 어떻게 맥락화할 수 있을까?
시스테믹 절충주의	활성화	우리 둘 다 이 문제를 허용할 만큼 충분히 편안한가? 솔루션이 어떤 방식으로 등장할까? 어떤 기술이나 프로세스를 적용해야 하나? 적용해야 하는 경우 다양한 선택지 중에서 선택하는 방법에 대해 고객의 상황은 나에게 무엇을 알려주는가?

통합하며, 기존 도구를 사용하는 것보다 순간적인 실험을 더 많이 한다. 질문을 덜 하지만, 통찰력 있고 사려 깊다(한번은 평가 센터에서 코치들이 던진 영향력 있고 독창적인 질문을 세어본 적이 있다. 극소수의 예외를 제외하고는 모두 성숙도 후반의 두 단계에 있는 코치들로부터 나온 질문들이었다).

코치 성숙도가 문제가 되는 이유는 무엇인가?

코칭은 훨씬 더 복잡하고 까다로워지고 있다.

1970년대 현대 코칭의 초창기에는 코칭이 골프나 테니스와 같은 특정 업무에 더 능숙해질 수 있도록 도와주는 것이었다. 세기가 바뀌는 수십 년 동안 코칭의 범위는 행동 변화와 개인의 변화를 다루는 것으로 확장되었다.

지난 20여 년 동안 코칭은 시스테믹 관점을 통합했다. 이제 코칭의 영역은 중첩된 복잡성으로 볼 수 있다.

- 개인을 위한 스킬 코칭
- 개인이 시스템의 일부인 시스템과 함께 작업할 수 있도록 지원
- 개별 리더가 팀에서 코칭 문화를 만들 수 있도록 지원
- 팀과 리더가 함께 코칭
- 팀 오브 팀 코칭
- 조직 코칭

팀 코칭의 세계에서 권장되는 모범 사례는 코치가 짝을 이루어 효과적인 팀 워크를 롤 모델링 하는 것이다. 각 복잡성 수준에서 코치는 복잡성,

혼란, 무질서를 다루기 위해 더 높은 수준의 성숙도를 요구한다.

기본 수준의 코칭이 점점 더 위협받고 있다.

코치봇과 인공지능은 이미 기술과 기본적인 행동 변화 수준에서 기존의 일대일 코칭을 잠식하고 있다. 현재의 신경망 컴퓨터neural networking computer는 예측 가능한 모든 대화를 시뮬레이션할 수 있다. 수백만 건의 코칭 대화가 기록된 코칭 플랫폼은 인공지능이 단순한 모델에 기반한 코치보다 더 목적이 있고 빠르게 반응하는 대화를 할 수 있는 시점에 근접해 있다. 동시에 교육계는 네 번째 R(읽기Reading, 쓰기Writing, 셈하기Arithmetic, 그리고 성찰Reflection)의 가치를 인식하기 시작했다. 수백만 명의 학생들이 코칭과 멘토링의 기초를 배우고 있으며, 이러한 추세는 점점 더 확대될 것이다. 세 번째 R인 산수를 비유해 보겠다. 회계사나 천문학자가 되기 위해서는 기본적인 산술 능력을 쌓기 위해 훨씬 더 많은 공부가 필요하다. 코치도 마찬가지로 기본을 훨씬 뛰어넘는 기술을 습득하고 발전시켜야 한다.

인증 인플레이션

코칭 전문 기관에서 코치의 지속적인 개발을 강조하는 것은 코치가 자신의 실행을 개선하는 데 더 관심을 기울이게 된다는 점에서 좋은 일임에 틀림없다. 그러나 부작용으로는 인증이 마케팅 도구가 되어 '내가 더 높은 수준의 인증을 받았기 때문에 당신보다 코치로서 더 신뢰도가 높다.'라는 식의 홍보가 이루어지고 있다는 것이다. 인증 수준과 효능 간의 연관성은 – 아마도 석사 학위 수준을 제외하고는(이는 전문 기관의 '마스터'라는 용어와 동등하지는 않다) 증거가 미약하다. 코치들은 자신의 인증 수준이 코치로서 얼마나 효과적인지를 결정한다고 생각하기 쉽지만, 그 상관관계는 입증된 바가 없다. 갈까마귀 효과(수집에 매력을 느끼는 경향)는 코치가 점점 더 많은 자격을 쌓지만 진정한 성숙으로 이어지는 자기 계발에는 실패하는 현상으로, 슈퍼비전에서 흔히 관찰된다.

골치 아픈 목표 문제

존 휘트모어 경은 세상을 떠나기 얼마 전 비욘드 골스Beyond Goals3와의 인터뷰에서 GROW 모델의 기원에 대해 이야기했다. 원래는 VROW(비전을 뜻하는 V가 들어간)였어야 했지만, 그다지 눈에 잘 띄지 않았다고 한다.

목표를 설정하고 추구하면 사람들은 중요한 일에 집중하고, 일정을 정하고 지키며, 어느 정도는 자신이 통제하고 있다고 느낄 수 있다. 하지만 목표에 지나치게 집중하면 대가가 따른다. 연구4 결과는 다음과 같다.

- 더 큰 그림을 보지 못하여 다른 기회나 위협을 알아채지 못함
- 단기적 사고
- 윤리적 실패(목표 달성이 눈앞에 있는데도 목표에 도달하지 못하면 부정행위를 하는 경향이 있다!)
- 학습 억제, 특히 목표가 다른 사람의 이익을 위한 것이어서 동기가 내재적이기보다는 외재적일 때 더욱 그렇다.

상황을 더욱 복잡하게 만드는 것은 '목표goal'라는 단어가 다양한 의미를 가지고 있다는 점이다. '열망하는 목표'에서부터 옥스퍼드 영어 사전의 '경

계 또는 한계'에 이르기까지 다양하다(이는 사람들의 상상력과 정신을 해방시킨다는 코칭의 개념과 매우 대조적이다!).

특히 1990년대의 코칭 문헌에서는 목표가 구체적이고, 측정 가능하며, 달성 가능하고, 현실적이고, 시간제한이 있는 SMART한 것이어야 한다는 점을 강조하지만, 목표가 무엇인지에 대해서는 별로 언급하지 않았다. 코칭에서 목표와 관련된 문헌의 대부분은 단순하거나 오해의 소지가 있다. 예를 들어, 문헌은 목표를 원하는 결과로서의 목표와 원하는 결과를 향한 상대적으로 단기적인 이정표로서의 목표 간의 관계를 거의 구분하지 않는다. 또한, 고객의 시스템이 목표 달성 가능성에 미치는 영향을 고려하지 않는 선형적 시각을 취한다.

코칭과 멘토링에서 목표 설정과 추구에 대한 기존의 통념은 구체성과 집중을 강조한다. 그러나 우리가 축적한 학문적 및 실무적 연구의 증거는 이 시각이 단순하다는 사실을 제시하고 있다. 효과적인 코칭은 종종 복잡하고 불명확하며, 발생적이고 진화하는 목표를 다루는 경우가 많다. 실제로 코칭과 멘토링은 이러한 특성으로 시작하는 것보다 목표 명확성과 목표에 대한 헌신을 달성하는 과정에 더 중점을 둔다고 주장할 수 있다.

코치의 역할은 코치이가 자신의 목적(보다 큰 틀에서 달성하고자 하는 목표)을 검토하고 이를 달성할 수 있는 다양한 방법을 모색하도록 돕는 것이다. 코치이나 멘티가 대화에 가져오는 원래의 목표는 자신과 외부 상황을 더 잘 이해하게 되면서 다른 것으로 진화하는 경우가 많다. 목적purpose과 목표goal의 차이에 대한 나의 정의는 표 7.5에 나와 있다.

개인, 팀, 조직, 사회 등 어떤 수준에서든 건강한 시스템은 목적과 목표가 일치하는 시스템이다. 코칭이 목표에서 시작되면 잘못된 목적을 추구

표 7.5 **목적 대 목표**

목적 대 목표	
목적	목표
우리가 살고 싶은 세상을 상상하고 이를 실현하기 위한 우리의 역할	이러한 세상을 만드는 데 도움이 되는 행동, 결정 및 중간 단계

할 가능성이 높다. 목적을 가지고 시작하는 것조차도 너무 빠를 수 있다. 코치들은 고객이 의미 있는 방식으로 목적을 정의하는 데 어려움을 겪는다고 수시로 말한다. 사람들은 깊은 성찰을 거친 후에야 비로소 개인적인 목적에 대해 생각할 수 있는데, 많은 코칭 고객들은 '일'을 하느라 너무 바빠서 추상적인 것에 대해 생각할 겨를이 없다. 정체성, 가치, 자원의 세 가지 영역을 탐색하는 데서 시작하는 것이 훨씬 더 효과적이다. 자기 성찰 능력이 부족한 사람들에게는 이 또한 상당히 어려울 수 있지만, 어디선가 시작해야 한다!

정체성

- 당신은 누구인가요?
- 어떤 사람이 되고 싶은가요?
- 지금 하고 있는 일이 장래 희망과 어떻게 일치하나요?
- 자신이 원하는 사람이 되는 것을 방해하는 요소는 무엇인가요?
- 자신이 되고자 하는 사람이 되기 위해 누가/무엇이 당신을 지원하나요?

가치

- 무엇에 관심이 있나요?
- 이것이 중요한 이유는 무엇인가요?
- 어떤 차이를 만들고 싶고, 그 이유는 무엇인가요?

지원

- 얼마나 잘 지원받고 있나요?
- 개발 네트워크에는 누가 있나요?
- 이것이 당신의 가능성에 대한 인식에 어떤 영향을 미치나요?
- 업무 및 업무 외 역할에서 더 효과적으로 일할 수 있도록 도와주는 자원은 무엇인가요?

목적

- 어떤 기여를 하고 싶은가요?
- 스스로를 위해 무엇을 성취하고 싶은가요?
- 이것의 요점은 무엇인가요?
- 10년 또는 20년 후에 돌아봤을 때 가장 큰 만족감을 줄 수 있는 성과는 무엇인가요?
- 현재 상태의 문제점은 무엇인가요?

사람들이 목표를 너무 일찍 설정하면 더 이상 원하는 것이 아님이 분명한데도 그 목표에 매달리고 싶은 강한 충동이 생기는 경우가 많다. 의사결정에서는 이를 매몰 '함정'이라고 부른다. 따라서 코치는 고객이 명확한 목표를 설정하도록 강요하지 말고 그저 목표가 떠오르도록 내버려 두어야 한다. 코치가 대화에 목표를 제시할 때 물어볼 수 있는 유용한 질문은 다음과 같다.

- 왜 이 목표일까요? 왜 지금일까요?
- 이것이 진정한 목표인가요, 아니면 다른 사람의 목표인가요?
- 더 큰 목표의 하위 집합인가요, 아니면 여러 개의 연결된 목표인가요?
- 이 목표가 여러분의 가치관과 어떻게 일치하나요?
- 이 목표를 달성하기 위해 무엇을 대체할 수 있나요?(즉, 목표를 달성하기 위해 무엇을 중단해야 하는가?)

목표에 대한 헌신 평가

목표가 정해졌다고 해서 고객이 그 목표에 우선순위를 부여하는 것은 아니다. 사람들이 코칭과 멘토링을 받으러 올 때는 부분적으로만 생각한 목표를 가지고 오는 경우가 많다. 다른 사람들이 강요하는 목표를 가지고 올 수도 있다. 또는 코치나 멘토를 기쁘게 해주고 싶어서 목표에 뛰어드는 경우도 있다. 이러한 상황에서는 그들이 목표에 얼마나 헌신하고 있는지 다시 검토하는 것이 중요하다. 단순히 헌신하고 있는지 묻는 것만으로는 정직하거나 신중한 대답을 얻기 어려울 수 있다. 특히 그들이 목표를 추구해야 한다는 의무를 느끼는 경우에는 더욱 그렇다.

나는 코치 및 멘토들과 함께 실무 작업을 하면서 오랜 시간 동안 테스트를 거친 두 개의 프레임워크를 개발했다. 하나는 고객에게 10가지 문항에 대해 자신의 헌신 수준을 평가하도록 요청하는 간단한 '헌신 테스트test of commitment'이다.

10) 이것을 반드시 성취하겠다는 결심이 확고하다

9) 이것을 이루기 위해 큰 희생을 감수할 준비가 되어 있다

8) 이것을 나의 최우선 사항으로 삼겠다

7) 이것은 나의 주요 우선 사항 중 하나가 될 것이다

6) 이것은 나에게 매우 중요하다

5) 이것은 나에게 꽤 중요하다

4) 이 일을 해야 한다는 의무감을 느낀다

3) 이게 내가 정말 원하는 것이 맞는지 확신이 서지 않는다

2) 나는 상당히 주저하고 있다

1) 이 일을 죽어도 하지 않을 것이다!

6점 미만은 거의 발생하지 않는다!

두 번째 모델(그림 7.1)은 워크숍에 참석한 사람들에게 금연과 같이 시도는 성공적이었지만 지키지 못한 중요한 변화에 대한 이야기를 들려달라고 요청하는 것에 착안했다. 인식은 변화의 필요성에 대한 초기 상태의 불만 또는 인식을 의미한다. 어떤 경우에는 스스로 생성된 것이 아니라 다른 사람의 피드백일 수 있으며, 우리는 이를 무시하거나 받아들일 수 있다. 이해는 더 깊은 수준의 인식으로, 변화하지 않을 때의 결과가 더 명확해지고, 결정을 내려야 한다는 압박감이 커지는 단계이다.

수용은 우리가 무언가를 해야 한다는 것을 스스로 인정할 때 일어난다. 그러나 생각과 행동 사이에는 큰 차이가 있을 수 있다. 수용은 주로 지적

인 과정이다. 헌신은 지성과 감정을 통합한다. 또한 일반적으로 누군가의 도움이 필요하다. 따라서 코치와 멘토의 역할은 우리의 양심 역할을 하는 것이다. 약속을 지키지 않을 경우, 우리가 다른 사람을 실망시킨다고 느끼면 자존감이 낮아질 수도 있다.

헌신을 다지기 위해서는 변화를 실행할 수 있는 실질적인 방법, 즉 열정이 식기 전에 시작할 수 있는 계획이 필요하다. 계획은 이해하기 쉽고 초기 첫 단계들이 명확해야 한다. 마지막으로, 헌신을 지속하고 유지하려면 내재적(예: 기분이 훨씬 나아졌어요) 또는 외재적(예: 동료의 긍정적인 피드백)인 긍정적 강화가 필요하다.

목표를 설정하고 그것을 달성하기 위한 경로를 시작한 후, 진행은 여러 요인에 의해 영향을 받을 수 있다. 그중 몇 가지는 다음과 같다.

- 동기부여(나와 타인에게 얼마나 중요한가? 에너지 혹은 무관심을 불러일으키나? 그것이 가져올 변화를 얼마나 잘 예측할 수 있나?)
- 맥락적 인식(현재 상황을 얼마나 근거에 입각하여 파악하고 있나? 어떤 다른 관점을 고려하고 있나?)
- 소유권(목표를 직접 선택했나, 아니면 대신 선택해주었나? 이 목표를 당신과 공유하며, 그 결과에 이해관계를 가진 사람은 누구인가?)
- 명확성(목표를 달성했을 때 어떤 모습과 느낌이 들까? 결과를 상상할 수 있나?)
- 측정 가능성(발전하고 있는지 어떻게 알 수 있나?)
- 안정성(고정된 목표인가, 움직이는 목표인가? 목표가 쓸모없어지거나 더 중요해질 수 있는 주변의 변화는 무엇인가?)

- 개인적인 가치(이 문제를 해결하는 것이 당신 마음속 깊은 곳의 어떤 니즈와 신념을 충족시키나?)
- 이전 목표 달성 경험(목표를 달성할 수 있는 능력에 얼마나 자신이 있나? 성공의 습관이 있나?)

긴급한 목표

미국 코치 200명을 대상으로 한 카우프만Kaufmann과 코투Coutu의 설문조사에서 8명을 제외한 모든 응답자가 코칭 과제가 진행됨에 따라 목표는 종종 변경되었고, 이는 고객이 실제로 필요로 하고 원하는 것에 대한 새로운 통찰에 따라 조정되었다고 답했다. 이는 4장의 코칭 및 멘토링의 상황별 모델과 일치한다.

내부 맥락과 외부 맥락을 더 명확하게 이해할수록 이를 종합하여 새로운 인사이트를 창출하고 다양한 목표를 달성하기가 더 쉬워진다.

목표에 관한 책을 연구하면서 메긴슨과 나는 많은 코치와 관리자에게 현재 가지고 있는 목표가 어디에서 시작되었는지 물었다. 우리가 발견한 것은 커리어 전환에 관한 연구에서 헤르미니아 이바라Herminia Ibarra가 설명한 출현 과정을 강력하게 받쳐주고 있었다.[5] 우리는 자기 주도적으로 설정한 목표의 '목표 주의력' 혹은 출현의 세 가지 단계를 확인했다. 첫 번째 단계인 '가려움itch' 단계에서는 우리의 일반적인 인식 속에 여러 가지 작은 불만이 존재한다. 대부분의 경우, 우리는 이러한 불만을 지나가는 짜증으로 받아들이고 사라지기를 기대한다. 신체적 측면에서 보면, 자극이 지속되거나 통증 회로를 활성화할 때 비로소 우리는 자극stimulus에 관심을 기울이기 시작한다. 그러면 우리는 보통 의식적이든 무의식적이든 '이것이

다른 작업에서 주의를 돌릴 만큼 중요한 일인가?'라고 질문하게 된다. 예를 들어, 생각할 시간을 갖기 위해 임시 해결책을 택할 수도 있지만, 이제 문제를 해결해야 한다는 인식이 높아졌다. 그러나 문제를 어떻게 해결할 것인지는 시간과 숙고가 필요하다. 목표가 달성 방법에 대한 생각을 자극한다고 가정할 수 있지만, 인터뷰에 참여한 사람들의 이야기에 따르면 목표는 그보다 훨씬 더 복잡하고 반복적인 것으로 나타났다. 예를 들어, '무엇을'을 결정하기 전에 '왜'를 발견하는 것이 중요한 경우가 많다. 명확한 목표가 떠오를 때, 이전 성찰이 남긴 배경이 목표 달성을 위한 동기의 뿌리가 되어준다. 우리는 목표와 우리의 가치 및 미래의 정체성을 연결하는 질문을 이미 했기 때문에, 실험하고 실패에서 배우며 좌절을 극복한다.

하지만 목표를 더 깊이 탐구하면서 출현 모델이 목표 설정과 목표 관리의 복잡성을 제대로 포착하지 못한다는 사실을 깨달았다. 다른 모든 관심 분야와 마찬가지로 목표 설정과 관리도 생각보다 훨씬 더 복잡하고 표준 목표 이론이 암시하는 바가 많다는 것을 알게 되었다.

다시 한번 코치와 리더들이 목표가 어떻게 생겨났고 어떻게 목표를 달

표 7.6 **목표 설정 방법**

목표 설정 방법		
자극	반응	프로세스
목표	득점	결과가 나올 때까지 계속 진행한다
질문	더 나은 질문	언제든지 중단할 수 있으며, 언제든지 다시 시작할 수 있다
가려움	긁음	인정할지 무시할지 결정한다

성했는지에 대해 이야기하는 것을 들어보았다. 이 이야기들의 현실은 일관성이 없었고 또한 예측 가능한 선형적 프로세스를 따르지 않았다. 그림 7.1은 하나의 공통된 내러티브를 포착한다. 다른 문화와 환경에서 다른 사람들과 이 연습을 반복했다면 패턴이 달라졌을 수도 있다. 따라서 나는 이 모델을 코치이나 멘티가 자신의 목표 달성 내러티브를 성찰하고 구축하도록 자극하기 위해 사용한다.

위의 간단한 모델에서와같이, 의도적인 변화의 여정의 출발점은 내부 또는 외부에서 생성된 자극이어야 한다. 이러한 자극은 반응적 대응을 생성한다.(예를 들어, "발표를 망쳤어. 다음에는 청중에 대해 더 잘 조사할 거야") 이러한 생각이 변화에 대한 의도로 발전하는데, 이를 반응적인 목표라고 할 수 있으며, 이 단계에서는 본능적이고 상대적으로 명확하지 않다. 이 목표는 바람직한 결과로 나아가기보다는 원치 않는 결과를 피하려는 동기가 더 강할 수 있으며, 반응적 목표를 달성하기 위한 본능적인 단계도 포함될 수 있다. 초기의 본능적인 반응이 지나가고 나면, 우리의 느린 두뇌slow brain(다니엘 카너먼의 설명대로)는 보다 차분하고 이성적으로 목표를 바라볼 수 있게 된다. 성찰과 맥락화Reflection and contextualisation를 통해 목표에서 한 걸음 물러나 더 넓은 맥락에 놓고 우리의 가치와 장기적인 목적을 점검할 수 있다. 또한 목표가 우리가 추구하는 다른 목표와 어떻게 부합하는지 검토할 수도 있다. 이 과정에서 목표를 크게 수정하는 경우가 많다. 목표를 소유하고, 이를 합리적 맥락 안에 놓을 수 있을 때, 목표는 조정된다. 여기서 목표에 대한 헌신의 과정이 시작된다. 이제 우리는 목표를 추구하는 방법과 그 이유에 대한 명확한 계획을 가지고 있으며, 목표가 더 깊이 고려된 것처럼 느껴지고, 이를 전체 또는 일부 달성할 수 있는 능력에 대

그림 7.1 **변화에 대한 약속**

한 자신감이 커진다. 그리고 우리는 행동할 동기를 부여받게 된다.

명확한 방향 감각과 이를 추구하려는 동기가 있다면, 적용은 그것을 실행에 옮기는 것이다. 좌절은 목표 자체를 되돌아보고, 목적과 다시 연결하고 실험하면서 원점으로 돌아가게 한다. 목표가 행동의 변화라면 이제 새로운 습관이 형성되고 있는 것이다. 하지만 이 모멘텀을 유지하려면 동기부여 연구에 관한 많은 학술 문헌에 등장하는 자기효능감을 유지하는 것이 중요하며, 이를 위해서는 우리가 진전을 이루고 있다는 사실을 인식해야 한다. 이러한 인식이 내부적으로나 외부적으로 모두 이루어질 경우, 혼자만의 인식보다 더 강력할 가능성이 높고, 재발이 적을 것이다. 코치와 비즈니스 리더의 설명에 나타난 차이점 중 하나는 코치가 목표 설정과 목표 추구 과정 전체를 되돌아보고 성찰하는 것의 가치를 더 강조하는 경향이 있다는 점이다. 그리고 경험이 많은 코치일수록 이 과정을 더 중요하게 여겼다. 또한 경험이 많은 코치일수록 자신의 역할 중 핵심적인 부분은 고객이 목표 중심의 개발 여정을 되돌아보는 스킬과 습관을 개발하도록 돕는 것이라고 인식하고 있었다.

코칭에서 목표의 일반적인 혼란은 목표가 매우 다양한 성격을 가질 수 있다는 사실로 인해 더욱 악화된다. 일반적인 차원으로는 다음과 같은 것들이 포함된다.

- 볼록(안으로 초점이 맞춰져 선택지를 좁힘) 혹은 오목(밖으로 초점이 맞춰져 선택지가 넓어짐)
- 자체 주도형 혹은 외부 주도형(즉, 내부 생성 또는 외부 생성)
- 접근 혹은 철수(멀리 이동 또는 가까이 이동)

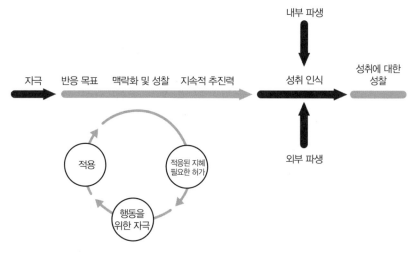

그림 7.2 **목표 추구와 성취에 대한 복잡한 이야기**

- 단기, 중기 혹은 장기
- 특정 혹은 일반
- 독립적인(그 자체로 끝나는) 목표 혹은 잘 정의되지 않은 다른 큰 목표를 향한 징검다리 역할

    따라서 코치나 멘토가 고객이 목표를 설정하고 이를 달성하도록 돕는 과정은 생각보다 훨씬 더 복잡하다. 우선, 적절한 개입 전략을 선택하기 위해 목표가 어느 정도 진전되었는지를 파악하는 것이 중요하다. 코치/멘토와 고객 모두 서로 다른 목표 유형을 해결하기 위해 서로 다른 전략이 필요하기 때문에 목표의 종류를 명확히 하는 것도 중요하다. 마지막으로 코치/멘토는 목표가 설정된 상황과 목표 달성에 도움이 되거나 방해가 될 수 있는 상황을 이해하고 고객의 이해를 도와야 한다.

슈퍼비전

슈퍼바이저에서 7가지 코칭 대화 활용하기

    코칭 또는 멘토링 대화는 언제 시작하나? 분명한 대답은 고객이 방에 들어올 때(대면 또는 가상)이다. 하지만 그때는 정신적으로 준비하기에는 너무 늦다. 마찬가지로 고객이 방을 나간다고 해서 대화가 끝나는 것도 아니다. 오히려 효과적인 코칭과 멘토링에서는 한참 후에도 대화가 계속된다. 계획했든 계획하지 않았든, 실제로 코치와 고객은 대화 전, 대화 중, 대화 후에 모두 마음속으로 성찰적인 대화를 진행한다. 이러한 각각의 추가 대화는 코칭 대화의 성격과 효과에 중요한 역할을 한다(그림 7.3).

코칭의 일곱 가지 대화는 코치들이 자주 '고착화stuck'된다는 사실을 깨달은 후 고안되었다. 코치들은 코칭 관계가 제대로 작동하지 않거나 고객에게 충분한 가치를 전달하지 못하고 있다는 일반적인 느낌은 있었지만 그 이유를 정확히 파악할 수 없었다. 인터뷰, 관찰, 슈퍼비전을 통해 분명해진 것은 코칭 세션에서 고객과 소통하는 방식에 문제가 있는 것이 아니라 코칭이 진행되는 동안 이뤄지거나 이뤄지지 않는 침묵 대화에 문제가 있는 경우가 많다는 것이었다. 코칭 세션 전과 후에 고객의 머릿속에는 두 가지 대화가, 말하기 대화 중에는 두 가지 대화가, 그리고 그 후에는 두 가지 대화가 각각 일어난다. 7번의 대화로 관점을 확장하는 것은 자기 성찰과 슈퍼비전 모두에서 매우 유용하다는 것이 입증되었다. 성찰과 분석의 초점을 코치의 말이나 행동에서 코치와 고객 사이의 대화로 옮긴다. 따라서 대화의 역동을 이해하는 데 있어, 보다 시스템적 접근을 허용한다. 일곱 가지 대화는 다음과 같다.

1. 대화 전 코치의 성찰(코칭 대화 전 코치의 준비된 생각)
2. 대화 전 코치이의 성찰/준비적 사고
3. 대화 중 코치의 내재적, 무언의 성찰
4. 음성 대화
5. 대화 중 코치이의 내재적, 무언의 성찰
6. 대화 후 코치의 성찰
7. 대화 후 코치이의 성찰

음성 대화에 관해서는 방대한 문헌이 있고, 참고할 수 있는 많은 도구와

그림 7.3 **코칭과 멘토링의 7가지 대화**

모델이 있고,[6] 그리고 코치의 세션 후 성찰에 관한 자료도 있다.

　그러나 세션 전 코치 성찰 관련 안내 자료는 빈약하고, 고객의 세션 전후 성찰과 관련된 자료는 더욱 적다. 하지만 코칭이 협력적인 노력이라면, 양측의 내면 대화도 똑같이 중요하다.

　세션 전 코치의 내면 대화의 목적은 정신적으로 준비하는 것이다. 여기에는 특히 세 가지 측면이 관련되어 있다.

- *맥락 (Context)*: 코칭 대화에 몰입하는 데 도움이 되거나 방해가 될 수 있는 어떤 일이 고객의 세계에서 일어나고 있나?

- *회피 (Avoidance)*: 이 고객이 회피하는 문제나 감정은 무엇인가? 코치는 어떤 문제를 피하고 있나? 코치와 고객 사이에 어떤 공모가 일어나고 있나?

- *태도(Attitude)*: 코치는 고객에 대해 어떻게 생각하나? 호감도나 비호감도가 관계에 어떤 영향을 미치나?

코치이의 준비도 마찬가지로 중요하다. 코치는 고객이 이전 세션의 결과로 수행한 것과 수행하지 않은 것, 탐색하고 싶은 사항, 피할 수 있는 것을 검토하는 준비 시간을 갖도록 촉구할 수 있다(그리고 기대할 수 있다). 마찬가지로 고객이 대화를 기대하고 있는지, 기대하지 않는다면 그 이유는 무엇일까? 고객은 코치가 그들을 도와야 할 책임이 있다.

코칭 세션에서 코치는 필연적으로 내부 대화 또는 '행동 중 성찰 reflection-in-action'을 진행하게 된다(Schon, 1983). 대화에 완전히 참여하면서 가능한 한 냉정하게 관찰하려면 스킬이 필요하다.

숙련된 코치들이 스스로에게 던지는 질문에는 다음과 같은 것이 있다.

- 내 경청의 품질은 어떠한가?
- 내가 무엇을 관찰 또는 듣고 있나? 혹은 관찰하지 않고 있나?
- 내 직관이 켜져 있나?
- 내가 어떤 가정을 하고 있나? 이러한 가정이 나의 경청과 이해에 어떻게 필터 역할을 하고 있나?
- 다음 질문을 생각하는 데 너무 많은 신경을 쓰고 있는 건 아닌가?
- 고객이 말하지 않는 것은 무엇인가?
- 지금 내 기분은 어떠한가? 불편한 기분이 든다면 무엇이 나를 그렇

게 만드는가?

- 지금 고객의 기분은 어떠한가?

이 침묵의 대화가 진행되는 동안 음성 대화는 계속 진행되며 간헐적인 멈춤으로 이후 계속 이어진다. 코치는 대화의 구조, 분위기, 속도, 맥락을 파악하는 것이 중요하다. 예를 들어, 누가 대부분의 대화를 하고 있나, 대화가 목적에 부합하나?

고객이 의식하지 못할 수도 있지만, 고객의 마음속에서도 조용한 대화가 진행되고 있다. 고객은 코치에게 어느 정도 수준에서 어떤 말을 할 것인지, 얼마나 솔직하게 말할 것인지, 그리고 자신의 말과 감정에 얼마나 주의를 기울일지를 선택하고 있을 것이다. 코치의 역할 중 하나는 이러한 내부 대화를 거울로 삼아 말하지 않은 생각을 드러내고 내담자의 자아인식을 높이는 것이다. 이러한 방식으로 코치는 고객이 자기 관찰에 더 능숙해지도록 돕는다.

'행동 중 성찰'은 코칭 세션이 끝난 후에 이루어진다. 코치는 미팅이 아직 기억에 생생할 때 이전의 5가지 대화를 검토해야 한다. 아래의 다섯 가지 질문은 이를 위한 실질적인 프레임워크를 제공한다.

- 내가 어떻게 도움을 주었는가?
- 내가 어떤 선택을 했고 그 이유는 무엇인가?
- 나는 무엇을 배웠나?
- 내게 어떤 우려 사항이 있나?
- 나는 무엇을 슈퍼비전에 가져가고 싶은가?

마지막으로 코칭 대화를 검토할 성찰 공간을 어디서, 언제, 어떻게 찾을지, 그리고 그 결과로 무엇을 하고 싶은지 고객과 합의하는 것이 좋다. 예를 들어, 이 문제에 대해 누구와 논의하고 싶은가? 물론 이러한 성찰의 일환으로 다음 코칭 세션에 무엇을 가져오고 싶은지를 고려할 수 있으므로 선순환을 만들 수 있다!

일곱 가지 대화를 통해 가장 흔히 접할 수 있는 문제는 다음과 같다.

- 코치가 자신이 고객에게 '실패했다'고 느낄 때
- 고객이 뚜렷한 이유 없이 계속 미룰 때
- 코치가 방 밖의 다른 사람들의 존재나 영향력을 느낄 때
- 대화가 빙글빙글 돌고 진전이 거의 없을 때
- 직감적으로 코치가 대화나 관계에서 중요한 것을 놓치고 있다고 느낄 때

나는 이러한 대화를 통해 가능한 한 많은 세부사항을 추출하는 것이 나와 코치의 이해에 도움이 된다고 생각한다. 각 대화가 코칭 세션과 그 결과에 어떤 영향을 미쳤을까? 적절한 경우, 나는 코치에게 대화를 다시 떠올리게 하여 다양한 측면(예: 대화의 내용, 감정, 고객의 감정에 대한 인식, 대화에서 얻은 목적의식)에 주의를 기울이도록 요청한다. 주의 집중력을 높이는 데 도움이 되는 질문은 다음과 같다.

- 나는 무엇을 보고/경험하고 있는가?
- 내가 보고/경험하지 못하는(존재하지만) 것은 무엇인가? [예:방에 또

누가 있는가?]

- 내가 보고/경험하지 못하는(그리고 존재하지 않는) 것은 무엇인가?
- 어떤 지식/이전 경험에 연결되어 있는가/연결되지 않고 있는가?

우리는 대화의 질감texture을 다양한 관점에서 탐색하기도 한다.

- 분위기: 온도, 밝음/어두움, 색상
- 흐름: 속도, 에너지, 방향, 목적의식
- 효과성: 무엇이 바뀌었거나 변화를 위한 기반이 마련되었는지
- 개방성: 자기 정직성, 본능적 반응, 보디랭귀지
- 정체성: 자아인식, 진정성, 타인의 인식에 대한 인식
- 소유권: 코치 주도, 고객 주도, 공동 소유, 공동 소유권 박탈
- 창의적 사고: 다양한 관점, 제약 혹은 제약 없음
- 세심함: 뉘앙스, 무언의 의미, 무언의 커뮤니케이션, 고객과 함께 있는 것 또는 고객을 지지하는 것
- 초점: 볼록 또는 오목(즉, 매우 구체적인 주제에 초점을 맞추고 있는지, 아니면 더 넓고 담론적으로 초점을 맞추고 있는지, 또는 이러한 초점 사이를 앞뒤로 이동하고 있는지)

대부분의 경우 이 분석은 눈에 띄지 않는 연결고리와 패턴을 드러낸다. 예를 들어, 고객이 세션 전 자신의 성찰에 솔직해지기를 꺼려할 경우 말로 하는 대화에서 방어적이 되고, 이후 변화에 대한 헌신에도 저항하게 된다는 것을 코치는 인식하게 된다. 또한 세션에서 보이는 겉으로의 동의는 문

제에 참여한다기보다는 코치를 '돕기' 위한 순응에 더 가깝다는 것을 알게
된다. 이러한 슈퍼비전 세션에서 얻은 중요한 교훈은 대화는 코칭 관계의
작은 부분에 불과하다는 것이다. 따라서 코치는 고객에게 최대한의 혜택
을 주기 위해 7가지 대화를 모두 활용해야 한다.

체계적인 코칭 슈퍼비전 모델

코치 슈퍼비전의 시스템을 떠올리면 피터 호킨스와 로빈 쇼헤트Robin
Shohet의 세븐 아이즈 모델Seven-eyes model7이 바로 떠오른다. 이 귀중한
접근 방식은 코치와 코치 대상자의 관계를 안팎으로 살펴볼 수 있게 다양
한 관점을 제공한다. 하지만 시스템을 바라보는 방법은 한 가지가 아니며,
옥스퍼드 브룩스에서 수강한 대학원 학위 프로그램은 한동안 내 마음속에
있던 모듈에 살을 붙일 수 있는 계기가 되었다. 코칭과 코칭 슈퍼비전 모
두에 대한 나의 체계적인 관점은 펠트만Feldman과 랭카우Lankau8 (2005)의
영향을 받았다. '코치는 임원의 행동이 단순히 내재적 심리적 힘의 결과일
뿐만 아니라 다양한 이해관계자 그룹이 임원에게 요구하는 여러 업무적
요구(종종 일관성이 없거나 비현실적이거나 모호한 성격을 가지는)에 대한 반응이
라는 것을 가정한다. 행동은 조직의 역학적 맥락에서만 이해될 수 있다.'
　이 모델(그림 7.4)에서 고객, 코치, 슈퍼바이저는 모두 자신이 누구인지,
때로는 어떤 사람이 되고자 하는지에 따라 서로 다른 관점을 가지고 있다.
　이것은 필연적으로 서로 다른 세계관을 자극한다. 이는 슈퍼바이저에게
는 슈퍼비전 철학으로, 코치에게는 코칭 철학으로, 그리고 고객에게는 세
상이 어떻게 되어야 하는지에 대한 일련의 가정으로 표현된다. 고객은 명

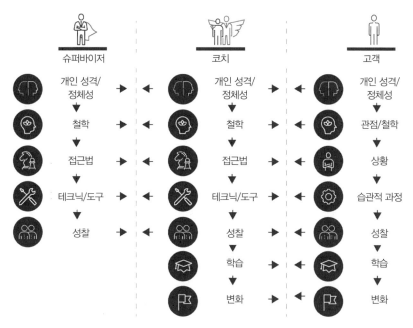

그림 7.4 **슈퍼비전의 시스테믹 관점**

확하고 구체화된 철학 없이도 작동하고 진전을 이룰 수 있지만, 코치는 철학의 부재가 자기 이해에 장애가 될 수 있으며, 슈퍼바이저는 슈퍼비전 시스템의 복잡성을 맥락화하는 데 어려움을 겪을 수 있다.

철학적이거나 개인적인 관점에서, 고객은 자신의 상황을 이해하기 위한 방법을 선택한다.[9] 또한 의식적으로 또는 무의식적으로 무엇에 주의를 기울이고 무엇을 무시할지 결정한다. 코치는 자신이 편안하게 느끼는 접근 방식(예: 솔루션 중심)에 따라 방법론을 선택한다. 슈퍼바이저는 또한 자신의 접근 방식뿐만 아니라 코치의 접근 방식도 인식하고 그 안에서 작업할 수 있어야 한다.

고객의 상황에 대한 접근 방식에 따라 이전에 효과가 있었던 휴리스틱 heuristics을 적용하게 된다. 코치는 자신이 선택한 접근 방식과 호환적인 도구나 테크닉을 선택하여 고객이 문제를 다양한 방식으로 다룰 수 있도록 돕는다(예: 익숙하지 않은 휴리스틱이나 사고 패턴 사용). 슈퍼바이저는 적절한 경우, 코치가 더 넓은 범위의 테크닉을 고려하도록 돕거나, 테크닉을 적용하면서 발생한 일을 분석하는 데 도움을 준다.

테크닉 사용의 목적은 성찰과 성찰적 사고를 자극하는 것이다. 고객의 성찰은 자신과 자신의 문제에 대한 통찰(학습)로 이어져야 하고, 코치의 성찰은 코칭 실행의 개선으로 이어져야 하며, 그 과정의 일부인 자아인식이 있어야 하고, 슈퍼바이저의 성찰은 슈퍼비전 실행의 개선으로 이어져야 한다. 마지막으로, 성찰은 코치, 고객, 슈퍼바이저, 그리고 그들 사이의 관계에서 학습과 변화로 이어진다.

코치들의 피드백에 따르면 이 프레임워크는 슈퍼비전에 대비하는 데 유용한 방법이며 세븐 아이즈 모델과 병행하여 적용할 수 있다는 것이다.

요약

코칭과 멘토링의 이야기는 여러 가지 진화하는 긴장 상태로 가득 차 있다. 극단적인 관점에 끌리는 것을 피하기 어려울 수 있지만, 이러한 접근 방식의 가장 큰 힘은 코치이와 멘티에게 기대하는 롤 모델이 될 수 있는 통섭과 공동 학습 능력에 있다.

다음 장에서는 아마도 가장 빠르게 성장하는 코칭 분야인 팀 코칭을 살펴보려 한다. 팀 코칭은 코치들이 수행하는 모든 작업을 훨씬 더 높은 수준의 복잡성으로 끌어올리며, 이에 상응하는 성숙도를 요구한다.

참고

1 부록 참조.

2 Clutterbuck, D. and Megginson, D.,(2011). Coach maturity: An emerging concept. *The handbook of knowledge -based coaching: From theory to practice*, pp.299 - 313.

3 David, S, Clutterbuck, D and Megginson, D(2013) Beyond Goals: *Effective Strategies for Coaching and Mentoring, Gower*, Farnham.

4 Ordo Ordonez, LD, Schweitzer, ME, Galinsky, AE & Bazerman, MH(2009) Goals gone wild: The systematic side effects of overprescribing goal setting, *Academy of Management Perspectives*, 23(1), 6 - 16.

5 Ibarra, H.,(2004). *Working identity: Unconventional strategies for reinventing your career*. Harvard Business Press.

6 사람들이 GROW와 같은 코칭 모델에 대해 이야기할 때, 이는 코칭 대화의 모델을 의미한다는 점에 유의해야 한다. 코칭 관계가 어떻게 발전하는지를 의미하지는 않는다.

7 Hawkins and Shohet(2006) *Supervision in the helping professions*. Open University Press, McGrow - Hill Education.

8 Feldman, DC & Lankau, MJ(2005) Executive Coaching: A Review and Agenda for Future Research, *Journal of Management*, 31 pp 829 - 848.

9 Weick, K. E.(1995). *Sensemaking in organizations*. Thousand Oaks, CA: Sage.

8

팀 코칭

학창시절에 내가 진심으로 싫어했던 몇 안 되는 것 중 하나가 팀 스포츠였다. 가벼운 실행 장애가 있었고, 학기 말에 태어난 점, 그리고 무리 짓는 사고방식에 일찌감치 저항감을 느꼈기 때문인지 나에게는 개인 스포츠가 훨씬 더 매력적이었다. 나는 경쟁 자체를 위한 경쟁을 '이해'하지 못했고 지금도 이해하지 못한다. 나는 다른 사람이 아닌 나 자신과 비교하는 것을 선호했다.

내가 팀 스포츠에 관심을 가지게 된 것은 30여 년 전 아이들을 통해서였다. 아이들이 럭비를 하는 모습을 보면서 효과적인 팀워크에 필요한 기술을 알게 되었다. 나중에는 당시 첼시 축구클럽 감독이었던 마우리치오 사리와 친하게 되었다. 나는 큰 손자 둘을 데리고 경기를 관람하면서 경기 패턴을 분석하고 있었다. "축구란 결국 겹쳐지는 삼각형들에 관한 것이라는 걸 아이들은 알고 있을까?" 스스로에게 물었다(물론 그들은 알고 있었다. 그게 축구 이론의 기본이기 때문이다).

대화에 대해 매력을 느낀 것, 그리고 이사회에 대해 매료되었던 것도 나를 팀에 더 주의를 기울이게 만들었다(물론 이사회는 팀이 아니라 '협력적 독립성'을 발휘하는 조직이다). 멘토와 멘티의 관계는 팀의 한 형태다. 나는 수십 년 동안 그룹 퍼실리테이션에 참여해 왔는데, 이는 액션 러닝과 그 선구자인 '심술쟁이' 레그 레반스와 알게 되었기 때문이다. 그러던 중 1990년대 중반에 나는 유럽연합에서 팀 학습의 개념을 조사하는 연구 계약을 수주하게 되었다. 이 프로젝트에는 여러 조직과 국가의 팀들이 학습 과정을 어떻게 관리하는지에 관해 인터뷰하는 것이 포함되어 있었다.

우리는 무엇보다 먼저 '팀'의 의미를 정의해야 했다. 당시 사람들은 '팀'이라는 단어를 다양한 그룹을 설명하는 데 사용했다. 요즘에는 팀이 같은 보고 라인에 있는 사람들로 구성된 조직도로 정의되지 않는다고 명확하게 말할 수 있다. 그것은 그룹이다. 그룹 내 개인이 팀 방식으로 함께 행동하는 데 동의할 때만 팀이 된다. 다음에 소개하는 팀 유형과 역할에 대한 섹션은 이 연구에서 파생된 것이다.

이때까지 팀과의 작업은 대부분 대화의 질을 개선하는 맥락에서 이루어졌다. 이제 나는 팀의 역학, 기능, 역기능의 다른 측면을 더 깊이 탐구하기 시작했다. 나는 다양한 독서 덕분에 시스템, 카오스 이론, 복잡 적응계에

표 8.1 **나의 학습 여정**

나의 학습 여정		
팀 리더에 대한 코칭	팀에 대한 코칭	팀이 존재하는 시스템에 대한 코칭
시스템으로서의 팀	시스템의 시스템으로서의 팀	복잡하고 적응적인 시스템으로서의 팀

대한 관심을 여러 해 동안 유지해왔고, 팀을 다른 복잡 적응계 안에 중첩된 복잡 적응계로 바라보는 관점에서 연결고리를 만드는 힘든 과정을 시작했다.

세기가 바뀌는 시기의 몇 년 동안 나는 팀 기능과 성과, 팀 코칭에 대한 증거를 수집할 수 있는 곳이면 어디에서나 수집했다. 팀 코칭이라는 용어가 스포츠에만 국한되지 않고 직장 세계에서 더 널리 사용되는 현상이 되었기 때문이다. 처음에는 팀 코칭 서비스를 한다고 홍보하는 웹사이트 중 실제로 팀 코칭을 제공하는 곳이 거의 없다는 사실을 발견하고 실망했다. 그들은 팀 코칭이 아니라 팀 빌딩부터 같은 팀에 속한 개인을 개별적으로 코칭하는 것까지 현재 하고 있는 서비스를 뒤섞어 설명하는 용어로 사용하고 있었다. a) 코칭 접근법을 사용하고 b) 팀 전체와 집단적으로 작업한다는 기준을 충족하는 곳은 상대적으로 적었다.

2007년 『팀 코치 되기Coaching the Team at Work』의 초판이 출간된 후 비로소 이 주제에 대한 증거기반 접근법이 도입된 셈이다. 전 세계 팀 코치들과의 인터뷰를 통해 팀 코칭이 어떤 모습인지에 대한 광범위한 설명을 제공했으며, 그 내용은 아래의 팀 코칭 프레임워크의 단계 섹션에 반영되어 있다.

그 후 10년 정도는 팀과 함께 일하는 방식에 대해 널리 알려진 접근법을 둘러싼 진화를 지속적으로 조사하면서 복잡하고 적응적인 시스템으로서의 팀 개념을 구체화하는 데 보냈다. 1990년대 말과 2000년대 초에 리처드 해크먼Richard Hackman과 존 카젠바흐Jon Katzenbach와 같은 위대한 학자들에 의해 팀에 관한 학문적 연구의 많은 토대가 마련되었고, 뒤이어 루스 웨그먼Ruth Wageman과 에이미 에드먼슨을 포함한 협력 연구자들이 후속 연구를 진행했다.[1] 그러한 큰 존재들의 지혜와 성과를 기반으로 서 있지만, 팀 코칭은 내가 반사 요법 검사 reflexology test라고 부르는 타당성 검증에 실패한 사례들이 가득하다.[2]

- 유효한 근거를 가진 기존 이론에서 파생되거나 이를 기반으로 하는가?
- 통제된 환경에서 테스트했을 때 재연될 수 있는가?
- 주요 주장을 뒷받침할 수 있는 독립적인 증거가 있는가?
- 선형적인 것과 시스템적인 영향을 적절히 구분하는가?
- 어떤 것을 믿음으로 받아들이라고 요구하는가?

앞의 네 가지 질문에 대한 답변이 '예'이고 다섯 번째 질문에 대한 답변이 '아니오'라면 그것은 신뢰성을 위한 좋은 출발점이 될 것이다. 이 기준에 따르면 반사 요법 검사는 다섯 가지 요소 모두에서 실패한다. 팀의 기능과 역기능에 관한 다양한 모델들에 대해 당신 스스로 결론을 내려 보라. 단, 상업적 프로그램에 '과학적으로 입증된'이라는 수식어가 있다면 이는 종종 의심해봐야 한다는 신호임을 기억하라!

나와 동료들은 세계 최대의 기술 기업 중 한 곳에서 전 세계에서 가장 성과가 높은 팀을 대상으로 포커스 그룹을 진행해달라는 요청을 받고 팀 성과에 관한 문헌들을 깊이 분석했다. 고성과 팀의 특성을 파악하여 덜 효과적인 팀을 지원하는 데 사용하려는 목적이었다. 이 프로젝트를 통해 3장에서 설명한 안정적인 리더 secure leader의 개념이 탄생했다. 또한 이 연구는 팀 성과와 관련이 있는 것으로 확인된 요소와 팀이 가치를 창출하는 방법에 대한 여러 연구들의 요소를 매핑하는 우리의 프로젝트를 진전시켜주었다. 요소들을 어떻게 분류하느냐에 따라, 구성원의 다양성부터 오너십과 역할 책임성에 이르기까지 100개에서 200개 사이의 요소에 대한 증거가 있다. 이전의 모든 연구는 핵심 요소를 파악하는 데 초점을 맞추었기 때문에 팀 성과에 영향을 미치는 많은 요소가 누락될 수밖에 없었다. 이는 필요한 단순성을 만드는 고전적인 접근법이다. 즉, 사람들이 이해할 수 있는 프레임워크를 만드는 것이다. 우리의 접근 방식은 매우 달랐다. 우리는 성과에 미치는 모든 영향을 고려하고자 했다. 우리가 핵심적으로 생각했던 한 가지 원칙은 기존 연구에서 가장 보편적이고 유의미한 요인(요소)이라 하더라도, 개별 팀의 역학 관계에서는 통계적으로 그보다 덜 중요한 요인(요소)이 더 중요할 수 있다는 것이었다. 즉, 우리는 일반화보다는 각 팀의 구체적인 상황에 더 관심을 기울였다.

여러 단계에 걸쳐 주제들을 몇 개의 군으로 압축한 결과, 약 20개의 요인(요소)으로 줄어들었고, 그 후 단 6가지의 요인(요소)으로 압축할 수 있었다. 6가지 요인(요소)은 우리가 확인할 수 있는 모든 요인(요소)을 포괄하는 것이었다. 이는 현재 PERILL[3]이라는 약어로 알려져 있으며, 팀 기능 및 역기능에 대한 최초의 복합적 적응 시스템 모델이다. 핵심 원칙은 팀의 맥락에서 확인된 대부분의 문제는 6가지 요인(요소) 간의 상호작용이라는 것, 혹은 더 정확하게는 6가지 요인(요소)들 각각의 하위 요인(요소)들 간의 상호작용의 증상일 뿐이라는 것이다.

1990년대에 나는 복합적인 것을 단순하게, 하지만 단순하지만은 않게 만드는 행위를 설명하기 위해 '단순성'이라는 용어를 만들었다. PERILL 프레임워크가 그 역할을 한다. 이 프레임워크는 단순함과 복잡함을 동시에 유지하고 작업할 수 있게 해준다.

최근에는 피터 호킨스와 협력하여 글로벌 팀 코칭 연구소를 설립했고 1,000명 이상이 첫 번째 프로그램에 참여하는 등 팀 코칭이 전반적으로 활성화되고 있다. 교수진은 20개국 이상에서 모였다.

팀과 티밍Teaming, 에이미 에드먼슨이 만든 단어에 대해 알게 되면서 팀 코칭의 세계에서 다음 큰 단계인 팀 오브 팀스, 즉 팀 단위의 팀워크에 관심을 기울이게 되었다. 이는 새로운 팀이 구성될 때 실제로 어떤 일이 일어나는지에 대한 문헌과 여러 인터뷰를 통해 데이터를 수집하는 방향으로 나를 이끌었다. 이를 통해 인기 있지만 근거는 부족한 '형성기, 격동기, 규범기, 성과기Forming, Storming, Norming, Performing' 모델보다 훨씬 더 신뢰할 수 있는 설명을 할 수 있게 되었다.

팀의 유형과 역할

세기가 바뀌면서 유럽연합에서 자금을 지원한 학습 팀 프로젝트를 통해 나는 팀이 학습을 관리하는 방법에 대한 포커스 그룹을 진행할 기회를 얻었다. 참여 기업들이 성과가 높고 효과적이고 지속적으로 학습한다고 인식되는 팀을 선정했다는 점에서 성과와 상관관계는 느슨한 수준이었다. 포커스 그룹 질문은 팀원들의 인식을 수집하기 위한 것이었다.

- 각 유형의 팀에 얼마나 자주 참여했으며, 혹은 각 유형의 팀에 얼마나 익숙한가?
- 팀 유형별 학습의 좋은 경험과 나쁜 경험

- 학습이 얼마나 계획적이었는가?(그냥 발생한 학습이 아니라)
- 각 유형의 팀은 어떻게 학습하고 이를 팀 내부 그리고 다른 팀과 공유하는가?

이 프로젝트는 다음과 같은 아주 작은 가정에서 시작되었다.

- 팀은 학습할 수 있다.
- 팀은 다 같지 않다.
- 팀은 함께 일하는 사람들의 그룹 그 이상이다.

첫 번째 가정은 팀이 실제로 학습할 수 있다는 것이다. 개인도 분명히 학습할 수 있으며, 소규모 기업부터 전체 사회에 이르기까지 조직도 학습할 수 있다는 확신이 점점 더 커지고 있다. 팀은 단순히 작은 조직에 불과하다고 말할 수 있고, 그것은 많은 측면에서 사실이지만, 조직 구성의 일부로서 매우 특별한 역할을 담당한다. 개인이 벽돌이라면 팀은 벽, 구조와 전략은 지붕, 조직 문화는 가구에 해당한다.

학습에는 데이터, 정보, 지식, 그리고 궁극적으로는 지혜의 습득이 포함된다. 정보는 구조화된 데이터, 지식은 구조화된 정보, 지혜는 익숙하지 않은 다양한 상황에서 지식을 적용할 수 있는 능력이다. 이러한 정의에 따라 모든 팀은 조직에 대한 기여도를 높이기 위해 학습해야 한다.

학습은 새로운 환경에 대한 적응이라고도 정의할 수 있다. 연구에 참여한 팀들은 모두 자신들의 환경에서 변화는 상수라고 언급했다. 특히 업무 요구 사항이나 조직의 목표, 사람의 변화는 늘 일어나는 일이었다.

두 번째 가정은 팀이 모두 같지 않다는 것이다. 이것은 명확한 것 같아 보이지만 팀이 어떻게 다른가 하는 건 그렇게 명확하지 않다. 더 중요한 것은, 팀들 간의 중요한 차이점은 무엇인가이다. 우리가 직면한 첫 번째 문제 중 하나는 팀의 구조와 역학 관계가 매우 다르다는 것이었다. 우리는 몇 년 전에 도출된 개념인 과업의 안정성과 구성원의 안정성의 매트릭스를 기준으로 연구에 참여한 팀을 분류했다.[4]

우리가 파악한 6가지 유형의 팀은 다음과 같다.

- *안정적인 팀*Stable teams: 비교적 일관된 구성원들이 비교적 변함없는 업무를 수행하는 안정적인 팀
- *크루 팀*Cabin crew teams: 업무는 비교적 안정적이지만 팀원 – 선박이 계속 바뀌는 경우(예: 항공기 승무원 또는 '임시로 구성된' 스포츠 팀)
- *히트*Hit *또는 프로젝트 팀*: 단기간의 일회성 작업을 위해 만들어지며 일반적으로 여러 다른 팀에서 구성원을 끌어온다.
- *가상 팀*Virtual teams: 전형적인 팀으로 공식 인정을 받지 못하지만 구성원들이 상호 이해하는 목표를 위해 임시로 협력한다 – 사실상 강한 유대감과 영향력을 가진 네트워크로, 종종 공급업체나 주요 고객 같은 조직 외부의 사람들이 포함된다.
- *개발 연합*Development alliances: 일반 팀에 속하지 않은 두 명 이상으로 구성되며, 학습을 공유하는 데 동의하는 사람들. 예를 들어 오프라인 멘토링 또는 액션 러닝 팀이 있다.
- *진화 팀*Evolutionary teams: 주요 신제품의 설계 및 출시 또는 빈 땅에 새로운 공장을 설립하는 것과 같은 장기적인 개발 프로젝트를 담당

한다. 프로젝트의 진행 단계에 따라 구성원이 들어오고 나가는 등 비교적 유동적이다.

각 유형의 팀에는 학습 관점에 따라 고유한 강점과 약점이 있다. 팀 학습에 관한 영국 전역의 워크숍에서 확인된 사항은 다음과 같다(그림 8.1).

- 안정적인 팀은 일의 수행 방식에 의문을 제기할 자극이 거의 없는 일상적인 업무에 쉽게 빠지게 된다. 보통 외부에서 발생한 위기 상황에서만 학습에 큰 노력을 기울이고, 때로는 그때도 하지 않는 경우가 있다.
- 히트 팀은 매우 짧은 기간 동안 존재하기 때문에, 그들이 사라질 즈음에는 높은 성과를 내는 팀으로 긴밀하게 협력하는 방법을 배운 후 팀은 해체되고 습득한 학습은 흩어진다. 문제를 해결하거나 일을 완수하는 데 속도를 내야 하기 때문에 학습을 성찰하고 복습할 시간이 거의 없다.
- 진화 팀도 히트 팀과 마찬가지로 학습에 어려움을 겪지만, 대개는 성숙해갈 수 있는 숨쉴 여유가 있다. 그러다가 새로운 멤버들을 대하는 방식에서 두 번째 학습 문제에 직면하게 된다. 기존 멤버들은 하나의 팀으로 뭉쳐서 프로젝트 운영 방식에 대한 가치와 원칙, 추론에 대한 강력한 공유 경험과 이해를 가지고 있다. 새로 온 사람들은 이 클럽에 가입하기가 어렵다. 종종 내부자와 외부자의 두 팀으로 나뉘는 경우가 많은데, 그 이유는 새로 온 사람이 기존 팀원들이 쌓아온 학습을 따라잡을 수 없기 때문이다.

- 가상 팀은 주로 비공식적이기 때문에 직관적인 시스템에 의존하여 학습이 이루어진다. 실제로 지식은 가상 팀의 화폐라 할 수 있기 때문에 영향력과 경험이 낮은 사람은 초대받지 못할 수도 있다.(조사 대상 조직의 낮은 직급에서 가상 팀에서 일한 경험이 있는 사람이 적은 이유도 이 때문일 수 있다.)
- 개발 연합 팀은 다른 연합에 비해 내재된 학습 문제가 적다. 이미 학습에 초점을 맞추고 있기 때문이다. 이 모드에서는 사람들이 배우는 것을 중심으로 문제가 발생하는 경향이 있다. 경험이 많은 파트너의 태도, 습관, 행동은 필연적으로 영향을 미치게 되며, 그중 일부는 도움되는 것이 아닐 수 있다. 자주 보고되는 또 다른 문제는 유의미한 차이를 만들기에는 상호작용 빈도가 충분하지 않다는 것이다.

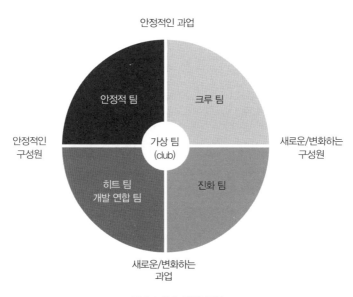

그림 8.1 **학습 팀의 유형**

- 크루 팀에는 보고 배울 사람들이 많지만, 빠르게 학습해야 한다.

세 번째 가정은 팀이 단순히 함께 일하는 사람들의 그룹 그 이상이라는 것이다. 팀은 공통의 목적을 공유하고, 구성원들이 수행하는 역할에 상대적으로 적응력이 있으며, 정보, 이해 및 전문 지식을 공유하고, 서로를 지원하며, 팀 전체의 이익을 위해 개인의 불편함이나 불이익을 감수한다는

표 8.2 **팀 학습: 동인과 장벽**

팀 학습: 동인과 장벽		
팀 유형	장벽	드라이버
안정적인 팀	• 갈등 회피 • 내부 정치를 위한 시간과 기회 제공	• 업무 관계를 구축할 시간과 공간이 있다. • 품질 프로세스와 절차가 쉽게 정착된다.
프로젝트('히트') 팀	• 신뢰와 친밀감을 형성할 즈음에는 그룹이 해산될 수 있다. • 팀원들의 최우선 충성도는 각자의 안정적 팀이기 쉽다.	• 일반적으로 명확한 목표에 집중 • 성공에 대해 상대적으로 강한 개인적 이해관계를 가지고 있다. • 긴박감
진화 팀	• 팀원이 바뀌면(때로 리더가 바뀌면) 관계 구축이 더 어려워진다.	• 일반적으로 명확한 목표에 집중 • 성공에 대해 상대적으로 강한 개인적 이해관계를 가지고 있다. • 긴박감
크루 팀	• 시간/기회 부족 • 관계 구축	• 새로운 사람이 종종 자발적인 창조성을 자극한다. • 프로세스는 간단하고 잘 훈련되어야 한다.
학습 연합	• 명확한 성과가 없을 수 있음	• 그룹과 개인의 특정 학습 목표에 집중할 수 있음
가상 팀	• 목적의 결속을 유지하기가 더 어려움	• 최소한의 위계로 기능할 수 있다.

점에서 그룹과 다르다.

이러한 정의에 따르면 모든 팀은 학습 팀이다. 그러나 대부분의 팀에서는 학습이 임시적이고 우연하게 이루어지기 때문에, 계획된 팀 학습과는 큰 차이가 있다. 계획된 팀 학습은 팀과 팀원의 학습 요구를 정의하고, 공식 및 비공식 학습을 모두 계획하고, 계획되지 않은 학습 기회를 최대한 만들어내고, 팀 내 및 다른 팀과의 학습을 검토하고 공유하기 위한 지속적인 시스템을 구축하고 유지하기 위해 의식적으로 노력한다.

공통의 목적의식을 갖는 것은 팀원들이 명확한 목표를 공유할 때 달성된다. 이상적으로는, 매우 명확한 결과물, 조직 목표와의 연결고리, 팀 전체가 과제를 달성하기 위해 무엇을 해야 하는지에 대한 공통된 이해가 있어야 한다. 목표가 명확하면 팀원들이 무엇을, 왜 배워야 하는지 알 수 있다.

우선순위에 대한 공통된 감각은 공유된 목표에서 비롯된다. 무엇이 중요하고 왜 중요한지 알면 어떤 학습이 가장 시급한지 결정할 수 있다.

진정한 대화를 나누기 위해서는 기꺼이 열린 마음으로 대화하는 것이 중요하다. 일반적으로 팀이 함께 일한 기간이 길고 긴밀하게 협력할수록 서로에 대해 건설적인 대립을 하지 않을 가능성이 더 있다. 이를 극복하고 서로에게 솔직한 피드백을 제공할 때 지속적인 학습이 가능하다.

서로의 강점과 약점에 대한 인식은 상호 지원과 공동 코칭을 위한 플랫폼이다. 차이를 소중히 여기는 것은 동료 간에 학습을 주고받는 데 윤활유 역할을 하는 상호 존중에 도움이 된다. 또한 지식과 전문 지식을 공유하려는 의지를 키우는 데도 도움이 된다. 학습 팀에는 '지식이 곧 힘'이라는 사고가 자리잡을 여지가 없다.

효과적인 학습 팀의 구성원들은 서로의 사고방식을 본능적으로 빠르게 이해한다. 이들은 다양한 업무나 의사결정에서 서로를 대신할 수 있다. 이는 어느 정도 서로의 능력과 선의에 대한 신뢰에서 비롯되며, 이들은 상호 신뢰를 구축하기 위해 노력해 왔다.

마지막으로, 우리 연구에서 모든 응답자들은 가장 성공적이었던 팀 경험과 중요한 학습을 했던 팀들은 활기가 넘쳤다는 점을 이야기했다. 여기에는 두 가지 요소가 있다. 버즈Buzz는 사회적 환경, 즉 배울 수 있는 다른 사람들과 함께 일하는 데서 오는 즐거움이다. 피즈Fizz는 일 자체에서 오는 즐거움이다. 피즈와 버즈가 결합되면 학습과 업무 성취의 강력한 동기부여 수단이 된다.

효과적인 학습 팀은 모든 구성원이 참여하는 학습 관리 루틴을 본능적으로 설정하고 유지했다.

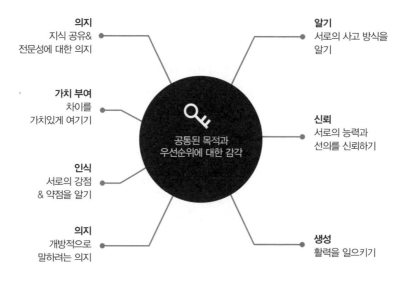

그림 8.2 **학습 팀의 9가지 주요 행동 동인**

그들은 개별적이면서도 공유할 수 있는 학습 목표를 설정했다. 여기서 중요한 요소는 일종의 팀 개발 계획으로, 개인의 학습 요구와 목표를 서로, 그리고 팀 전체의 전반적인 학습 요구와 통합하는 것이었다. 다음의 주요 질문이 포함되었다(그림 8.3).

- 12개월 후 이 팀이 더 잘해야 하는 것은 무엇인가?
- 어떤 새로운 기술이 필요한가?
- 우리 모두에게 있는 개발 요구 사항은 무엇이고, 일부에게만 해당되는 요구 사항은 무엇인가?
- 우리가 배우는 데 필요한 학습 자원 중 팀 내에 있는 것은 무엇이고, 가져와야 할 자원은 무엇인가?

팀원이 수행할 수 있는 학습 역할

연구 참여자들의 경험에 따르면, 그림 8.4와 8.5에 표현된 것처럼 자신 또는 자신에게 도움이 되었던 사람들은 여러 가지 발달 단계별 역할을 수행한 것이 분명했다.

개발 프로세스는 도전과 육성, 실행과 성찰이라는 두 가지 차원으로 구성된다. 이러한 차원에서 4가지 역할이 나온다. 동기부여자 - 학습 목표를 공유할 수 있는 비전과 열정을 제공하는 역할, 코치 - 다른 팀원이 기술과 지식을 습득하도록 돕는 역할, 리뷰어 - 팀이 성찰의 시간을 갖고 학습 대화에 참여하도록 하는 역할, 질문 제기자 - 토론과 대화가 필요한 이슈가 적절한 시기에 제기되도록 하는 역할이다.

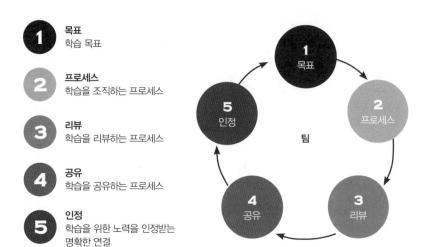

1 **목표**
학습 목표

2 **프로세스**
학습을 조직하는 프로세스

3 **리뷰**
학습을 리뷰하는 프로세스

4 **공유**
학습을 공유하는 프로세스

5 **인정**
학습을 위한 노력을 인정받는
명확한 연결

그림 8.3 **팀 학습을 위한 주요 프로세스**

실행

동기부여자
비전과 열정

코치
다른 사람의 기술/
지식 습득 지원

도전

육성

질문 제기자
문제 제기 보장

리뷰어
팀이 학습을
성찰하도록 보장

성찰

학습 역할

그림 8.4 **팀 학습을 위한 발달 단계별 역할**

지식을 수집하는 과정에도 학습이 일어나는 것과 동일한 원칙이 적용된다. 여기에는 외부 대 내부, 공식 대 비공식이라는 차원이 있다. 이를 적용하면 네 가지 역할이 나온다. 허가/정보의 관문 – 실험, 교육 비용 지출 등에 대한 조직의 동의를 얻고, 일반적으로 사용 가능 여부가 다를 수도 있는 공식적인 정보에 대해 접근하는 역할, 지식의 관문 – 비공식 네트워크를 사용하여 다른 사람의 전문성과 경험에 접근하는 역할, 전문가 – 하나 이상의 영역에서 지식 자원이 되는 역할, 기록자 – 팀 및 구성원들이 얻은 지식을 포착하고 기록하는 역할이 그것이다. 놀랍게도 우리가 조사한 학습 지향적인 팀들에서는 이러한 다양한 역할이 공통적이고 일관되게 나타났다.

학습 수준이 높은 팀의 특징

1. 재미

사람들이 일을 즐기는 것이 얼마나 중요할까? 동기에 대한 수십 년간의 연구는 사람들이 자신이 기분 좋아하는 과업에 더 많은 에너지를 넣고 더 많은 창의성을 발휘하며 더 높은 수준의 성과를 낸다는 것을 보여준다. 이러한 업무는 일반적으로 다음 중 일부 또는 전부에 해당하는 핵심 특성이 있다.

- 직원의 역량을 키우고 배울 수 있는 기회라는 의미를 담고 있다
- 직원이 새로운 아이디어와 접근 방식을 시도할 때 지원을 받는다고 느낀다
- 직원에게 본질적으로 가치 있고 유익한 것으로 인식된다
- 직원의 지위와 자존감을 향상시키거나 혹은 적어도 손상시키지 않는다

그림 8.5 **지식 수집을 위한 역할**

• 다른 사람들과 함께 일할 수 있는 기회를 제공한다

2. 서로의 사고방식 알기

매우 긴밀하게 연결된 팀은 각 구성원이 다양한 상황에서 다른 사람들이 어떻게 생각하고 행동할지 정확하게 추측할 수 있는 본능이 발달한다. 이는 오랫동안 함께 일해 온 팀만의 특성이 아니다. 일부 '바바리안' 럭비(역주: 전 세계의 뛰어난 선수들로 구성되는 비공식 럭비팀)나 특정 클럽에서 대부분의 시간을 보내는 국가대표 스포츠팀 선수들은 거의 텔레파시처럼 상대방이 보여주는 루틴에 빠르게 적응한다.

- 그들은 어떻게 그렇게 하는 걸까? 무엇보다도 그들은,
- 서로를 관찰하고 경청하는 데 많은 시간을 할애한다
- 다른 구성원이 다른 상황에 어떻게 접근하는지 이해하려 노력한다
- 특정 상황에서 왜 특정 방식으로 해결했는지 이유를 설명한다(즉, 사고 과정을 투명하게 공개한다)
- 동료의 피드백에 열린 태도를 취하고 동료로부터 배우려는 의지를 보인다
- 다른 구성원들이 외부에 좋게 보이는 것이 중요하다는 것을 인식한다

3. 서로의 강점과 약점 인식하기

동료의 강점과 약점을 파악하기가 비교적 쉽다고 생각하는 경우가 많다. 대부분의 경우 동료의 행동이 미치는 영향을 직접적으로 느낄 수 있고 관찰할 기회도 많기 때문이다. 그러나 실제로 우리가 보고 경험하는 것은 종종 그림의 일부일 뿐이다. 우리는 상대방의 가장 큰 강점과 약점을 보지 못하면서, 다른 특징을 지나치게 의식하는 경향이 있다.

- 게다가 강점과 약점은 상황에 따라 달라진다. 예를 들어, 계약서 검토와 같이 정확하고 신중한 분석이 중요한 상황에서는 세부 사항을 잘 파악하는 것이 큰 강점이 될 수 있다. 마찬가지로, 세부 사항에 매몰되는 특성은 광범위한 전략을 설계할 때 그다지 도움이 되지 않는다. 일반적으로 강점에 과도하게 의존하거나 적절치 않은 상황에 사용하려고 할 때 강점이 약점이 된다.
- 자신과 타인의 강점과 약점을 정확하게 인식하기 위해 할 수 있는 몇

가지는 다음과 같다.

- 팀 내에서 강점과 약점에 대해 개방적으로 공유하고 토론하기
- 동료(이상적으로는 360도, 최소한 동료와 상사로부터)에게 솔직한 피드백을 요청하고 받기
- 스킬 목록을 구축하기
- 아주 잘된 일과 아주 잘못된 일을 함께 검토하기. 사람들의 행동에서 어떤 패턴이 파악되는가?

동료가 약점을 보완할 수 있도록 돕는 것은 그런 특성을 강점으로 가진 사람에게는 소중한 성장의 기회이다.

4. 차이를 가치 있게 여기기

인간의 사회심리는 유사성과 소속감에 광범한 기반을 두고 있다. 대체로 사람들은 자신과 가치관, 배경, 경험 등이 비슷한 사람들과 함께 있는 것을 좋아하고 선호한다. 다른 사람이 자신과 다를수록 친밀감을 형성하기가 더 어렵다.(유전적으로 사람들은 서로 0.1% 미만의 차이밖에 나지 않는다는 사실은 제쳐두고, 우리의 사회적 뇌는 원초적인 생존 메커니즘으로 작은 차이를 인식하고 그에 따라 행동하도록 훈련되어 있으며, 점점 더 그런 차이를 근거로 같은 '부족'에 속하는지 아닌지를 결정하는 수단으로 사용하기도 한다).

동시에 대부분의 사람들은 자신이 소속된(또는 소속되기를 원하는) 그룹을 통해 자신의 정체성을 찾는다. 때로는 이것이 자신이 하는 일과 동의어가 될 수도 있지만, 항상 그런 것은 아니다. 그룹이 나에게 어떻게 반응하느냐에 따라 소속감의 강도가 크게 달라진다. 일반적으로 팀이 각 구성원의

다양한 경험, 성격, 관심사에 대한 가치를 강조할수록 소속감이 커지며, 그 반대의 경우도 마찬가지이다.

따라서 많은 다문화 팀이 함께 일하는 데 어려움을 겪는다.

일반적으로 가장 중요한 문제는 언어가 아니다. 대체로 구성원들은 다른 사람들이 어떤 가치를 어떻게 적용하고 있는지 이해하지 못하는 경우가 많다.

차이를 소중히 여기는 법을 배우는 핵심 기술은 나와 다른 인식의 중요성과 타당성을 받아들이고 인정하는 능력이다. 이를 위한 한 가지 방법은 심리 측정이나 기타 진단을 통해 팀원 개개인의 성격이나 선호하는 스타일을 파악하는 것이다. 어떤 팀은 팀에 동일한 성격 프로필을 가진 사람이 너무 많고 서로 다른 행동과 사고 패턴을 가진 사람이 없다는 것을 알게 된 다음 운영 방식을 크게 개선했다. 예를 들어, 어떤 이사회는 학습 스타일 진단을 통해 대부분의 구성원이 활동가(행동하면서 배우는 것을 선호하는 사람)이고 성찰가(한 걸음 물러서서 프로세스에 대해 생각하는 것을 좋아하는 사람)는 없다는 사실을 발견했다. 이런 스타일을 가진 사람을 의식적으로 이사회에 참여시켰더니 토론이 더 깊고 신중하게 진행되었다. 반면, 어떤 최고위 팀에는 여섯 명의 활동가와 단 한 명의 성찰가가 있었다. 그들은 균형의 중요성을 인식하지 못하고 끊임없이 성찰가의 의견을 무시하거나 다른 편을 들었다. 일이 잘못되었을 때 성찰가가 "내가 전에 그렇게 말했잖아"라고 하자 그들은 크게 분노하고 그를 무시했고 결국 그는 팀을 떠났다.

5. 공통의 목적의식
1990년대 초 나는 국제 비즈니스 커뮤니케이터 그룹 협회International

Association of Business Communicators Group를 위해 한 연구를 주도했다. 그 연구에서 커뮤니케이션 활동과 비즈니스 성과를 연결하는 몇 가지 특징을 확인했다. 그중 첫 번째는 목적의 명확성이다.

- 조직이 달성하고자 하는 목표에 대해 모두가 같은 이해를 공유했는가?
- 목표를 자신의 역할과 연관시킬 수 있었는가?

팀도 일종의 조직 내 조직이며, 위와 같은 원칙이 적용된다고 할 수 있다. 공유된 목적의식이 클수록 팀이 함께 일하고, 배우고, 성취하기가 더 쉬워진다.

6. 공통된 우선순위 감각

보통 팀원 모두가 동일한 우선순위에 입각해서 일하고 있다고 가정하기 쉽다. 그러다 팀이 성과를 내지 못할 때에 비로소 이러한 가정이 맞지 않다는 것이 분명해진다.

우선순위는 우리가 지닌 가치관에 따라 상당한 영향을 받는다. 예를 들어, 미국의 관리자들은 중남미 출신 이민자들이 밤샘 근무를 꺼려하기 때문에 게으르다고 인식하는 경우가 많다. 반면에 라틴계 미국인들은 백인 관리자들이 워커홀릭이며 가족에 대한 책임을 다하지 않는다고 인식한다. 두 그룹 모두 일과 삶의 균형의 가치를 인정하지만 우선순위는 서로 다르다.

우선순위는 일반적으로 즉각적인 것과 기본적인 것의 두 가지 유형으로 나뉜다. 즉각적인 우선순위는 현재의 결정 및 활동과 관련이 있다. 예를 들어, '오늘 그 제안을 처리하지 않으면 정말 중요한 주문을 놓치게 된다.' 같은 경우이다. 기본 우선순위는 장기적으로 팀이 달성해야 하는 핵심 사항과 관련된 것, 예를 들어 고객에게 정보를 제공하고 프로젝트 진행 상황에 참여시키는 것과 같은 것이다.

7. 개방적으로 말하려는 의지

요즘은 이를 자동적으로 '심리적 안전'이라고 부른다. 많은 관리자들이 대결을 피하게 하는 데 많은 시간을 쓰고 있다. 일반적으로 이는 당연한 일이다. 지속적인 갈등은 팀워크를 위한 탄탄한 토대를 불가능하게 하기 때문이다. 하지만 마찬가지로 계속 대립을 회피하는 것 역시 팀워크에 좋지 않다. 다루기가 너무 어렵거나 고통스러워서 조용히 내버려두기로 합의한 문제, 즉 다니엘 골먼이 말하는 '라쿠나lacunas'가 쌓이면 그룹은 점점 더 역기능적으로 변한다. 한 IT 회사의 독단적이고 추진력 있는 관리자를 예로 들어 보자. 그녀는 일을 빨리 처리하고 어떤 것도 자신을 방해하지 못하게 하는 것으로 정평이 나 있다. 그녀의 문제 있는 행동은 자신처럼 긴박하지 않은 사람들에 대해서 참지 못하고 거칠게 대하는 것이었다. 그녀의 무뚝뚝함과 때때로 나오는 다혈질 성격 때문에 직원들은 멀어졌다. 관리자 중 그녀는 직원 이직률이 가장 높은 관리자였다. CEO는 그녀가 성과를 냈기 때문에 이런 행동을 용인했다. CEO와 경영진은 이 문제가 최고 경영팀에 어떤 영향을 미치는지 논의하지 않고 그저 문제를 해결하는 데 많은 시간을 보내고 있었다. 전환점이 된 것은 팀원들이 상호 존중의 관점에서 서로에 대해 어떻게 느끼는지 공개적으로 얘기할 때였다. 갑자기 자신이 동료들에게 얼마나 큰 문제를 일으키고 있는지 깨달은 관리자는 처음으로 행동 변화를 위해 에너지와 결단력을 발휘했다. 이후 이 관리자는 동료들에게 자신의 개선 상황에 대해 지속적으로 피드백을 요청하고 받으면서 노력을 지속했다.

팀 내 학습 대화를 위한 7가지 황금률

팀 코칭 환경에서 가장 먼저 해야 할 일 중 하나는 팀이 심리적 안전, 열린 대화, 공동 학습을 장려하는 새로운 규범을 정립할 수 있도록 하는 것이다. 일반적으로는 팀원들이 스스로 정하도록 권장하지만, 나는 항상 미리 만든 세트를 준비해 둔다!

- 우리는 서로의 동기나 관점에 대해 가정을 두지 않을 것이다
- 우리는 예의와 존중으로 경청할 것이다
- 우리는 팀의 성공과 실패에 대해 공동의 주인의식을 가질 것이다
- 우리는 각자 "최고의 나best person"로서 여기 있을 것이다
- 우리는 서로에게 관대할 것이다
- 우리는 서로에게 말할 수 있는 공간을 주고, 우리 자신에게는 성찰할 공간을 가질 것이다
- 판단 대신 호기심을 가질 것이다

시스템에서 복합적 적응형 시스템으로

『팀 코치 되기5』는 팀 코칭에 대한 증거기반 연구를 개척했다. 당시에는

팀과 팀 기능에 대한 학문적 근거가 있는 연구가 양적으로 빠르게 증가하고 있었는데, 팀을 지원하는 데서 코칭의 역할이 명확하게 드러나지 않았다. 1년이 지나서야 루스 웨그먼과 동료들은 최고의 팀 성과와 코칭 사이의 연관성을 입증한 『시니어 리더십 팀Senior Leadership Teams 6』을 출간했다. 2011년 피터 호킨스는 팀의 시스템적 측면에 집중했고, 나는 다른 복합적 적응 시스템 안에 놓여 있는 복합적 적응 시스템으로서의 팀에 주목하게 되었다. 나는 몇 년 전 학습 팀 프로젝트에서 효과적인 팀이 세 가지 핵심 영역인 과업, 행동, 학습에 지속적으로 초점을 맞추고 상호작용하는 프로세스를 지원하는 모델을 수립한 적이 있다. 팀과의 인터뷰를 분석한 결과, 성과가 높은 팀은 이 세 가지 영역 사이에서 끊임없이 주의를 전환하여 어느 한 영역이 다른 영역을 지배하지 않도록 하는 것으로 나타났다.

　가장 큰 글로벌 첨단 기술 기업의 최고 성과팀들과 포커스 그룹 인터뷰를 진행해 나가면서, 우리는 복합적이고 적응적인 시스템 관점에서 팀 역학에 대한 새로운 모델을 테스트할 수 있었다. 이 모델을 개발하기 위해 우리는 학술 및 경험 양쪽 모두의 기반이 있는 수백 편의 논문을 분석하여 팀의 성과에 영향을 미치는 것으로 인용된 요인(요소)을 추출했다. 이를 여러 단계로 분류하고 그룹으로 묶는 과정을 거쳐 모든 증거기반 요인(요소)과 다수의 의견 기반 요인(요소)을 통합한 6개의 반복적인 주제를 찾아냈다. 복합적이고 적응적인 시스템 관점을 갖고 보니, 팀의 기능과 역기능에 대한 깔끔하고 패키지화된 보편적 모델이 있을 가능성이 거의 없다고 생각했고, 결과적으로 그 생각이 맞다는 게 입증되었다. 이후 수백 개의 팀과 코치들과의 경험은 팀이 성과를 내고 가치를 더하게 하거나 혹은 그렇지 못하게 하는 상호작용의 패턴이 독특하고, 종종 일시적이며, 매우 복잡하다는 것을 알려주었다. 복합적 적응 시스템 이론, 특히 데이브 스노덴 Dave Snowden이 만든 커네빈Cynefin 개념(15년 동안 그의 모델을 사용했지만 나는 아직도 제대로 발음을 못 한다!)은 혼란스러운 시스템에 질서와 구조를 부여하려는 시도가 대부분 시간 낭비라고 말한다. 하지만 혼돈 속에서 패턴과 함께 작업하는 것은 시스템의 변화에 유연하게 대응할 수 있는 해법과 업무방식을 개발할 수 있게 해준다.

여기서 중요한 원칙은 팀이나 스폰서가 '문제'라고 인식하는 문제는 실제로는 거의 문제가 아니라는 것이다. 우리가 알고 있는 가장 복합적인 적응 시스템인 인체에 비유해 보면, 통증을 느끼는 곳이 반드시 그 원인인 것은 아니다.

만약 팀원 간의 갈등이 문제인 경우, 이는 전형적으로 직장 내 서로 다

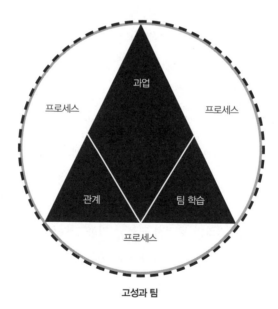

고성과 팀

그림 8.6 **고성과 팀이 초점을 맞추는 영역**

른 힘이 작용한 결과 생긴 증상일 수 있다.

우리가 확인한 6가지 요소는 다음과 같다.

1. 목적 및 동기

목적은 팀이 무엇을 하기 위해 존재하는지에 관한 것이다. 이것이 바로 호킨스가 말하는 수임commissioning이다. 팀의 목적은 더 큰 전체 조직의 목적의 하위 집합일 수도 있고 팀 내부에서 만들어질 수도 있다. '부분의 합보다 큰 전체'를 만드는 집단적 에너지는 목적에서 흘러나온다. 목적을 보여주는 지표는 공유된 비전, 목표, 우선순위의 명확성 등이 있다.

2. 외부 프로세스, 시스템 및 구조

이는 팀이 고객, 공급업체, 주주, 조직 내 다른 팀, 고위 경영진 등 다양한 이해관계자들과 어떻게 상호 관계를 맺고 있는지에 관한 것이다. 이 지표에는 평판, 목표 대비 성과, 환경 인식(진화하는 시장, 기술, 경쟁 등) 등이 있다. 또한 정보 및 재무 같은 자원에 대한 팀의 접근성도 지표에 포함된다.

3. 관계

이는 사람들이 서로 즐겁게 일하고, 서로의 능력을 존중하며, 서로를 정직하게 대하는 등 함께 일하는 방식에 관한 것이다. 지표에는 심리적 안전 수준이 포함된다.

4. 내부 프로세스, 시스템 및 구조

이는 외부에 대한 내부의 거울이다. 팀이 어떻게 업무 흐름을 관리하고 서로를 지원하며 높은 수준의 커뮤니케이션(업무 관련 및 정서적 커뮤니케이션 양쪽 모두)을 유지하는지를 포함한다. 지표에는 역할 명확성 및 의사결정 품질이 포함된다.

5. 학습

이는 변화하는 환경에 대응하고 지속적인 개선과 성장을 유지하는 팀의 능력과 관련이 있다. 이 지표에는 환경 변화에 앞서 있는지 뒤처져 있는지, 구성원들에게 명확하고 의미 있는 학습 목표가 있는지 등이 포함된다.

6. 리더십

리더십에 관한 문헌은 방대하고 종종 모순적인 경우가 많다(3장 참조). GLOBE(글로벌 리더십 및 조직 효율성 연구 GlobalLeadershipandOrganizationalEffectivenessStudies - globe.com)는 리더에 대한 인식과 기대가 문화마다 크게 다르다는 것을 보여준다. 리더가 하는 행동과 팀의 형태 사이의 연관성은 리더와 리더가 하는 일에만 국한되지 않기 때문에 정확히 파악하기가 매우 어렵다. 팀과 리더가 속한 시스템에 관한 것이기 때문이다. 따라서 리더의 역량에만 의존하는 모델은 핵심을 놓치게 된다. 팀 코칭에서 가장 강력한 연습 가운데 하나는 팀원들에게(리더의 동의 하에) 자신들이 최고의 성과를 내기 위해 어떤 리더십 행동이 필요한지 정해보도록 요청하는 것이다. 개인 차원에서, 그리고 그룹 차원에서 작성해 보게 한다(두 목록이 반드시 같을 필요는 없다!). 그런 다음, 팀은 리더와 함께, 리더가 그들이 필요로 하는 그런 리더가 되도록 돕기 위해 해야 할 책임에 대해 논의한다.

PERILL 설문지의 6가지 섹션은 PERILL 모델의 6가지 요소를 반영한다.

질문의 예는 다음과 같다.

목적(Purpose)

- 우리는 집단적으로 명확하게 공동의 목적을 표현할 수 있다
- 우리는 목표와 우선순위를 정기적으로(몇 개월마다) 환경 변화에 비추어 이를 검토한다
- 우리는 우리의 직무 역할을 통해 세상에 뭔가 특별한 기여를 할 수 있다고 믿는다

외부 프로세스, 시스템 및 구조(External processes, systems and structures)

- 우리는 우리의 이해관계자가 누구인지와, 그들이 우리에게 어떤 우선순위인지가 매우 명확하다
- 우리는 이해관계자의 장기 계획과 포부를 바탕으로 우리의 장기 계획과 포부를 세운다
- 우리는 고객과 공급업체를 설명할 때 정중한 언어를 사용한다

관계(Relationships)

- 팀 동료들이 내가 성공하기를 원한다고 믿는다
- 만약 오늘 이 팀을 시작한다면 이 사람들이 내가 동료로 선택할 사람들이다
- 실수를 인정하고 논의해도 괜찮다

내부 프로세스, 시스템 및 구조
(International process, systems and structures)

- 우리는 서로에게 무엇을 의존하고 있는지 정확히 알고 있다
- 동료의 과부하를 신속하게 인지하고 지원하여 대응한다
- 정기적인 미팅을 기대한다

학습(Learning)

- 정기적인 미팅 안건에 학습 목표와 업무 목표를 포함시킨다
- 집단 학습과 성찰을 위한 시간을 할당한다.
- 솔직한 피드백을 소중히 여긴다

리더십(Leadership)

- 리더의 스타일은 사람들을 관리하는 것보다 그들이 스스로를 관리할 수 있게 하는 것이다
- 리더는 자신의 업적과 평판보다 팀과 팀원의 업적과 평판을 내세운다
- 리더는 팀 가치의 롤 모델이다

항상 이런 설문지를 사용해야 하는 것은 아니다(현재는 앱으로도 제공됨). 가장 일반적인 용도는 팀원들이 일이 잘 되었거나 잘 안 된 여러 사례를 놓고 매트릭스를 사용하여 여러 요소를 비교하며 함께 탐색하는 것이다(팀 코치와 함께 할 수도 있고, 아닐 수도 있음). 리더십의 특성과 행동이 이러한 비교에 영향을 미친다. 표 8.7은 이 연습에서 나타나는 이슈의 종류를 보여준다. 대각선 LQB Leadership Qualities and Behaviours 선 위의 항목은 모두 긍

정적인 상호작용이고, 그 아래는 모두 부정적인 상호작용이다. 일반적으로 반복적으로 나타나는 상호연관성이 있다. 예를 들어, 높은 수준의 심리적 안정감은 이해관계자들과의 강력한 협력 관계와 관련이 있으며, 이러한 관계는 품질 문제에 대한 신속하고 효과적인 대응으로 이어진다. 이는 다시 제품 및 서비스 혁신으로 이어진다. 이렇게 선순환으로 이어지는 것이다. 팀의 역기능적인 패턴도 같은 방식으로 나타난다.

다양한 사례를 분석할 때 나타나는 패턴을 비교하면 중요한 인사이트와 교훈을 얻을 수 있다. 부정적인 패턴을 해결하기 위해 우리가 더 일관되게 더 많이 해야 할 긍정적인 패턴은 무엇일까?

복잡하고 적응적인 시스템 관점에서 바라본 PERILL 모델과 팀 역학 이론에 대한 자세한 내용은 『팀 코치 되기』 2판을 참조하라.[8]

지난 15년 동안 팀과 관련된 개념과 프레임워크가 끊임없이 탄생했다. 그중 내가 기여한, 흥미로운 몇 가지 개념은 이런 것들이다.

- 팀 에너지 – 집단적 동기부여와 동기 저하를 이끄는 힘으로, 이는 문제 해결과 활기buzz가 최적화될 때 발생한다
- 시간 경향성 – 팀의 사고와 인식의 기반이 되는 시간대(과거, 현재, 가까운 미래 또는 미래)
- 팀 성격 – 집단적 정체성
- 팀 내러티브 – 자신과 세상, 다른 사람들에 대해 스스로에게 하고 있는 이야기들
- 권력과 지위의 분배
- 다양성을 갈등의 원인이 아닌 팀 기능의 긍정적인 원동력으로 만들기

- 팀 성숙도 – 집단적 성숙도 및 팀원 간의 다양한 개인적 성숙도 수준
의 맥락에서

팀 코칭은 팀 빌딩이 아니다. 팀 빌딩은 주로 팀원들이 함께 잘 지낼 수
있도록 돕는 것에 관한 것이다. 팀 빌딩의 효과는 팀원이 이동하면 사라지

표 8.3 PERILL 매트릭스 – 작동 요소 간 상호작용의 예

LQB	목적과 동기	외부향 프로세스	관계	내부향 프로세스	학습
목적 및 동기	LQB	팀과 주요 이 해관계자와의 가치 정렬	공동의 목표 를 향해 열정 적으로 함께 일하기 이해관계자와 의 강력한 협 업	우선순위의 명확성; 개인 보다 공동의 우선순위를 중시함 빠르고 효과 적인 품질문 제 대응	적극적으로 팀의 강점 활 용과 확장 방 법 모색
외부향 프로세스	이해관계자가 무엇을 대변 하는지 불분 명	LQB	이해관계자와 의 강력한 협 업	빠르고 효과 적인 품질문 제 대응	빠른 품질 및 서비스 혁신
관계	각자의 이익 추구	이해관계자와 의 갈등, 이해 관계자에 대 한 무시	LQB	높은 수준의 심리적 안전 속에서 우리 가 하는 것에 질문 제기	사람들이 적 극적으로 각 자의 개발 지 원에 책임을 짐
내부향 프로세스	중복 및 노력 낭비	품질 문제가 다뤄지거나 인정되지 않 음	서로의 영역 에 '간섭'하기 를 피함. '방 안의 코끼리'	LQB	지속적인 프 로세스 개선 문화
학습	집단이 아닌 개인 초점의 학습	혁신이 느림	지식과 전문 성 '비축'	변화에 저항	LQB

기 때문에 유산을 남기기가 어렵다. 팀 코칭은 컨설팅이 아니다. 컨설팅은 해결책을 제공하는 것이지, 팀이 스스로 해결책을 찾고 해결책을 만들어내는 더 나은 습관을 개발하도록 돕는 것이 아니라는 것이다. 팀 코칭은 프로세스를 따르는 퍼실리테이션과도 다르다. 퍼실리테이션은 프로세스에 집중하는 반면, 팀 코칭은 대화에 집중한다. 흔히 개인 코칭이 추가되기도 하지만, 팀원 개개인을 코칭하는 것은 아니다. 팀 코칭은 더 장기적이고 더 깊은 영향을 미치는 개입이다.

팀이 현재의 문제를 해결하거나 현재의 기회(성과 이슈)를 달성하도록 돕는 것은 팀 코칭의 목적의 일부에 불과하다. 그것 못지않게 팀 코칭은 팀이 미래에도 계속 성과를 낼 수 있는 역량을 키우도록 돕는 것에 관한 것이다(역량 이슈). 또한 팀 코칭은 더 적은 자원으로 더 많은 것을 달성하는 것(능력 이슈)에 관한 것이다. 팀 코치는 팀이 코치가 필요 없도록 팀으로서 행동과 사고 패턴을 배우고 통합하도록 팀을 돕는다. 팀 코치는 여러 가지 방법으로 이를 수행하지만, 특히 다음을 통해 이루어진다.

- 두 명의 코치가 팀을 이루어 팀의 역할 모델링을 한다. 팀 규모가 클수록 두 명의 코치가 파트너십으로 일하는 것이 더 중요하다.
- 회의에서 팀을 관찰하여 팀이 팀의 역동과 프로세스 및 습관을 더 잘 인식하도록 도움으로써, 팀이 원하는 가치를 달성하지 못하게 하는 요인을 바꿀 수 있게 한다. 피드백 제공도 그 일부인데, 팀이 스스로 관찰하고 피드백을 생성할 수 있도록 하는 데 중점을 둔다.
- 팀이 시스테믹하고 복잡 적응계로 사고하는 습관을 기르도록 도전한다. 예를 들어

- 다양한 관점에서 목적 파악하기
- 이해관계자를 회의실로 초대하기
- 심리적 안전감 구축
- 모든 내부 시스템과 프로세스를 지속적으로 업그레이드할 수 있는 정신적 도구를 팀에 제공한다.
- 팀 개발 계획을 수립하고 추진하게 돕는다. 이는 개인 및 집단 학습을 통합하고 비즈니스 목표 및 팀 목적과 연계하는 프로세스다.
- 팀에 효과적으로 작동하는 분산형 리더십 모드를 달성하도록 지원하기

2019년, 피터 호킨스와 나는 지금의 코칭닷컴Coaching.com과 함께 글로벌 팀 코칭 연구소GTCI, Global Team Coaching Institute를 설립했다. 초급 팀 코치를 위한 첫 번째 과정에 1350명의 수강생이 참여했다. 그 후의 경험을 통해 여러 가지 이유로 팀 코칭이 코칭 전반의 미래에 핵심적인 역할을 할 것이라는 믿음이 더욱 확고해졌다.

- 전문 코치 시장은 포화 상태로, 그리고 상품화로 나아가는 것으로 보인다
- 이러한 상황은 코치봇이 더욱 효과적이 되면서 기본적인 암기식 코칭의 대부분을 대체할 경우 더욱 악화될 것이다(9장 참조)
- 코치가 앞서 나가기 위해서는 가치를 창출하는 새로운 방법을 확립해야 하며, 팀 코칭은 이를 위한 가장 확실한 방법 가운데 하나이다
- 3장에서 간략하게 살펴본 것처럼 경영주 조직은 개인에서 팀으로 강

조점을 옮기고 있다.

• 주요 코칭 전문기관들이 팀 코칭 품질을 인증하는 표준 및 기타 방법을 개발했고, 코치들은 이제 팀과 일하는 전문성 개발을 위한 명확한 로드맵을 갖게 되었다

하지만 팀 코칭은 개인 코칭보다 훨씬 더 복잡하고, 요구 사항이 더 많으며, 필요한 도구도 훨씬 더 많다. 모든 개인 코치들이 팀 코치가 되기 위해 여러 단계를 밟는 것이 꼭 적합하지는 않다. 하지만 좋은 소식은 점점 증가하는 시스테믹 팀 코칭 프로그램을 통해 팀 코칭을 이수한 코치들이, 예외 없이 일대일 코칭에도 긍정적인 영향을 많이 받았다고 답했다. 특히 시스템에서 고객을 보는 능력이 크게 확장되었다고 한다.

내가 팀의 영역에 도입한 가장 빠르고 가장 중요했던 혁신 가운데 하나는 팀 개발 계획이었다. 돌이켜보면 너무나 당연해 보인다. 개인 개발 계획과 비즈니스 개발 계획은 있지만 이를 연결하는 것은 없는 셈이었다.

팀 개발 계획은 팀의 학습 여정을 위한 로드맵으로, 팀이 변화에 탄력적으로 대응할 수 있도록 한다. 주요 구성 요소는 다음과 같다.

1. 팀의 현재 강점과 약점에 대한 개요. 이는 간단한 SWOT 분석을 통해 얻을 수도 있지만, 팀은 이해관계자 및 영향력 있는 인물들과 함께 사전 작업을 수행해야 한다.
   a. 그들은 현재 팀에서 무엇을 보고 있는가?
   b. 그들은 팀이 미래를 위해 얼마나 준비되어 있다고 생각하는가?
2. 향후 12~36개월 동안 발생할 수 있는 시나리오를 생각하고 검토

한다.

a. 이해관계자 및 영향력 있는 인물들의 요구 사항의 변화 가능성

b. 일반적인 환경의 변화(예: 시장, 기술, 적은 자원으로 더 많은 것을 달성해야 한다는 압박)

c. 이러한 변화에 대응할 수 있는 자원의 가용성

d. 다시 한번 강조하지만, 주요 이해관계자와 영향력 있는 인물들의 관점을 파악하는 것이 중요하다. 팀이 이러한 측면에 대한 충분한 기초 작업을 수행하지 않았다면 '평소와 같은 비즈니스'에 중대한 혼란을 초래하는 상황(예: 주요 기술 변화, 새로운 주요 업체의 진입, 경제 환경의 변화)을 바탕으로 각각 세 가지 시나리오를 개발하는 것이 실용적인 접근 방식이다. 이러한 시나리오는 팀이 어떻게 대응할 것인지와 함께 이해관계자 및 영향력 있는 사람들과 함께 팀 코칭 세션 외부에서 검증 또는 수정을 위해 검토할 수 있다.

3. 이러한 시나리오의 과제를 해결하기 위해 팀에서 공동으로 수행해야 하는 학습에 대한 개요와 타임라인이 나와 있다. 모든 학습이 팀 내에서 이루어질 필요는 없다. 대부분의 경우, 필요에 따라 전문 지식과 전문 기술에 대한 접근성을 확보하는 것으로 충분할 수 있다. 이 경우 학습 계획에는 관련 시나리오가 발생할 가능성이 높아지면, 혹은 또는 적시에 이러한 학습을 팀의 사고와 업무 방식에 신속하게 통합하는 방법이 포함되도록 한다.

4. 학습을 개인 개발 요구 사항과 자기 개발 계획으로 세분화. 여기서 각 팀원은 학습의 주요 측면에 대해 개인적인 책임을 진다. 이는 동료를 지원하거나 팀에서 필요로 하는 역량을 개발하기 위한 것일 수

있다. 모든 사람이 자신의 학습 계획과 팀 동료의 학습 계획을 모두 이해하는 것이 중요하다.

5. 팀원들이 서로의 자기 개발을 어떻게 지원할 것인지에 대한 합의. 이 단계에서 팀원은 동료에게 학습이 이루어질 수 있도록 요청하고 지원을 제공한다.

6. 팀원들이 공동 개발을 지원하기 위해 어떻게 협력할 것인지에 대한 합의. 예를 들어, 두 명 이상이 전체 팀을 대신하여 특정 학습 영역에 대해 함께 작업하는 연합에 동의할 수 있다.

7. 개인 및 집단 개발 계획에 대한 진행 상황을 측정하고 검토하는 방법에 대한 합의. 다음과 같은 주요 질문이 포함된다.

   a. 팀 및 개인 개발 계획은 언제(얼마나 자주) 검토하는가?

   b. 리뷰 과정은 어떻게 될 것인가?

   c. 어떤 측정 방법을 사용할 것인가?(개인은 자신의 진전을 어떻게 개별적으로 인정할 수 있을까? 팀 동료들은 이를 어떻게 인정할까? 이해관계자는 이를 어떻게 인정할까?)

팀 오브 팀스

개인의 성과에 집중한다고 해서 반드시 집단(팀)의 성과가 향상되는 것이 아니듯이, 고성과 팀들이 함께 일한다고 해서 반드시 고성과 조직이 되는 것은 아니다. 미국의 퇴역 장군인 스탠리 맥크리스털Stanley McChrystal9은 그의 저서『팀 오브 팀스Team of Teams』에서 조직 내 또는 부서 내 기능적 사일로가 어떻게 전체 성과를 저해하는지 여러 가지 사례를 제시한다. 조직 내 작은 부분의 효율성이 높아질 때마다 전체 시스템의 효율성이 떨어질 수 있다.

물론 이러한 인사이트는 완전히 새로운 것은 아니지만, 팀 코칭이 조직에 점점 더 자리를 잡아가면서 이제야 팀을 넘어 더 넓은 시스템으로 초점이 옮겨가기 시작했다. 새로운 과제는 팀 코칭에 대해 배운 것을 상호 의존적인 여러 팀을 코칭하는 데 어떻게 적용할 수 있는가 하는 것이다. 현재까지 팀 단위의 팀 개념과 관련된 경험적 연구와 이론적 모델이 모두 심각하게 부족하다.

팀 오브 팀스(TOT)란 무엇인가?

전통적인 조직 구조에는 팀 계층 구조가 있으며, 개별 팀의 리더는 관리자 팀에 연결되어 있고, 관리자 팀은 더 높은 관리자 및 리더 팀으로 연결되어 있다. 커뮤니케이션은 이러한 관리자의 '연결 핀'을 통해 위아래로 이루어진다. 팀 오브 팀스TOT에는 각 팀의 공식적인 리더가 있을 수도, 없을 수도 있지만, 팀 간에 수평적, 수직적, 횡적으로 여러 연결 지점을 통해 소통이 이루어진다. 기존 구조는 효율성을 높이는 것이 목표라면, TOT는 효율성과 민첩성을 높이는 것을 목표로 한다.

팀 오브 팀스는 어떻게 공유된 목적과 동기를 구축할 수 있는가?

MIT의 전략적 민첩성 프로젝트Strategic Agility Project10는 리더와 중간관리자들의 전략적 인식에 관한 충격적인 조사 결과를 보여준다. 이 조사에 따르면 경영진과 관리자의 전략적 정렬이 지속적으로 과대평가되고 있으며, 상위 3개 전략적 우선순위에 동의하는 최고 경영진은 겨우 절반이 조금 넘고, 그들의 직속 부하의 22%만이 상위 3개 우선순위를 꼽을 수 있는 것으로 나타났다.

팀 코치가 시작할 수 있는 실용적 접근 방식은 다음과 같다.

- 모든 팀이 각자의 관점에서 조직의 목적이 어떤 모습인지, 그리고 그 목적을 달성하는 데 가장 잘(또는 독특하게) 기여할 수 있는 것이 무엇인지에 대한 이야기를 만들어 공유하도록 장려한다. 이러한 이야기를 TOT 구조의 다른 팀과 공유하면 서로를 더 잘 이해하고 감사할 수 있을 뿐만 아니라 목적 달성을 위해 서로에게 필요한 것이 무엇인지, 서로를 지원하기 위해 무엇을 할 수 있는지에 대해 더 명확하게 공감대를 형성할 수 있다.
- 각 팀에서 구성원들이 가장 에너지를 많이 쏟는 과업과 가장 적게 쏟는 과업을 파악한다. 이는 전체 TOT 시스템 내에서 에너지를 보다 유연하게 사용할 수 있도록 업무와 역할을 재설계하는 창의적인 교환의 기회를 제공한다.
- 상호 연결된 책임의 개념을 살펴보라. 개인 기반의 보상시스템이 팀워크를 약화시키는 것과 마찬가지로, 팀은 내부적으로 자신의 책임에 집중하게 될 수 있다. 각 팀의 핵심 성과 지표KPI의 적어도 3분의 1 이상을 시스템에 대한 기여도를 반영하도록 하면 태도와 행동이 변화할 수 있고, 이로 인해 팀이 공동의 목적을 달성하기 위해 연결된 다른 팀의 성과와 역량, 능력에 대해 부분적인 책임과 주인의식을 가지게 된다.

팀 오브 팀스는 어떻게 이해관계자 및 외부 세계와 소통하는 방식을 전반적으로 개선하는가?

각 팀의 외부 인터페이스는 시스템 내 다른 팀의 인터페이스와 일부 유사성을 가지면서도 일부 고유한 연결이 있을 것이다. 대부분의 경우 이는 동일한 외부 시스템과 상호작용하지만 다른 지점에서 이루어진다. 예를 들어 임원팀은 주요 고객의 임원팀과 연결될 수 있고, 하위 수준의 팀은 제품이나 서비스 사용자와 연결될 수 있다. 일반적인 조직에서는 이러한 상호작용에서 나오는 데이터가 기능적 사일로를 통해 위아래로 전달된다. 진정한 TOT에서는 정보가 수평적으로, 수직적으로, 그리고 대각선으로 균등하게 공유된다.

팀 코치는 팀이 이해관계자로부터 정보를 듣고 포착하는 더 나은 방법을 개발하도록 도울 수 있다. TOT를 통해 다른 내부 팀과 관련된 정보도 파악하고 확인하는 것이 중요하다. 중요한 질문은 다음과 같다.

- 이 정보가 TOT로서의 공동의 목적을 달성하는 데, 그리고 팀 자체의 목적을 달성하는 데 어떤 관련이 있는가?
- 어떻게 다른 TOT의 귀를 통해 이해관계자의 의견을 들을 수 있을까?

이해관계자 매핑은 일반적으로 조직 또는 팀 수준에서 수행된다. TOT에서 이 두 가지 수준의 매핑은 개별 팀 간의 겹치는 부분을 보여주고 팀과 조직의 목적에 직접 연결되는 중간 수준에서 통합될 수 있다.

팀 오브 팀스가 어떻게 보다 효과적이고 협업적인 관계를 구축할 수 있는가?

심리적 안정과 이를 통해 구축되는 신뢰는 개별 팀의 성과에 있어 기본이다. 팀 간에 비슷한 수준의 신뢰를 구축하는 것은 쉽지 않다. 인간의 부족 본능은 매우 쉽게 작동해서, 함께 협력해야 할 '외부인'을 자원, 관심, 평판 등의 경쟁자로 간주하게 된다. 팀 간 신뢰를 구축하는 것은 팀 내 신뢰를 구축하는 것과 크게 다르지 않다. 실용적인 접근 방식은 다음과 같다.

- 개인 히스토리와 팀 히스토리 공유. 합병 상황에서 두 팀이 '어떻게 지금의 팀이 되었는지'를 서로 공유하면 빠른 통합을 이룰 수 있는 경우가 많다.
- 각 팀의 가치 공유. 일반적으로 각 팀에는 많은 공통점이 있는데, 이는 경쟁 분위기 속에서 경시되었을 수 있다. 서로 간의 연결성을 재발견하면 이해가 증진된다. 가치관의 차이가 있는 경우, 두 팀은 '옳고 그름'을 따지기보다는 가치관의 다양성이 어떻게 함께 작업하고 공동의 목표를 지원하는 데 기여할 수 있는지를 탐구할 수 있다.(업무 역할을 재정의하여 A팀의 사람들에게 활력을 불어넣지 못하는 업무를 B팀의 사람들이 열정을 가지고 수행할 수 있도록 하는 결과가 나올 수도 있다.)
- 팀 간 갈등을 해결하기 위한 신속하고 존중하는 프로세스를 갖춘다. 현재의 갈등/미래 갈등을 예측한다. 신뢰를 구축하거나 훼손하는 행동에 대해 분명히 정하고, 현실에서 일어나는 일을 검토한다.
- 물리적 위치 – 상대 팀의 업무 공간에 책상을 배치하여 정기적인 인간적 상호작용을 장려한다.
- 합의된 신뢰 회복 절차를 마련한다. 이는 신뢰가 때때로 깨질 수 있

으며, 이를 곪게 내버려두지 않고 가능한 한 빨리 회복시킬 책임이 양 팀에 있음을 인정하는 것이다. 두 가지 핵심이 신뢰 회복 프로세스의 근간이 된다. 하나는 이것이 학습의 기회라는 것이다. 다른 하나는 겸손하고 공동의 목적에 지속적으로 집중하면 이러한 경험을 통해 신뢰가 강화될 수 있다는 것이다.

팀 오브 팀스가 어떻게 더 나은 공유 시스템을 개발할 수 있는가?
팀 코칭은 두 가지 주요 시스템에서 도움이 될 수 있다.

- TOT 간에 소통하고 조율하는 방식
- 신속하고 정확하게 여러 TOT가 관련된 의사결정을 내리는 법

모든 사람에게 모든 것을 알려야 한다는 식으로 성급한 대응을 하면 중요한 데이터가 다른 TOT들에서 나오는 수많은 잡다한 데이터와 관련 없는 데이터에 묻힐 가능성이 높다. 맥크리스털은 의사결정의 수준을 현실적으로 가장 낮은 수준으로 내릴 것을 권장한다. 그러나 이를 효과적으로 수행하려면 팀 간에 커뮤니케이션 및 의사결정 방식을 공유해야 하며, 무엇보다도 다른 팀이 알아야 할 사항을 본능적으로 이해해야 한다.

인공지능은 이러한 종류의 정보를 언제, 어디로 전달할지 학습하는 데 많은 도움을 주지만, 옛날 방식의 대화를 통해서도 많은 것을 얻을 수 있다. 잘된 사례와 그렇지 않은 사례 모두를 포함하여, 팀 간에 정기적 혹은 필요에 따른 비정기적인 리뷰는 무엇을 전달해야 하는지와 긴급 정도에 대한 집단적이고 본능적인 이해를 구축할 수 있다. 또한 공유된 책임을 강

화할 수 있다. TOT 간의 협업을 진정으로 강화하는 시스템은 하향식으로 부과되는 것이 아니라 집단적 적응 지능을 만들어내는 지속적이고 새로운 학습 과정이다.

팀 간의 커뮤니케이션을 탐색하기 위한 실용적인 코칭 질문 세트는 다음과 같다.

- 올바른 결정을 내리는 데 가장 도움이 될 정보는 무엇인가?
- 언제 가장 도움이 되는가?
- 어떻게 하면 가장 유용한 방식으로 제공할 수 있는가?

이러한 대화를 촉진하기 위해 팀 코치는 팀 간의 인터페이스에서 일하면서 여러 팀의 의견이 필요하거나 도움이 될 만한 결정을 내리기 위해 함께 모일 때 팀원들을 지원할 수 있다. 여기에 도움이 되는 질문은 다음과 같다.

- 이 결정을 내릴 수 있는 가장 좋은 위치(예: 시간적 여유가 있고 상황을 평가할 수 있는 충분한 정보가 있는 위치)에 있는 사람은 누구인가?
- 누가, 언제, 어떻게 의사결정에 참여해야 하는가?

약간의 논쟁과 의견 교환이 있을 수 있지만, 의사결정을 팀 간의 협업 활동으로 재구성하면 '그들'과 '우리'의 경계를 더 허무는 데 도움이 된다.

팀 오브 팀스는 어떻게 함께 더 잘 배울 수 있는가?

위에서 설명한 내용 대부분은 본질적으로 팀 경계를 넘어선 공동 학습에 관한 것이다. 개별 팀을 코칭할 때 개인 개발과 팀 개발 및 사업 계획을 연결하는 팀 개발 계획은 점점 더 보편적이고 실용적인 접근 방식이며, 이제 코칭 및 멘토링 인터내셔널Coaching and Mentoring International을 통해 교육을 받은 모든 코치에게 표준이 되었다.

시스템 전반에서 필요한 학습을 식별하고 관리하는 것은 훨씬 더 어렵지만 동일한 원칙이 적용된다. 팀 개발 계획은 조직의 목적과 직접적으로 연결되는 TOT 개발 계획으로 통합될 수 있다. 이렇게 하면 다른 팀이 알고 소중히 여기는 작지만 가치 있는 경험과 스킬의 저장소, 즉 숨겨진 탁월한 지점을 찾아내어 이를 향상시키고 더 널리 활용하게 할 수 있다.

TOT 개발 계획은 시스템의 학습에 대한 정기적(적어도 매년) 리뷰에서 중요한 역할을 한다. 팀 코칭은 팀이 성과(팀이 하는 일), 역량(지식, 프로세스, 리소스를 습득하면 앞으로 할 수 있는 일), 능력(적은 자원으로 더 많은 일을 할 수 있는 방법)을 개선하도록 돕는 데 중점을 둔다. TOT 개발 계획은 동일한 문제를 해결하고 팀이 자신의 지평을 넘어 사고하고, 집단의식을 확장하며, 팀이나 개인의 직무가 아닌 시스템에 대한 책임을 강화하도록 돕는다.

팀 오브 팀스는 어떻게 리더십을 최대한 효과적으로 활용하게 하는가?

리더십은 리더가 되는 것과는 다르다. 전통적인 계층 구조는 리더가 모든 것을 통제하는 역할에 초점을 맞추지만, 점점 더 그렇게 할 수 없는 경우가 많아지고 있다. 효과적인 팀 코칭은 리더십의 기능을 명확히 하고 팀원들이 이러한 기능을 가장 잘 발휘할 수 있는 방법을 함께 모색하게 한다. 전형적인 결과는 임명된 리더가 가치를 부가하는 방법을 잘 알고 있으며,

팀에서도 그들의 가치를 인식한다는 것이다. 또한 이는 그들이 미래 역량과 능력 구축에 더 중요한 과업에 집중할 수 있도록 여유를 갖게 해준다.

TOT 내에서는 조직의 목적과 관련하여, 서로 다른 역할을 가진 팀별로 리더십이 다르게 표현될 필요가 있을 수 있다. 개별 팀에서와 마찬가지로 TOT 내에서도 이러한 다양성은 강점이 될 수도 있고 약점이 될 수도 있다. 리더십 기능의 관점에서 바라보면 리더십 시스템을 훨씬 더 통찰력 있게 이해하게 된다. 이를 위해서는 모든 직급의 관리자가 TOT를 통제하려는 자세에서 이를 촉진하는 자세로 사고를 전환할 필요가 있다.

집단적 코칭 대화는 공식적 및 비공식적 리더십 구조하에서 시스템이 필요로 하는 것을 들을 수 있도록 한다. 예를 들어, 성과에 방해가 되는 방식으로 움직이는 곳은 어디이며, 격려하고 강화해야 할 패턴은 어디에서 나타나는지를 이해하는 것은 리더십의 기능이다.

연결의 흐름

팀과 팀을 구성하는 데 있어 가장 어려운 질문은 '조직에 대한 낡은 연결핀 이론을 무엇으로 대체할 것인가?'이다. 이 이론은 렌시스 리커트 (Rensis Likert11, 1967)가 처음 제안한 것으로, 각 팀을 상하 의사소통의 일차적 책임을 지는 관리자가 이끌고 있다고 가정한다. 관리팀인 경우 각 구성원은 동일한 책임을 갖지만 한 단계 아래에 있다. 따라서 커뮤니케이션은 주로 사일로에서 수직적으로 이루어진다.

팀 오브 팀스는 이렇게 장황하고 쉽게 단절되는 일들이 벌어질 때까지 기다리고 있지 않는다. 새 떼나 물고기 떼가 한꺼번에 급격하게 이동하는 것과 같은 신속하고 본능적인 반응이 필요하다. 이를 위해서는 수직뿐 아니라 수평 및 대각선의 여러 연결이 작동해야 한다. 이는 리더 혼자서 수행하기에는 너무 큰 과제다. 팀 전체의 참여, 즉 연결에 대한 공동의 책임이 필요한 것이다.

나는 지금까지 조직 시스템 전반의 집단지성과 민첩성에 기여하는 활동 범주인 6가지 연결의 흐름을 파악할 수 있었다. 앞으로 더 많은 것을 발견할 수도 있다. 그 여섯 가지는 다음과 같다.

- 공동의 비전collective vision – 공동으로 원하는 결과를 추구하기 위해 모든 팀의 노력을 하나로 묶는 공유된 목적
- 정보 또는 집단지성information or collective intelligence – 한 팀의 내부 및 외부 환경 내에서 다른 팀의 의사결정 및 기능과 관련된 일이 일어나는 것에 관한 정보를 공유한다. 이는 때로 집단지성이라고 불린다.
- 자원resource – 인력, 기술 및 기타 자원을 팀 미션 달성에 가장 긍정적인 영향을 미칠 수 있는 곳으로 팀 간에 기꺼이 신속하게 이동시키는 방법이다.(대부분의 팀 구조에서 흔히 볼 수 있는 자원의 비축과 반대되는 개념이다.)
- 발명invention – 새로운 아이디어가 얼마나 빠르게 전파되는가
- 목소리voice – 서로 다른 견해를 가진 사람들이 함께 모여 집단적 견해를 표현하고 팀들 간에 영향력을 행사하는 방법
- 재편성regrouping – 단기적인 위기나 기회에 대처하기 위해 구조를 변경하여 즉각적으로 새로운 팀을 구성한다.

이러한 흐름은 조직의 행동과 활동에, 결과적으로 성과에 영향을 미

친다. 또한 이는 이탈리아 동료인 로베르토 델리 에스포스티Roberto Degli Esposti가 무형 자산이라고 칭한 것에 영향을 미치는데, 여기에는 기업 브랜드와 평판, 집단적 기억, 집단적 정체성이 포함된다. 이러한 무형의 내부적 측면은 하향식, 계층적 접근 방식으로는 관리하기가 거의 불가능하다.

연결성의 각 줄기 이해
공동의 비전 줄기

1980년대와 1990년대에 집단 비전이라는 개념이 강력하게 대두되었을 때, 기본 가정은 집단 비전이 리더십 팀에 의해 만들어지고 직원들에게 '판매'된다는 것이었다.

사람들이 비전에 대한 공동 소유권을 가지려면 비전을 해석하는 것뿐만 아니라 비전을 구체화할 때에도 어느 정도 발언권을 가져야 한다는 것이 점차 분명해졌다. VUCA의 세계에서는 조직의 목적이 존재하는 맥락이 끊임없이 변화한다. 단어는 동일하게 유지되더라도 그 뒤에 숨겨진 의미는 바뀔 수 있다. 예를 들어, 한 석유 회사는 여전히 자신의 사명을 에너지를 제공하는 것으로 설명할 수 있지만, 재생 가능 자원을 사용하여 그 사명을 어떻게 실현할지를 재조명할 수 있다.

사람들을 결속시키고 그들이 누구인지와 무엇을 하는지 사이의 정서적 유대감을 형성하는 목적의식은 사람들이 생각하는 것만큼 고정적이거나 안정적이지 않다. 미묘하게 끊임없이 변화하며, 최상위 사람들이 변화를 가장 늦게 인지할 수도 있다. 조직에 위아래로 정보를 필터링하는 고착화되고 반동적인 중간관리계층이 있는 경우 문제는 더욱 악화될 수 있다.[12] 수직적, 수평적, 횡적 대화를 지속적으로 유지하는 것이 유일하게 알려진

해독제이다(다른 비전을 가진 조직에 인수되는 것을 제외하면).

정보 줄기

이 흐름의 핵심은 적시에 적절한 정보를 적절한 사람에게 제공하는 것이다. 대부분의 조직은 데이터가 부족한 것이 아니라, 가장 필요한 사람에게 데이터를 제공하는 것이 늘 숙제다. 각 팀과 그 구성원에게는 다음과 같은 정보가 필요하다.

- 어떤 일이 언제 일어나야 하는가?
- 우리의 임무를 방해할 수 있는 어떤 구름이 지평선(또는 바로 그 너머)에 있는가?(조기 경고 신호는 팀 외부 사람이 더 쉽게 보이는 경우가 많다.)
- 흥미로운 점은 무엇인가?
- 직관적으로 중요한 것은 무엇인가?

따라서 팀은 정기 회의에 다음 두 가지 질문에 관한 토론을 포함시켜야 한다.

- 우리 주변에서 일어나는 일에 신속하고 효과적으로 대응하기 위해 다른 팀으로부터 무엇을 알아야 하는가?
- 환경에 신속하고 효과적으로 대응하기 위해 다른 팀들이 알아야 할 것은 무엇인가?

자원 줄기

자원에 대한 시스템적 관점은 시스템적 협업의 가시적인 표현이다. 팀원들은 자원을 공유하거나 작업을 재분배하라는 상부의 지시를 기다리고 있기보다, 다른 팀이 어려움을 겪고 있는 상황을 인지하고 가능한 도움을 주려고 노력한다. 고성과 팀의 동료들 사이에서 볼 수 있는 것과 비슷한 이런 공감적 접근 방식으로 하면, 문제와 사건에 대한 대응이 일반적 수준보다 훨씬 빠르다. 이는 수직적인 현상이 아니라 수평적 현상이라고 할 수 있다.

팀 간 회의에서 질문할 수 있는 내용에는 이런 것들이 있다.

- 각 팀이 프로세스에 제공하는 고유한 기술은 어떤 것들인가?
- 전체 시스템을 개선하기 위해 다른 팀에 어떤 자원과 기술을 제공할 수 있는가?
- 팀에 업무 흐름에서 최고의 정점과 좋지 않은 최저점이 있다면 서로를 지원하고 프로세스를 원활하게 하기 위해 어떻게 협업할 수 있겠는가?
- 팀 간 인터페이스에서 속도가 느려지는 곳은 어디인가?
- 각 팀이 조직의 목적에 직접 관련된 업무에 더 많은 시간과 노력을 쏟을 수 있는 방법은 무엇인가?

발명 줄기

"여기서 생긴 게 아니다"라는 태도는 시스템적 협업에 있어 치명적이다. 이를 극복하는 간단한 방법 중 하나는 아이디어 페어Idea Fair를 여는 것이다. 아이디어 페어는 모든 팀이 자신이 개발한 혁신 기술을 발표하고 새로운 아이디어에 대한 협업을 모색할 수 있는 기회로, 여러 팀의 창의성을 한데 모을 수 있다.

목소리 줄기

이는 반대 의견을 말할 수 있도록 집단적으로 용기를 내게 하는 것이다. 비슷한 관점과 우려를 공유하는 조직 내 다른 사람들과 연결되면 이러한 우려에 대해 명확히 알 수 있다. 반복적인 대화를 통해 사람들은 가정에 도전하고 금기시되는 주제에 집단적인 목소리로 맞설 수 있다. 강력한 목소리 흐름의 핵심 요소는 대화가 같은 계층에 있는 팀원들 사이에서만 이루어지는 것이 아니라 여러 계층을 넘나들며 이루어진다는 것이다. 그 결과, 목소리 줄기는 개인과 팀의 잠재력을 최대한 발휘하지 못하게 만드는 문제를 드러내고 시스템 전체가 이를 해결할 수 있도록 기회와 책임을 갖게 된다.

재편성 줄기

이 줄기는 팀의 책임과 행동 영역 간의 간극을 메우기 위한 조직의 유기체적 방식이다. 여기에는 다음과 같은 주요 질문이 포함된다.

- 어느 팀에서든 제기되었는데 해결하지 못하고 있는 문제는 무엇인가?
- 여러 팀에(업무 또는 책임이) 분산되어 있지만 제대로 처리되지 않는 이슈는 무엇인가?
- 조직 전체에 걸쳐 사람들이 관심을 갖고 있지만, 임무가 누구에게 공식 지정되지 않은 이슈는 무엇인가?

이러한 질문을 정기적으로 검토하는 것의 장점은 여러 팀의 구성원들이 비공식적인 그룹을 구성하여 상부의 공식적 권한 없이도 문제를 해결할 수 있다는 점이다. 이러한 팀은 자원의 적절한 배분이 필요할 때만 공식적 구조의 일부로 인정받게 된다. 이러한 그룹의 기능은 인체의 세포 사이를 순환하는 림프액에 비유할 수 있으며, 내부 및 외부 환경의 변화에 따라 끊임없이 움직이고 대응한다.

6개 줄기가 작동하게 만들기

전통적 조직에서는 이 여섯 가지 줄기가 모두 위에서부터 관리된다. 예를 들어, 혁신의 목표가 맨 위에서 설정되고 리더가 시급성과 난이도를 어떻게 보느냐에 따라 예산이 할당된다. 이 접근법의 단점 중 하나는 혁신이 리더의 관심을 끌기 위해 상당한 규모와 영향력을 가져야 한다는 것이다. 하지만 에이미 에드먼슨이 저서 『티밍(2012)』에서 설명한 것처럼, 현대 기업 환경에서 조직 혁신을 뒷받침하는 것은 작은 실패에서의 학습으로 이뤄지는 작은 혁신의 끊임없는 흐름이다.

여섯 가지 줄기가 모두 다방향으로 흐르면 리더는 많은 영향력 중 하나가 된다. 리더는 리더가 되는 데 집중하기보다는 리더십이 필요한 곳이라면 언제 어디서든 리더십을 발휘하는 데 집중해야 한다. 이것이 맥크리스털의 책의 핵심 메시지이다. 각 팀 내에서도 동일한 원칙이 적용되는데, 팀 리더가 혼자서 팀 안팎의 연결고리를 모두 유지하는 것은 불가능하기 때문에 리더십은 반드시 분산되어야 한다.

따라서 일반적인 리더십 논문과 달리 이 논의는 위에서부터 시작하는 게 아니라 어디에서든 시작할 수 있다. 복합적 시스템에서 원하는 지점을 선택하여 거기서부터 살펴볼 수 있다. 예를 들어 8명으로 구성된 개별 팀에서 시작한다고 해보자. 이 팀은 정기적인 주간 또는 월간 회의를 통해 내부 기능과 관련하여 6개의 줄기 각각에 대해 논의한다. 이는 높은 심리적 안정감과 미래 지향성, 코칭 스타일의 협업이 결합된 환경에서만 가능하다. 또한 팀은 가능한 범위 내에서 수평적, 수직적 또는 공식적 구조에서 더 멀리 떨어져 있는 다른 팀에 미치는 영향도 탐구한다(여기서 전통적 계층 구조 차트는 장애물이 될 수 있다. 어린이 놀이터 공간의 끊임없이 이동하는 색색의 공이 담긴 용기가 훨씬 더 정확한 모델일 수 있다.). 팀이 다룰 안건에서 6개의 줄기에서 영향을 주고받을 다른 팀이 있다는 것을 미리 안다면, 해당 팀의 대표를 회의에 초대할 수 있다. 반대로 연락이 필요하다고 판단되는 팀의 다음 회의에 우리 팀 대표를 보낼 수도 있다. 팀 회의에서 중요한 것은 모든 사람이 모든 줄기에 대해 논의할 책임을 지지만, 다른 팀과의 연결에 대한 책임을 지는 개인과 쌍이 있어야 한다는 것이다.

팀 지원에서 팀 코치의 역할

팀의 과제는 내부 중심의 일반적인 업무 방식에서 보다 유연하고 다양한 관점의 루틴과 행동으로 전환하는 것이다. 팀 코치는 각 팀이 현재의 업무 방식과 원하는 업무 방식, 그리고 팀과 시스템 전체에 필요한 변화를 가져올 수 있는 방법을 명확하게 이해할 수 있도록 지원한다. 여기서 핵심은 팀 오브 팀스의 전체 업무와 우선순위보다 팀 자체의 업무와 우선순위를 우선시하도록 학습된 행동을 극복하는 것이다.

팀 코치의 역할은 더 큰 팀 시스템 내에서 연결성을 향상시킬 잠재력이 있는 모든 지점에서 도움을 주는 것이다. 예를 들어, 둘 이상의 팀이 보다 효과적인 협업을 구축해야 하는 경우가 이에 해당할 수 있다. 모든 경우에 모든 팀원이 코칭 세션에 참석할 필요는 없다. 대표자가 자신의 관점이나 팀 내 하위 그룹의 관점이 아니라 진정으로 팀의 공동의 관점을 대표한다면, 소수가 훨씬 더 효율적이고 효과적일 수 있다.

새로운 팀 구성

팀이 어떤 발전 단계에 있든, 팀이 어떻게 진화하는지는 복잡하고 예측할 수 없는 내부 및 외부의 힘의 역학 관계에 따라 달라진다. 아직도 가장 일반적으로 인용되는 새로운 팀 개발 모델인 터크만Tuckman의13 형성기 – 격동기 – 규범기 – 성과기Forming – Storming – Norming – Performing 모델은 선형적 시스템 내에서 완전한 내부 통제 요소를 가정한 모델이다. 터크만 모델은 팀이 아닌 그룹(대부분 치료 중인 사람들의 그룹)을 대상으로 한 거시적 연구를 기반으로 했다. 이 모델을 테스트한 몇 안 되는 학술 연구 중 하나에 따르면 2%의 팀만이 이런 정해진 패턴을 따랐다.14 이 모델을 새로운 팀 개발에 적용하려고 했던 코치들의 경험은 이 모델이 실제로 팀 개발 속도를 늦춘다는 사실을 시사하였다. 특히 효과적인 코칭이 있으면 '격동기'가 필요 없게 된다.

아래 모델은 팀 기능에 대한 PERILL 모델이다. 이 모델은 팀과 팀 코칭에 관한 실증적 문헌과 팀 코치들의 경험을 바탕으로 하고 있다. 올바른 시점에 올바른 대화가 이루어질 수 있도록 해주는 논리적이고 실용적인 프레임워크이다. 이는 5단계로 구성되어 있다.

PERILL 모델의 모든 요소는 이 순서로 표현된다. 실제 상황에서는 단계

간에 어느 정도 겹치는 부분이 있다. 터크만 모델은 치료자 그룹에서 전문가 개입이 없을 때 일반적으로 일어나는 일을 기반으로 한다. 이 모델은 혼돈에서 벗어나 점차 질서가 잡히는 과정을 설명한다. 팀 코칭은 팀의 대화에 구조를 제공함으로써 신생 팀의 초기 혼란을 극복하도록 도와준다. 이미 존재하는 팀에는 코칭이 중요한 변화가 있을 때마다 '기본으로 돌아가도록' 해준다. 예를 들어,

- 새 멤버 합류
- 새로운 리더의 등장
- 이해관계자의 기대사항 변화
- 활용할 수 있는 자원이 적은 상황
- 기술 변화

팀 코칭을 위한 세부적 질문

다음 질문들은 코치들이 새로 형성된 팀이나 구성 중인 팀의 성과에 도움이 되는 상호 이해와 상호의존성 개발을 돕는 데 출발점이 될 수 있다.

기초(Foundation)

- 이 프로젝트 또는 비즈니스 요구의 스폰서는 누구인가?
- 사업적 근거는 무엇인가?
- (정치적) 맥락은 무엇인가?
- 이 팀이 내놓는 결과가 얼마나 중요한가?
- 팀 구성원은 누가 어떻게 결정하는가?(팀원은 어떤 기준으로 선정되

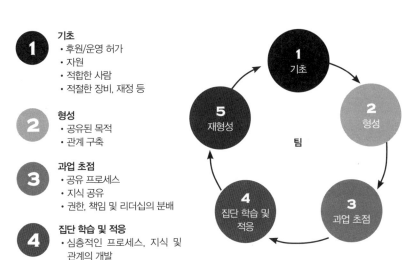

1 기초
• 후원/운영 허가
• 자원
• 적합한 사람
• 적절한 장비, 재정 등

2 형성
• 공유된 목적
• 관계 구축

3 과업 초점
• 공유 프로세스
• 지식 공유
• 권한, 책임 및 리더십의 분배

4 집단 학습 및 적용
• 심층적인 프로세스, 지식 및 관계의 개발
• 이해관계자와 한 방향 재조정
• 성공 요소와 방해 요소 관리

5 재형성
• 언제든 사이클에 다시 참여하기

그림 8.7 새로운 팀 구성의 단계

는가?)

• 적절한 다양성이 있는가?

• 작업을 수행하려면 어떤 자원이 필요한가? 이에 대한 예측을 얼마나 확신할 수 있는가?

• 필요한 경우 추가 자원을 사용할 수 있는가?

• 팀원들은 이전에 함께 일한 경험이 있는가?

• (해당되는 경우) 프로젝트 팀에서 일했을 때 그들은 어떤 경험을 하였는가?

형성(Formation)

공유 목적

- 이러한 목적을 달성하는 것이 이해관계자에게 중요한 이유는 무엇인가?
- 우리에게는 어떤 점에서 중요한가?
- 주어진 팀 목적을 각자 어떤 관점에서 해석하고 있는가?
  - 명시적 및 암시적 가치
  - 목적을 달성하는 모습은 우리에게 어떻게 그려지는가?
  - 그것은 이해관계자에게 어떻게 보여지는가?
- 당신이 하고 싶은 주된 기여는 어떤 것인가?
- 목적을 잃지 않으려면 어떻게 해야 하는가?
- 우리는 이 팀에 어떤 정체성을 부여하고 싶은가?
- 이 팀에 대해 우리가 갖는 희망과 열망, 두려움은 무엇인가?

관계 구축

- 모든 사람이 팀에 소속되어 있고 가치 있고 동등한 팀원이라는 것을 어떻게 확인할 수 있을까?
- 상호 신뢰와 심리적 안전을 어떻게 보장할 수 있을까?
- 서로의 이야기 이해하기
- 우리는 서로를 어떻게 돌보려 하는가?
- 각 이해관계자들과 어떻게 좋은 관계를 구축하고 유지할 수 있을까?

과업 초점(Task focus)

공유 프로세스

- 어떤 작업을 어떤 순서로 수행해야 하는가?
- 각 작업에 대한 기본, 보조 및 총괄 책임은 누구에게 있는가?
- 팀 외부의 인력에 의존하는 업무에는 어떤 것이 있는가? 그 결과가 확실히 나온다는 걸 어떻게 보장할 것인가?(프로세스 경계를 어떻게 관리할 것인가?)
- 모니터링 및 리뷰를 어떻게 할 것인가?
- 어떻게 벤치마킹할 것인가?
- 집단적 결정이 필요한 사항은 무엇이며 그 과정을 어떻게 관리할 것인가?
- '집단 사고'를 어떻게 방지할 수 있을까?

지식 공유

- 각자 어떤 전문성을 가지고 있는가?
- 중복되는 부분과 공백은 어디인가?
- 어떤 새로운 지식과 전문성을 습득해야 하는가? 각 영역에 대한 책임은 누가 지는가?
- 우리의 가정에 어떻게 의문을 제기할 것인가?
- 건강한 수준의 순진함을 어떻게 유지할 수 있을까?

리더십의 분배

- 이 팀에는 어떤 리더십 기능이 필요한가?
- 각각에 대한 책임은 누가 지나?

- 어떤 상황에서 다른 팀원에게 기능을 넘겨줄 것인가?

집단 학습 및 적응(Collective learning and adaption)

- 우리는 좌절을 어떻게 관리하고 그로부터 배우는가? 이러한 학습을 효과적으로 포착하고 있는가?
- 우리는 우리의 예측을 진정으로 믿는가?
- 우리는 충분히 크게 우리 스스로에게 도전하고 있는가?
- 서로에게 어떤 지원을 필요로 하는가?
- 사용 가능한 자원을 최대한 활용하고 있는가?(사용할 수 있지만 사용하지 않는 자원이 있는가?)
- 팀 외부의 정치가 우리에게 영향을 미친다고 하면, 우리는 이를 얼마나 잘 관리하고 있는가?
- PERILL 모델에서 현재 우리가 가장 주목해야 할 분야는 무엇인가?
- 우리가 지금 하고 있는 일이 팀의 목적을 달성하는 최선의 방법인가?
- 다른 팀이 우리보다 목적을 더 잘 달성할 수 있을까?

재형성(Reformation)

- 우리가 목적에 맞게 마지막으로 재조정한 시기는 언제였는가?
- 팀 멤버십에 어떤 변화가 있었는가?
- 앞으로 우리는 어떤 새로운 도전에 직면해야 하는가?

안정적인 팀을 위한 애자일 프로세스

애자일 방법론에 대한 가장 큰 비판 가운데 하나는 프로젝트 팀 환경에서 '평소 업무BAU, Business as usual'를 수행하는 팀으로 전환하기가 매우 어렵다는 점이다. 후자의 경우 프로세스의 명확한 끝이 없다. 안정적인 팀 환경에서는 자주 바뀌는 우선순위에 따라 실험하고 지속적으로 개선하는 대신, 장기적이고 비교적 안정적인 목표와 우선순위에 따라 업무 흐름 및 기타 프로세스를 최적화하고 일관성을 유지하려고 노력한다. BAU 팀의 구성원은 애자일 원칙을 사용하여 팀 간 프로젝트에 참여할 수도 있고, 팀 내 하위 그룹이 맡은 특정 개선 프로젝트에 애자일 접근 방식을 취할 수도 있다. 하지만 BAU 팀을 프로젝트 팀처럼 운영하려는 것은 마라톤 선수에게 펜싱을 하라고 요구하는 것과 같다. 전자의 성과는 정해진 목표를 향해 일관된 페이스를 유지하는 데서 나오지만, 후자의 성과는 새롭고 진화하는 과제에 대응하는 방식을 끊임없이 조정하는 데서 나온다.

그렇다면 BAU 팀은 어떻게 애자일 사고를 효과적으로 활용할 수 있을까? 답은 BEAUBusiness Evolving As Usual, 즉 평소 업무의 진화이다. 이 접근 방식의 출발점은 팀이 환경(특히 이해관계자 및 영향력 있는 인물)이 요구하는 속도에 맞춰, 적어도 그 속도만큼 빠르게 진화해야 한다는 것을 인식하는 것이다. 팀의 목적은 여정의 일반적인 방향을 나타내는 비교적 고정된 포인트이다. BEAU 팀은 변화, 풍향의 변화, 기타 예측 가능하거나 예측 불가능한 사건을 고려해서 코스를 자주 변경해야 한다는 원칙에 따라 작업한다. 주기적인 재보정은 이러한 코스 변경의 원동력이 되며, 이러한 재보정은 신속하고 비교적 작은 수정을 허용할 수 있을 만큼 충분히 자주 이루어져야 하지만 멤버들이 계획을 세우는 것이 불가능할 정도로 자주 이루어져서는 안 된다.

많은 조직에서 선호하는 연례 몰아치기 전략 회의는 이러한 균형을 이루기에는 주기가 너무 길다. 분기별 주기가 '딱 맞는' 것처럼 보인다. 특히 이것은 아래에서 살펴볼 것처럼 평가 주기와 완벽하게 통합되기 때문이다.

BEAU 팀 접근 방식의 주요 구성 요소는 다음과 같다.

1. 개인 및 팀 개발 계획의 통합. 여기서 중요한 질문은 다음과 같다.
   - 우리의 목적이 우리에게 요구하는 새롭거나 향상된 기술, 지식, 능력은 무엇인가?
   - 다음 기간 동안 어떤 기술, 지식, 역량을 합리적으로 발전시킬 수 있을까?
   - 프로세스에서 개선할 수 있고, 개선해야 하는 영역은 무엇인가?
   - 팀 내 관계와 협업의 어떤 측면을 개선할 수 있는가?
   - 이해관계자 및 영향력 있는 인물과의 관계 및 상호작용을 개선하기 위해 무엇을 할 수 있을까?
   - 서로를 완벽하게 지원하기 위해 어떤 책임과 의무를 명확히 해야 하는가?
2. 직원 주도의 평가 및 성과관리. 기존 성과 평가의 문제점 중 하나는 그것이 실제로 성과를 개선한다는 신뢰할 만한 증거가 거의 없다는 것이다. 오히려 긍정적인 평가조차도 사기를 떨어뜨릴 수 있다. 훨씬 더 효과적인 접근 방식은 대략 6주 주기(따라서 분기마다 두 번씩)로 평가 프로세스의 통제권과 소유권을 관리자에게서 직원에게로 옮기는

것이다. 이 프로세스는 직원이 팀 동료와 팀 외부의 일부 이해관계자에게 해당 직원이 팀 목표 달성을 위해 무엇을 했는지, 그리고 그 직원이 무엇을 더 해주었으면 좋았을지 묻는 것으로 시작된다. 이 데이터를 바탕으로 직원은 향후 6주 동안 달성하고자 하는 목표를 자세히 설명하고 성과 및 학습계획을 작성한다. 관리자와, 적절한 경우 다른 팀원이 코칭하고 건설적인 도전을 제공한다. 6주 기간이 끝나면 직원은 성과 및 학습 목표를 얼마나 잘 달성했는지, 성공과 실패를 통해 무엇을 배웠는지에 초점을 맞춰 다시 한번 동료의 피드백을 구한다. 분기별 리뷰 세션에서 팀원들은 서로에게 도움을 구하고 제공한다. 또한 개선을 방해하는 반복되는 패턴을 파악하고 다음 분기 주기에서 이를 해결할 방법을 결정한다.

3. PERILL 리뷰. 다음과 같은 개발 계획 프로세스에 있는 질문들이 위의 PERILL 복합 적응형 시스템 모델의 6가지 요소와 유사한 것은 놀라운 일이 아니다. 최소 1년에 두 번씩 BEAU 팀은 팀 전체가 최상의 상태였을 때와 그렇지 않았을 때 어떤 일이 있었는지 검토한다. 여기에는 다음과 같은 주요 질문이 포함된다.

- 우리가 속해 있는 더 넓은 시스템에서 무엇이 바뀌었거나 바뀌고 있는가?
- 이것이 목적에 맞는 서비스를 제공하는 우리의 능력에 어떤 영향을 미치는가?
- 시스템이 필요로 하는 속도에 맞춰 실제 진화 속도를 어떻게 조정할 수 있을까?
- 적절한 속도로 변화하고 있다면 올바른 방향으로 가고 있는 것

일까?

- 우리는 누구의 말을 가장 많이 듣고 있는가? 그리고 누구의 말에 귀를 기울여야 하는가?

4. 성과 지표로서의 실험. 실험은 성과 중심과 학습 중심 사이의 다리 역할을 한다. 분기별 리뷰와 PERILL 리뷰는 "어떻게 하면 우리가 나아가는 방향을 더 빠르고 확실하게 따라갈 수 있을까?"라는 질문과 연결되어 초점 영역을 만들어낸다. 이러한 초점 영역에서 다음과 같은 다양한 실험 기회가 도출된다. 개인, 하위 그룹 및 팀 수준. 팀은 이 중 충분한 역량, 자원, 에너지가 있는 실험에 동의하고 이를 개인 및 팀 개발 계획에 반영한다. 이후 검토를 통해 각 실험의 지속, 발전 또는 중단 여부를 결정하고 다음 주기의 학습을 포착한다. 여기서 핵심은 실험과 실패로부터의 학습이 추가적인 업무로 간주되지 않고 평소처럼 업무에 포함되며, 팀이 혁신의 수준, 범위, 품질 및 양에 대해 자체적으로 평가할 수 있다는 것이다.

5. 큐레이터로서의 리더. 지정된 리더의 주요 과제는 이러한 각 프로세스를 지원하되 통제하려고 시도하거나 방해하지 않는 것이다. 큐레이터로서 리더는 팀이 필요한 자원을 확보하고 경계를 보호하여 팀의 에너지를 소모하거나 가치 창출에서 주의를 분산시키는 외부의 간섭을 제한한다. 이러한 변화의 일부에는 팀원들의 단독 코치 역할을 내려놓는 대신, 팀 회의에서 공동 코칭과 코칭 스타일의 대화를 촉진해야 한다.

이 5가지 핵심 원칙은 프로젝트 기반의 애자일 방법론과는 여러 측면에서 다르지만, 조직의 주류 팀의 요구 사항에 훨씬 더 잘 맞다. 하지만 애자일 팀과 마찬가지로 BEAU 팀도 이러한 새로운 업무 방식을 배우기 위해서는 상당한 지원이 필요하다. 공인된 팀 코치의 효과적인 팀 코칭이 해결책의 일부가 될 수 있다. 하지만 가장 큰 효과는 단계별 실험을 통해 팀 문화에 뿌리내릴 때까지 원칙을 적용하는 방법을 점진적으로 배우는 것이다.

요약

팀과의 코칭 여정은 나 자신 및 전문 코치로서 복잡성의 확장과 시스템에 대한 인식을 높이는 과정이었다.

때로는 한 단계의 복잡성의 문을 하나 열 때마다 그 뒤에 또 다른 복잡성이 있는 것 같은 기분이 든다. 코치들의 도전 과제는 고객인 리더들과 그들의 팀들보다 적어도 한발 앞서 나가야 한다는 것이다.

참고

1 Hackman, J.R. and Wageman, R.,(2005) A theory of team coaching. *Academy of management review*, 30(2), pp.269 - 287.

Katzenbach, J.R. and Smith, D.K.,(1992) Why teams matter. *The McKinsey Quarterly*, (3), pp.3 - 28.

Edmondson, A.,(1999) Psychological safety and learning behavior in work teams. *Administrative science quarterly*, 44(2), pp.350 - 383.

2 증거를 기반으로 비판적으로 살펴보면 모든 것이 무너질까?

3 Purpose and motivation, External systems and processes(stakeholders),

Relationships, Internal Systems and Processes. Learning and Leadership.

4 Clutterbuck, D *Developing learning teams* Training Officer, July/August 1996.

5 Clutterbuck, D(2007) *Coaching the Team at Work*, Nicholas Brealey International, London.

6 Wageman, R, Nunes, DA, Burruss, JA and Hackman, JR(2008) *Senior Leadership Teams*, Harvard Business School Press, Harvard.

7 Hawkins, P(2011) *Leadership Team Coaching*, Kogan Page, London.

8 Clutterbuck, David(2021) *Coaching the Team at Work*, Nicholas Brealey International, London 2nd edition.

9 McChrystal, S(2015) *Team of teams*, Penguin, London.

10 Sull D, Sull, S and Yoder J(2018) No One Knows Your Strategy – Not Even Your Top Leaders, Sloan Management Review,(Research Highlight online February 12).

11 Likert, Rensis(1967). The Human Organization: *Its Management and Value*. New York: McGraw – Hill.

12 Oshwry, Barry(2007) *Seeing Systems*, Berrett – Koehler, SF.

13 Tuckman, B.W. and Jensen, M.A.C., 1977. Stages of small – group development revisited. *Group & organization studies*, 2(4), pp.419 – 427.

14 Knight, PJ(2007) Acquisition Community Team Dynamics: The Tuckman Model vs. the DAU Model. Paper to the 4th Annual Acquisition Research Symposium of the Naval Postgraduate School.

9

윤리, 코칭업,
다가오는
인공지능의 존재감

공정성과 윤리 사이의 연관성은 미약할지 모르지만, 내가 기업의 일탈이라는 주제에 관심을 갖게 된 이유는 바로 이 때문일 것이다. 1980년대 말과 1990년대 초에 조직이 '어떻게 나빠지는지'에 대한 책과 연구가 쏟아져 나왔다. 그중 시스템 이론을 언급한 연구는 거의 없었지만, 이 연구들은 삶의 다른 부분에서는 윤리적 행동과 가치를 유지하던 사람들이 기업에서는 이를 잃어버리는 현상을 지적했다. 그 한 가지 요인은 일과 삶의 균형 부족이었다. 다른 규범과 가치 체계와의 접촉이 너무 적어 자신이 하고 있는 일(적극적인 역할이든 단순히 옆에 서 있는 것이든)에 대해 눈을 감게 되었다.1 이는 종종 작은 위반으로 시작하여 점차 범위와 규모가 커진다. 예를 들어, 중요한 목표를 놓쳐 보너스에 부정적인 영향을 미칠 수 있다는 것을 알게 된 직원 그룹은 '조금만' 부정행위를 하고 싶은 유혹을 받을 수 있다. '모두가 그렇게 하고 있다'거나 '상사가 알고도 눈감아 준다'는 집단 효과가 서서히 나타나면 부정행위가 점점 더 일반적인 것으로 간주되어 용인되게 된다.

비윤리적이거나 불법적인 행동의 가능성을 높이는 다른 요인으로는 다음과 같은 것들이 있다.

- 집단 충성심 – 예를 들어, 의료진이 무능한 동료가 실수로 환자를 죽인 것을 은폐하는 경우이다. 특히 서비스에 압박이 가해질 때, 집단 연대가 환자 치료보다 우선시되는 경향이 있다.
- 자기기만. 대부분의 사람들은 자신이 평균 이상으로 윤리적이라고 생각한다. 그들은 또한 운전자로서 평균 이상이라고 생각한다. 자신에 대한 긍정적인 생각을 유지하려는 우리의 욕구는 우리의 긍정적인 자아 이미지에 흠집을 내는 행동을 합리화하게 만든다. 창의적인 사람들은 자신이 지지하는 가치에 맞지 않는 행동을 설명하기 위한 이야기를 더 잘 만들어내기 때문에 자기기만을 할 가능성이 더 높다고 한다.

나는 10년 전에 수행했던 기업 일탈에 관한 연구와 내부 고발에 관한 나

표 9.1 **나의 학습 여정**

나의 학습 여정		
윤리는 개인이다	윤리는 시스템적이다	윤리는 시스템이고 맥락적이다
코칭과 멘토링의 전문조직은 코치들을 위해 존재한다.	코칭과 멘토링의 전문 조직은 코치/고객 또는 멘토/멘티 시스템과 그 직접 이해관계자를 위해 존재한다	분야 코칭 및 멘토링이 우리 시대의 더 넓은 사회 이슈를 다루지 않는다면 의미가 없다

의 지식을 결합했다. 내가 얻은 교훈 중 하나는 윤리는 개인의 문제가 아니라 조직 전체의 문제라는 것이었다. 많은 조직이 비윤리적인 행동이 만연한 문화를 바꾸지 못한 이유가 바로 이 단순한 인식에 있다. 나는 윤리적 의사결정에 대한 논의를 내가 진행하는 간부 워크숍에, 이사회와 함께 하는 과제에, 그리고 당연히 일상적인 코칭에 포함시키기 시작했다.

그러던 중 2000년대 초 금융 위기가 찾아왔다. ICAEW Institute of Chartered Accountants in England and Wales, 잉글랜드 웨일스 공인회계사 협회는 기업의 고위 재무 전문가의 위상을 높일 수 있는 기회를 포착하여, 이들이 조직 내 비윤리적 관행에 도전할 수 있는 기술을 갖추도록 하고 윤리적 멘토 역할을 하게 했다. 윤리 멘토는 잠재적 내부 고발자 또는 윤리적 딜레마에 처했다고 생각하는 사람이 이를 해결할 수 있도록 안전한 공간을 제공하는 사람이다. 나와 동료들은 저명한 교수인 셀리아 무어Celia Moore와 협력하여 수백 명의 윤리 멘토를 양성해왔다. 영국 국민 건강보험UK National Health Service 에만 200명 이상이 있다.

윤리 멘토

윤리 멘토는 사람들이 가치의 충돌 또는 윤리적 결함의 가능성을 인지한 상황에서 사고할 수 있도록 돕는 데 중점을 둔다. 또한 사람들이 윤리적 딜레마를 더 잘 예측하고 피할 수 있도록 윤리의식을 개발하도록 돕고, 윤리에 관심이 있는 비즈니스 리더가 조직에서 보다 윤리적인 문화를 형성할 수 있도록 리소스를 제공한다.

윤리 멘토는 또한 잠재적 내부 고발자가 자신의 행동과 잠재적 결과를 고려할 수 있도록 도와준다. 대규모 조직의 내부 고발 절차는 문제가 통제 불능 상태로 확대될 것을 우려해 사용을 꺼리는 사람들이 있는가 하면, 반대로 정당하게 해고된 직원이 악의적으로 사용하거나 내부 고발자의 행동이 이미 조사 중인 사안에 대한 정당한 절차를 훼손하는 등 악용되기도 한다. 윤리 멘토는 사람들이 자신의 우려 사항을 공개적이고 적절한 방식으로 처리하는 시기와 방법, 그리고 개인에게 미칠 수 있는 부정적인 결과를 완화하는 방법을 생각해 보도록 도와준다. 내가 사용하는 윤리 멘토링 프레임워크가 어디에 근거했는지는 확실하지 않다. 내 생각에는 내가 폭넓은 독서에서 찾아내고 응용한 것 같은데, 상당히 노력을 했음에도 불구하고 출처를 찾을 수 없었다.[2] 대화의 6단계는 다음과 같다.

- 문제를 명확하게 표현하기
  - 이것이 누구에게, 어떻게, 왜 영향을 미치는가?
  - 이해 상충의 성격은 무엇인가?
  - 어떤 구체적인 개인적, 조직적, 사회적 가치가 관련되어 있는가?
- 맥락 고려하기
  - 누가 직간접적으로 관련되어 있는가?
  - 새로운 문제인가, 아니면 새로운 모습으로 나타난 오래된 문제인가?
  - 구체적인 책임과 일반적인 책임은 무엇인가?
  - 누구와 상담해왔는가?
  - 누구와 상담하는 게 필요한가?
  - 관련 행동 강령이나 가이드라인이 있는가?

- 이곳의 일반적인 윤리적 분위기는 어떤가?
- 시사점 고려하기
  - 어떤 위험이 수반되는가?(안전, 재정, 평판 등)
  - 이번 결정이 어떤 선례가 될 수 있는가?
  - 이 작업이 훨씬 더 큰 규모로 이루어지면 어떤 영향이 있을까?
  - 이 일이 공개적으로 진행되는 경우와 비공개로 진행되는 경우 의미가 달라질 것인가?
- 다른 의견이나 관점은 어떤 것이 있을 수 있는가?
  - 어떤 점을 인정하지 않으려는 것인가?
  - 누가 당신의 생각에 강력한 도전이 될 수 있을 것인가?
  - 어떻게 하면 다른 사람들이 더 편안하게 의견을 말할 수 있을까?
  - 우리는 진정으로 반대 의견을 구하고 경청했는가?
- 주장의 균형 맞추기
  - 공정한 조언자는 어떤 것을 공정하다고 볼까?
  - 상충되는 목표와 가치에 어떤 우선순위를 적용해야 할까?
  - '윤리적으로 허용되는 영역'이란 무엇이며 그것을 넘는 것에는 무엇이 있는가?
- 최종 점검
  - 자신도 모르게 의사결정의 편견을 지니고 있다면 어떤 것인가?
  - 당신은 자신에게 얼마나 정직한가?(당신의 동기가 얼마나 순수한가?)
  - 이것이 정말 옳은 일이라고 진심으로 느끼는가?
  - 우리가 이 문제를 시간을 더 두고 생각한다면 다른 결론에 도달할 수 있을까?

저널리스트에서 학자이자 실무자로 전환하기 훨씬 전에 나는 여러 나라의 사람들에게 허용되는 비즈니스 관행이 무엇인지 순위를 매기는 실험을 진행했다. 나는 몇 가지 주제를 선정하고 여러 가지 옵션을 제시했다. 예를 들어, 고객의 전화를 무료로 사용하는 것부터 중고 노트가 가득 담긴 여행 가방을 받는 것까지 다양한 선택지가 있었다. 내가 알고 싶었던 것은 윤리적으로 허용되는 것과 허용되지 않는 것 사이의 경계가 어디인가 하는 것이었다. 그 데이터를 통해 내린 결론은 국가별 문화는 내가 조사한 분야에 거의 또는 전혀 영향을 미치지 않는다는 것이었다. 이러한 차이는 기능적 문화의 맥락에서 발생했기 때문에 마케팅과 영업은 일반적으로 인사나 재무보다 윤리적으로 더 느슨했다. 이것은 추후 내 연구에서 요구되는 엄격함을 전혀 충족하지 못하는 연구였고, 그저 흥미로운 데이터 세트로 분류될 뿐이었다. 하지만 이 연구를 통해 나는 편견과 문화적 고정관념을 버리고 윤리를 시스템적 관점에서 바라보기 시작했다.

최근에 나는 새로운 기술과 관련된 코칭 윤리의 복합적 문제를 다루고 있다. 코칭의 두 가지 주요 윤리적 실천 규범은 둘 다 기술에 발맞춰야 할 필요성과 데이터 개인정보 보호법 준수와 같은 일상적인 관리 문제에 대한 기본적인 내용을 담고 있다.

그러나 몇 가지 중요한 윤리적 문제가 발생한다. 예를 들어 코칭 플랫폼이 코치와 고객 간의 대화를 녹음하고 데이터를 분석하는 것이 윤리적인가? 코치의 인공지능 비서가 고객 또는 코칭 슈퍼바이저와 대화하는 것은 어떤 상황에서 허용될 수 있을까? 슈퍼바이저는 멀지 않은 미래에 적어도 윤리 전문가로서의 교육이 필요할 것이다!

이 장에서는 윤리의 세 가지 측면, 즉 코칭의 민주화, 코칭의 탈식민화,

기후 변화와 같은 윤리적 문제에 대한 고객의 인식을 제고하는 코치의 역할에 대해 살펴보고자 한다. 또한 코치봇과 인공지능으로 인한 코칭의 새로운 도전 과제에 대해서도 간략하게 살펴본다.

코칭의 민주화

윤리가 개인의 선택이 아니라 시스템의 선택에 관한 것이라면 직업으로서의 코칭에 흥미로운 도전 과제가 될 수 있다. 나는 90년대 중반에 코칭의 민주화에 대해 언급하기 시작했다. 일반직으로 코칭을 받는 사람들은 이미 특권을 누리고 있고 성공할 가능성이 높은 사람이라는 점이 마음에 걸렸다. 이미 과잉 교육을 받은 나르시시스트가 기업의 사다리를 오를 수 있도록 코치가 도와주는 역할을 하면서, 더 좋은 리더가 될 수 있지만 코칭 비용을 감당할 수 없는 사람들의 요구는 무시하는 것이 얼마나 윤리적인가라고 자문했다. 나는 전 세계, 특히 EMCC 내에서 코치들이 상업적 포트폴리오와 코칭 비용을 감당할 수 없는 사람들을 위한 프로보노 코칭의 균형을 맞추는 것에 대해 얼마나 많은 코치들이 동참했는지를 보면서 감격했다. 특히 내가 참여하게 된 프로젝트 중 하나는 기업가인 벤 크로프트Ben Croft가 후원하는 윤리적 코칭이었다. 에티오피아는 코칭이 거의 없는 나라였고, 자선단체의 코칭이 절실히 필요한 나라였다. 내가 수석 코치로 참여한 이 프로젝트는 에티오피아의 코치 지망생들이 코칭 기술을 개발하도록 지원하고, 이들이 NGO의 경영진을 돕는 데 활용할 수 있도록 하는 것이었다. 각 현지 코치들은 경험이 풍부한 국제 코치 자원봉사자의 지원을 받아 NGO와 함께 일했다. 또한 각 코치 쌍은 글로벌 슈퍼바이저 네트워크의 자원봉사 슈퍼바이저의 지원을 받았다.

나는 미래의 코치에도 초점을 맞추기로 했다. 전 세계의 고용주들은 모든 직급의 관리자들이 코치적인 방식으로 행동하도록 설득하는 데 어려움을 겪고 있다. 사람들은 처음 직장에 들어왔을 때의 리더를 모델로 삼아 관리 및 리더십 행동을 하기 때문에 이 시스템은 자기 영속적이다. 이러한 악순환의 고리를 끊는 한 가지 방법은 젊은이들이 코칭 기술과 사고방식을 갖추고서 직장에 진입하게 하는 것이다. 7개 국가의 학교에서 내가 고안한 청소년 코치 및 멘토 양성 프로그램을 실험하고 있다. 워크북에는 부모들을 멘토링하는 방법에 대한 장도 있다!

몇몇 기술 기반 회사들은 코칭 비용을 줄일 수 있는 가능성을 인식하여 폭 넓게 대중이 접근할 수 있도록 만들었으며, 이를 민주화라고 설명했다. 코칭을 상품화한다는 잠재적 단점이 있기는 하지만, 이는 분명 해결책의 일부이다. 아프리카 시골 마을의 사람들처럼 '저렴한' 코칭을 감당하기에도 너무 가난한 사람들의 요구를 충족시킬 수는 없다. 또한 이러한 지역사회 사람들의 코칭 기술을 개발하는 데도 쉬운 해답을 제공하지 못한다. 2020년에 나는 코칭 전문 기관에 도전장을 내밀었다: "향후 10년 내에 세계에서 가장 소외된 1억 명에게 코칭을 제공하겠다는 목표를 달성하기 위해 우리가 함께할 수 있는 일은 무엇일까요?"

코칭의 탈식민화

나는 코칭의 탈식민지화라는 표현을 주장한다.[3] 다음은 그에 관한 세 가지 진술이다.

- 코칭 작업에서는 명확한 목표가 필수이다.
- 현대 코칭은 미국에서 유래되었다.
- 멘토는 조언을 제공하지만, 코치는 그렇지 않다.

이 진술 중 하나라도 동의했다면 당신은 북미의 지배적인 코칭 문화에 길들여진 것이다. 당신은 특정 시기의 특정 문화에 국한된 서사를 받아들인 것이다. 그리고 다른 문화적 서사에서는 목표를 긴급한 것으로 보거나 (8장 참조) 시간이나 관계에 대해 다른 인식을 가지고 있다는 사실에 눈 감는 것이 된다. 우리는 많은 문화권에서 수천 년에 걸친 사람 중심의, 질문 기반 대화를 찾아볼 수 있다.

코칭의 문화적 식민화 과정은 빠르고 은밀하게 진행되어 왔다. 그러나 전 세계의 코치들은 반발하며 자신의 문화적 정체성과 역사의 관점에서 코칭의 타당성을 재확인하고 있다.

내 문화적 렌즈를 통해 다른 문화권에서 온 사람을 코칭하거나 멘토링 하려고 하면 그 문화권의 정당성을 부정하게 된다. 내가 그들의 문화적 렌즈를 통해 그들을 코칭하려 한다면, 나는 진정성이 결여될 위험에 처하게 된다. 문화를 인식하는 성숙한 코치는 고객과 공동 학습 공간을 만들어 두 가지 관점을 통해 학습 대화를 풍부하게 하고 향상시킨다.

모든 곳에서 코치들이 코칭에 대한 자신들만의 문화적 가정의 한계를 인식하고 다른 사람의 가치를 이해하도록 코치들을 교육하는 것이 앞으로의 과제이다. '수입된' 코칭 문화를 받아들인 코치에게는 자신의 문화적 정체성을 어떻게 재확인할 수 있을지가 과제이다. 나는 최근 슈퍼비전 중인 한 코치가 '탈식민지화'라는 단어를 사용하는 걸 보고 나의 문화적 사각지

대를 깨닫게 되었다. 그녀는 자신의 문화권에서는 단순하고 공식적인 표준 코칭 방법을 도입하는 것이 부패가 만연한 비즈니스 문화를 해결하는 데 중요하지 않다고 설명했다. 우리가 함께 알게 된 것은 탈식민지화가 선진국에서는 적절한 언어이자 의도이지만, 다른 나라에서는 문화적으로 더 적절한 용어는 '맥락화'라는 사실이다.

우리가 그것을 뭐라고 부르든, 갈등에는 윤리적 딜레마가 내새되어 있다. 보편적인 표준을 만드는 동시에 다양성을 키우고 서로 다른 문화적 관점을 존중하는 것 사이에서 고민해야 한다. 이러한 맥락에서 '국제적' 또는 '글로벌'이라는 단어가 의미하는 바에 대해 전문 기관은 깊이 생각해 볼 여지가 있다. 우리의 코칭에서 진정으로 보편적인 것은 무엇이고, 단지 특정 문화에서 파생된 가정에 불과한 것은 무엇일까?

윤리 문제에 대한 고객의 인식 제고

경험이 풍부한 코치와 멘토는 고객이 윤리적 문제를 인식하도록 돕는 것이 일상 업무이다. 우리는 그들이 자신의 가치와 다시 연결될 수 있도록 도와주고, 현재 하고 있는 일이나 하려는 일을 그 가치와 비교함으로써 그들의 자아인식을 높인다. 문제가 개인적이고 직접적인 영향력 영역에 있는 경우에는 훨씬 더 쉽다. 그러나 일부 이슈는 너무 광범위하고 한 사람이 미칠 수 있는 영향과 너무 단절되어 있거나 적어도 그렇게 보일 수 있다. 또한 고객이 토론하려는 이슈와 직접 연결하기가 더 어려울 수 있다. 그 가장 흔한 예로 기후 변화 이슈가 있다.

내가 슈퍼비전 하는 대부분의 코치들은 각자의 탄소 발자국을 줄일 수 있는 새로운 방법에 대해 경각심을 갖고 있다. 퇴비 만들기, 항공 여행 횟수 줄이기 등 우리가 할 수 있는 작은 실천을 공유했다.

하지만 반복되는 질문은 이것이다: 고객(그리고 고객을 통해 그들의 조직)이 더 환경친화적으로 행동하도록 장려하기 위해 내가 어디까지 나아갈 수 있을까? 한편으로 대부분의 코칭 작업은 특정 목적을 위한 것이다. 아직 기후 변화에 초점을 맞춘 과제를 보고한 사람은 나의 경험에서는 아무도 없다. 이러한 문제를 코칭에서 다루려고 한다면 고객과 스폰서가 이를 코칭 시간을 방해하고 잘못 활용하는 것으로 볼까? 한 코치는 이렇게 말했다: "마치 종교 소책자를 꺼내는 것과 같은 느낌이다. 나는 코치이지 기후 전도사가 아니다."

하지만 비윤리적인 행동 자체에 공모하는 것은 비윤리적인 행위다. 관점에 따라서는 노골적으로 기후 변화를 부정하거나 기업 결정이 기후에 미치는 영향을 고의적으로 무시하는 행위가 이 범주에 속할 수 있다. 코치들은 종종 이 범주에 속하는 고객의 요청을 거절하거나 사임한 사례를 슈퍼바이저나 워크숍에 가져온다.

혼란은 늘 그렇듯이 지저분한 중간 지점에 존재한다. 기후 이슈를 대화에 끌어들여도 요점에서 벗어나지 않게 하려면 언제, 어떻게 해야 할까? 대부분의 경우에 효과가 있는 매우 실용적인 해결책은 시스템적 관점을 취하는 것이다. 단순한 코칭은 문제 〉 탐색 〉 해결책의 패턴을 따른다. 보다 성숙한 코치는 문제를 정의하기 전에 고객이 속한 시스템과 이러한 시스템이 상호작용하는 방식을 이해하도록 돕는다. 대부분의 경우, 문제를 시스템적 관점에서 보면 매우 다르게 보이며 시스템을 다루는 솔루션이 훨씬 더 효과적이고 지속 가능하다.

기후 변화를 시스템의 한 요소로 도입하는 것은 여러 이해관계자의 관점에서 리더의 시스템을 탐구하는 과정에서 자연스럽게 발전한다. 이 시점에 자주 드러나는 것은 기후 변화에 대한 고객들의 근시안적 관점이 고의적인 게 아니라는 점이다. 그보다는 그들이 작은 영향력이라도 미칠 수 있는 힘을 인식하지 못하기 때문이다. 리더로서 이상적인 자신의 모습을 그려볼 때, 사회와 환경이라는 큰 이슈가 통합된다. 내 경험으로는 리더가 코칭 대화와 더 넓은 맥락의 관련성을 받아들이면 자신의 리더십 정체성의 이런 측면을 주기적으로 검토할 수 있게 된다.

내가 적절한 타이밍에 던지는 질문은 다음과 같다: "지금 당신이 가진 우선순위 중 5년 후에 돌아보며 '정말 대단한 변화를 가져왔다'고 말할 수 있는 것은 무엇인가?"이다. 코치의 역할 중 가장 중요한 부분은 고객이 다른 관점을 가지고 다른 선택을 할 수 있도록 돕는 것이다. 내가 함께 일하는 50~60대 리더들 중 상당수는 자신의 유산에 대해 고민하고 있지만 이에 대해 이야기하는 데 제약을 느낀다. 코치로서 우리는 그들이 마음을 열 수 있는 몇 안 되는 사람이다.

요컨대, 코치가 고객과의 대화에 기후 변화를 도입하는 것에 대해 느끼는 대부분의 불안감은 과장된 것이다. 우리가 해야 할 일은 고객이 자신의 기후 죄책감을 탐구해 보도록 적절한 맥락을 조성하는 것이다. 고객이 코치에게 원하는 것은 연민, 명확화, 판단하지 않는 것이며, 이는 연결된 코칭의 핵심이다.

낙관적인 관점

최근 열린 코칭 윤리에 관한 첫 번째 글로벌 컨퍼런스에 예상보다 두 배

이상의 청중이 모였다. 불과 몇 년 전만 해도 내가 슈퍼비전 하는 대부분의 코치들은 윤리를 어려운 상황에 부딪혔을 때 참고하는 강령 정도로 여겼다. 이제는 윤리를 자신과 자신의 업무에 대한 정기적인 성찰의 중요한 부분으로 여기는 것이 더 일반적이다. 우리가 더 효과적으로 윤리를 실천할 수 있다면 고객과 고객이 속한 시스템의 윤리에 긍정적인 영향을 미칠 수 있다는 점에서 좋은 징조이다.

인공 지능의 도전

코칭과 멘토링은 전통적으로 로우테크 활동이었다

코치 대 인공지능의 문제는 2017년을 전후로 코칭 분야에서 가장 뜨거운 주제 가운데 하나가 되었다. 아직까지 기존 코치들이 인공지능을 통해 봇으로 대체하거나, 코치가 봇과 긴밀하게 협력하여 연습을 진행하는 경우는 거의 없다. 이는 곧 투자가 증가하고 코치들이 Zoom이나 Teams와 같은 새로운 기술 사용에 익숙해짐에 따라 변화할 것으로 보인다. 가상현실 코칭은 최근까지 기술에 정통한 소수 전문가들의 영역이었지만 앞으로는 고객 주도의 요구 사항이 될 가능성이 높다. 표 9.2는 일반적인 관점에서 인간 코치와 멘토를 AI와 간략하게 비교한 것이다.

코치는 기술의 위협을 받고 있는가? 단순한 코칭은 위협을 받을 수 있지만, 진정한 개발 코칭은 코치와 AI 간의 파트너십을 통해 크게 향상될 수 있다는 것이 가장 좋은 추측이다. 실은 한 걸음 더 나아가 이러한 통합을 적극적으로 장려하는 것이 코칭업의 최선의 이익에 부합한다고 말할 수 있다.

표 9.2 **학습 모드**

학습 모드		
모드	코치 – 멘토	AI
정보	제한된 깊이, 높은 폭	높은 깊이, 제한된 폭
지식	제한적인 깊이, 높은 폭	연결된 데이터베이스에 따라 적당한 깊이와 폭을 제공한다.
스킬	관찰과 피드백, 그리고 동기부여	잠재적으로 더 높은 수준의 관찰(미세한 움직임과 색조 분석을 포함하여 더 빠르고 포괄적인 관찰)
지혜	멘토는 내러티브를 활용한다. 그리고 중요한 가치 – 학습의 원천으로서의 비유	현재 AI의 범위를 넘어섬

아래 표 9.3은 인간과 인공지능 코칭의 강점을 개별적으로 또는 결합하여 실용적으로 설명한 것이다. 첫 번째 표는 정보, 지식, 스킬, 지혜라는 네 가지 학습 모드의 관점에서 코치/AI 문제를 살펴본다. 두 번째 표는 코치가 하는 일과 코칭 방법의 관점에서 동일한 문제를 살펴본다.

아래 표의 첫 번째 부분은 가장 단순한 코칭, 즉 GROW 모델의 확장된 관점을 기반으로 한다. 관계가 복잡하고 의도하는 변화의 성격이 복잡할수록 AI의 효과는 떨어진다. 그러나 AI는 각 복잡성 수준에서 코치와 협력하여 계속해서 가치를 더할 수 있다. 표의 나머지 부분에서는 코치가 혼자 또는 AI와 함께하는 업무에 필요한 기술과 자질을 살펴본다.

코치 – AI 파트너십

코치가 인공지능의 부상으로부터 혜택을 받으려면 새로운 기술을 수용하

표 9.3 코치의 업무, 기술 및 자원

과제	코칭	AI	AI와 코치가 함께
목적과 목표 확립	효과적인 코치는 목표를 설정하기 전에 맥락과 가치를 고려하여 작업한다.	목표와 이를 달성하기 위한 경로에 집중한다. 진화하는 목표를 쉽게 다룰 수 없다.	맥락과 목적에 대해 깊이 탐색한다. 초기 목표를 넘어서는 것이 가능하다.
고객의 자아 인식 향상	진단 도구와 직관을 사용하여 고객을 자기 통찰로 이끈다. 통찰을 바탕으로 새로운 지평을 연다.	표준 도구나 질문을 사용하여 고객이 자아 인식을 향상하도록 돕는다. 잠재적인 통찰의 지점에서 멈춘다. 통찰의 깊이를 확인할 수 없다.	새로운 탐색 경로를 식별한다. 봇이 고객을 통찰로 이끌면, 이는 고객이 코치와 함께 더 깊이 탐색할 수 있는 풍부함을 만든다.
의사결정과 비판적 사고	더 창의적이지만 추론과 의사 결정의 함정에 취약하다.	논리와 의사 결정 과정을 더 면밀히 따른다. 암묵적 지식이나 '알고 있으나 인지 못하는 Unknown known'을 포함할 수 없다.	단순히 이것/저것(either/or이 아닌 둘다/그리고(both/and이 해결책을 찾는 데 더 능숙하다.
대안 생성	문화와 가치에 비추어 고객의 가능성에 대해 직관적으로 이해한다. 무엇이 효과적이고 효과적이지 않은 것도.	'선형적 사고'(명백한) 대안과 '획기적' 대안을 모두 제공한다.	코치는 AI의 제안을 조정하고 추가하여 더 넓은 대안의 팔레트를 만들 수 있다. 전망으로 축소적인 능력이다.
동기부여	피그말리온 효과—다른 사람이 성취할 수 있는 것에 대한 믿음이 갖는 동기부여의 힘이다.	고객이 스스로 동기를 생성해야 한다.	내재적 동기와 외재적 동기를 결합한다.
팔로우업	코치는 고객의 양심으로서 역할한다. 고객에게 계속 상기시키는 것이 어렵고 전 소리처럼 보일 수 있으며, 고객의 책임을 코치가 대신하는 것처럼 느껴질 수 있다.	상기시키는 데 더 엄격하다.	진행 상황을 모니터링하고 계속 지원하는 것이 더 쉬워진다.

374

과제	코치	AI	AI와 코치가 함께
듣기	더 넓은 범위의 정신적 연상을 위한 저장소를 가지고 있어 의미를 이해하는 데 도움을 준다. 중요한 데이터를 걸러낼 수 있다.	많은 양의 데이터를 보유하고 있지만, 좀 은 범위의 알고리즘과 데이터만을 활용한다. 관련 없는 데이터에 너무 많은 주의를 기울일 수 있다.	고객이 문제를 어떻게 이해하는지에 더 집중한다.
질문하기	직관적으로 '적절한' 질문을 인식한다. 질문을 하지 않아야 할 때를 직관적으로 이해한다.	이전 대화에서 얻은 방대한 질문 데이터 베이스를 활용할 수 있다. '스크립트'에서 벗어나기 어려울 수 있다.	코치는 다음 질문에 대해 걱정하는 시간을 줄이고, 질문이 없을 때 새를 활용함 수 있음을 알게 된다.
라포 구축	깊은 신뢰를 구축하면 고객이 문제를 더 깊이 탐색하고 두려움에 맞설 수 있다.	자는 덜 판단적으로 보일 수 있지만, '가 래적 신뢰'만을 구축할 수 있다.	큰 미지의 영역이다. 그러나 고객이 코치 와 AI 간의 공모를 의심하면 코치와의 관계가 악화될 수 있다. 투명성이 중요하 다.
피드백 제공	코치는 사전에 합의된 사항 그리고 다른 관찰된 사항에 대해 피드백을 제공한다.	자는 프로그래밍된 대로만 피드백을 제 공한다. 데이터베이스의 다른 사람들과 비교하여 비물 감정을 제공할 수 있다. (예: 83%의 사람들이 이 범주에 속한다)	다중 평가자 피드백과 분석을 자동화하 면 프로세스의 소유권을 고객에게 환심 하부여하고 코칭에서 논의할 주제를 제 안할수 있다.
자신의 활용	게슈탈트 모드에서 코치는 자신의 감정 과 연상을 사용하여 새로운 탐색 경로를 생성할 수 있다.	자는 차이 감각이 없으며, 관찰이나 유사 한 대화와의 비교만을 활용할 수 있다.	코치는 AI의 관찰을 사용하여 자신의 직 관을 확인할 수 있다. (예: 코치가 불편함 을 느낄 때, AI는 클라이언트의 톤이나 미세한 표정의 관련된 변화를 관찰하는 가?)
역할 모델이 되기	코치보다는 멘토의 측면이 더 크다.	해당 없음	해당 없음

과제	코치	AI	AI와 코치가 함께
신뢰성	코치의 정체성과 그들이 가져오는 경험의 조합이 고객으로 하여금 그들이 조언에 더 큰 가치를 두게 만든다.	위키피디아 효과 - 일반적으로 유용하지만 신뢰할 수 없는 경우가 많다!	고객의 신뢰를 높일 가능성이 있지만, 이를 확인하기 위해 연구가 필요하다.
연민	고객의 감정을 이해하고 그들이 편견을 이해한다.	이 상황에서 사람들이 일반적으로 느낄 수 있는 감정에 대한 기본적인 이해를 가지고 있다.	코치가 과도한 동정심으로 인해 객관성을 잃는 것을 피하는 데 도움을 줄 수 있다.
호기심	더 많이 배우고 대화가 어디로 이끌지 따라가려는 본능적인 욕구이다.	알고리즘은 AI가 가장 논리적인 경로를 따르도록 요구한다.	더 철저하게 탐색하도록 할 수 있다. 잊혀질 수 있는 '보류된' 문제로 대화가 돌아오는 기능성이 높다.
용기	옳다고 느끼는 것을 하거나 말하려는 본능이다.	해당 없음	AI는 코치의 자아 검사처럼 작용하여, 코칭 세션 중이나 이후에 코치의 동기를 성찰하도록 지급할 수 있다.

고 이를 자신의 업무에 통합해야 한다. 그런데 그것이 의미하는 바는 무엇일까?

코치 – AI 파트너십은 여러 가지 기능을 수행한다.

- 이는 대화에서, 고객에게서, 코치에게서 실제로 무슨 일이 일어나고 있는지 실시간 정보를 제공한다.
- 관련 있거나 잠재적으로 관련 있는 다른 정보 자원에 즉시 접근할 수 있다.
- AI가 질문과 성찰 질의를 제안할 수 있다.(코치는 다음에 무엇을 질문할지 고민하는 시간을 줄일 수 있다)
- 당신의 직감을 체크해서 증거를 확인하거나 반증할 수 있다.
- 이는 각 코칭 세션에 대한 심층적인 성찰 기회를 만든다. 대안적인 접근 방식(예: "이 단서를 따르지 않기로 선택했는데, 따랐다면 대화가 어떻게 진행되었을까요?")이나 더 나은 질문 표현을 검토할 수 있다. 물론 이 과정은 코치와 AI 모두에게 학습 과정이다.

코치 – AI 파트너십 활용하기

성공적인 파트너십의 열쇠는 다음과 같은 질문에 있다.

- 내가 인식하지 못하고 있는 것은 무엇인가? 예를 들어,
  - 고객이 특정 영역을 다루는 질문을 피한다.
  - 불편함이나 기타 감정을 나타내는 미세한 멈춤, 피부 온도 변화,

자세 변화 등: 예를 들어, AI는 고객이 거짓말을 할 때 나타나는 신체적 패턴을 인식하는 방법을 학습할 수 있다.

- 고객에 대해 내가 어떻게 반응하고 있는가

- 어떤 패턴이 나타나고 있는가? 예를 들어,
  - 언어적: 예를 들어, 특정 의미나 감정적 어조가 있는 것처럼 보이는 단어나 구문의 반복
  - 서사: 예를 들어, 고객이 스스로를 제한하는 경향이나 자신이나 타인에 대한 제한적인 가정 등
  - 대화: 예를 들어, 대화가 키디린 원처럼 빙빙 돌고 있는가?(대화의 구조는 일반적으로 사람이 순간적으로 파악하기에 너무 복합적이다) 코치로서 이 대화의 패턴에서 무엇을 배우면 나의 실행을 개선할 수 있을까?

- 다른 어떤 지식이 관련되어 있을 수 있는가? 예를 들어,
  - 고객으로부터 조종당하고 있다고 느낀다면 어떤 사회병리 징후를 살펴봐야 하는가?(물론 AI는 대화를 이러한 징후와 비교할 수 있다)
  - 고객의 상황에 처한 사람들에 대해 일반적으로 파악된 것은 어떤 것인가?
  - 여기서 어떤 전략 계획 모델이 도움이 될 수 있을까?
  - 내가 분석하기에 너무 복합적 것은 무엇인가? 예를 들어, 고객이 여러 가지 복합적 선택지에 직면한 경우 AI에게 이를 의사결정 트리로 전환하여 고객과 함께 해결할 수 있도록 요청할 수 있다.
  - 나의 직관력을 테스트하려면 어떻게 해야 하는가? AI는 눈앞에 있는 고객과 관련된 데이터를 제공하거나 유사한 상황에 대한 일반

적인 개요를 제공할 수 있다.

AI - 코치 파트너십의 위험성

앞으로 실행하면서 더 많은 위험요소가 나올 수 있겠지만, 중요한 위험 요소 세 가지가 두드러진다.

첫 번째는 코치와 AI가 너무 강력한 파트너십이 되어 고객이 소외되고 감시당하고 조종당한다고 느낄 수 있다. 따라서 고객도 AI에 접근할 수 있는 3자 파트너십을 구축하는 것이 필수적이다. 코치와 고객 모두 자신이 경험한 대화만이 아니라 AI에게 관찰을 요청할 수 있는 기회를 가지면서 코칭 대화 중 잠시 멈추고 검토하는 과정이 지금보다 훨씬 더 중요해질 것이다. 아직 이러한 상황에 대한 프로토콜은 없지만, AI로부터 지속적인 데이터 피드를 받는 것이 고객에게 가장 유익한지, 아니면 AI와 주기적으로 일시 정지하는 상호작용을 하는 것이 유익한지, 아니면 이 두 가지를 혼합하는 것이 유익한지에 대한 이해가 필요할 것이다.

이와 관련된 두 번째 위험은 코치(또는 AI를 사용하는 경우 고객)가 정보의 흐름에 따라 주의가 산만해져 경청과 세심함의 질이 저하되는 것이다.

세번째로, 인간은 본능적으로 프로세스에 집중함으로써 순간의 복잡성에 대응한다. 코치의 성숙을 향한 여정은 모델과 프로세스로 시작하여 점차 모델과 프로세스를 내려놓고, 고객과 대화가 스스로 길을 찾아 가도록 내버려 두는 데 대한 자신감을 갖게 되는 것이다. 정보에 압도되면 기계적인 대화로 되돌아 갈 수 있다. 그렇게 되면 코치인 우리가 로봇이 되는 것이다!.

요약

코치의 역할이 고객의 미래 창조를 지원하는 것인데 때때로 코치가 과거에 집착하는 것에는 달콤한 아이러니가 있다. 우리는 고객이 무엇을 버려야 하고 무엇을 앞으로 받아들일 수 있는지 파악하도록 돕는다. 코치인 우리 자신의 일에도 그렇게 하는 효과적인 롤 모델이 될 수 있을까? 그러기 위해서는 제한된 문화적 가정과 선진 세계의 특권을 과감히 버려야 하며, 탈식민지화, 민주화, 사회적 풍요, 기후 변화와 같은 위대한 대의를 지지하기 위해 기술을 기꺼이 사용하는 의지가 필요하다.

참고

1 이에 대한 좋은 통찰은 Saul Gellerman의 논문 '왜 훌륭한 관리자는 나쁜 윤리적 선택을 하는가'(*Harvard Business Review*, 1986년 7~8월, 85~90페이지)에서 찾을 수 있다.
2 윤리적 프레임워크에 대해 비윤리적이라는 것은 아이러니하지 않은가!
3 …하지만 언제나 수정할 수 있다!

나에 대한 이야기는 이 정도로…

내가 이 책의 아이디어를 구상할 때 자서전이 되지 않게 하겠다고 결심했다. 내가 특별히 사적인 성격은 아니고, 실은 그와 거리가 멀지만, 자기 홍보와 자기 과시에 대해서는 깊은 혐오감을 가진 편이다. 중요한 것은 아이디어이지, 그 뒤에 있는 사람이 아니다.

이 책의 초고를 읽고 의견을 준 전 세계 동료들에게 감사드린다. 그들의 의견 중에는 나에 대한 내용이 글에서 너무 빠져 있어서 사람에 대한 서사가 너무 적다는 내용이 있었다. 그래서 여기에 간략하게 요약해두는 것으로 충분할 것 같다.

나는 1947년에 태어났다. 어머니는 가게 점원이었고 아버지는 사무원이었다. 아버지는 2차 대전이 끝날 무렵 일본의 포로에서 송환되었다. 홋카이도 부두에서 노예로 일하던 2000여 명 포로 중 생존자로서 굶주리고 쇠약해진 상태였다. 나는 트라우마에 시달리던 이 남자를 제대로 알지는 못했지만 나쁜 기억은 없다. 내 기억의 대부분은 그가 사랑했던 땅, 우리가 임대해서 채소와 과일을 재배하던 땅을 중심으로 한다. 그는 내가 22살 때 암으로 돌아가셨다.

어머니와 이모 한 명은 전쟁 중에 여성 보조 공군에서 일했다. 올해 101 세(본인은 약간 혼란스러워서 200세라고 생각했지만)로 여전히 건강하게 살아 계신 어머니는 나와 여동생 등 가족을 하나로 묶어주며 우리의 독립심과 모험심을 북돋아주셨다.

내가 다녔던 중학교는 이상한 시대적 분위기 속에서 학생들이 묘하게 섞여 있었다. 학생들은 기독교인과 유대인이 50 대 50이었다(핀클리는 유대인 인구가 많은 곳 중 하나였다). 이 학교는 한때 사립 교육기관(어쩐 일인지 영국에서는 이를 '공립학교'라고 부른다)이었기 때문에 주립학교로서 과거의 의식과 의례를 버리려 하지 않았다. 그 무렵 아버지는 여호와의 증인이라는 극단적인 종파에 빠져 계셨기 때문에 나는 유대교나 기독교의 아침 집회에도 참석하지 않는 소수의 학생들과 함께 지내게 되었다. 종교적 지식을 정규 커리큘럼에서 배우지 않았지만 독학으로 시험을 치르도록 격려받았고, 큰 노력 없이 합격했다. 이렇게 한 것의 이점은 여러 종교를 비교하면서 모든 종교가 매혹적이면서도 터무니없다는 결론을 빠르게 내릴 수 있었던 점이다. 학창 시절에 처음으로 전문가 멘토링을 경험했고, 그 경험에 대해 감사한 마음을 깊이 간직하고 있다.

나는 런던대학교에서 영어영문학을 공부했는데, 그때 막 남성에게 문호를 개방했기 때문에 여성과 남성의 비율이 6대 1이었다. 여러모로 놀라운 교육이었다! 나는 학자가 되겠다고 생각했고 서던 캘리포니아 대학교에서 저널리즘의 기원을 연구할 수 있는 자리를 얻었다. 하지만 보조금을 받을 수 없게 되어 다시 생각하게 되었고, 1년 동안 영국 공무원으로 일하다가 과학 저널리스트로서의 역할을 찾았다. 그곳에서 나는「뉴 사이언티스트」 잡지에 입사하여 한 분야의 기술 발전을 엔지니어와 다른 분야의 종사자들에게 의미 있게 전달하는 역할을 맡았다. 나는 주제의 본질을 추출하고 이를 더 널리 알릴 수 있도록 재구성하는 기술을 배웠다.

10년 동안 국제 경영 분야에서 저널리스트로, 다음에는 편집자로 일하면서 전 세계를 돌아다니며 모범 사례와 새로운 아이디어를 보도했고 이를 통해 나는 경영과 리더십의 영역에 확고하게 자리를 잡았다. 나의 역할은 여전히 지식을 접근 가능하게 만드는 것이었다. 나의 첫 번째 책은 이 시기에 출간되었다.

30대 중반이 되자 나는 사업가가 될 준비가 되어 있었다. 동료들과 함께 아이템이라는 커뮤니케이션 부티크를 설립했다. 우리는 직원 커뮤니케이션에 대한 많은 독창적인 연구를 시작했다. 1990년대 후반에 이 업계가 붕괴되면서 대부분의 경쟁업체가 문을 닫았다. 우리는 버텨냈고 결국 직원들에게 회사를 매각할 수 있었다. 회사를 살리기 위해 노력한 직원들의 공로를 인정하는 의미에서 회사의 가치를 높게 평가하기 보다는 그들이 모금할 수 있는 금액을 기준으로 가격을 책정했다.

이와 동시에 나는 프리랜서 경영 저널리즘과 연구 중심의 컨설팅 회사를 설립하고 360 피드백 등 내가 개척한 개념을 기반으로 한 경영 컨설팅과 교육도 병행했다. 1985년『누구나 멘토가 필요하다』라는 책을 출간하면서 Clutterbuck Associates는 초점을 멘토링으로, 그다음에는 코칭으로 빠르게 전환했다. 2009년에 이 회사를 미국 컨설팅 회사에 매각했다.

그 과정에서 나는 다양한 명예 펠로우십과 박사학위를 받았고, 연구를 통한 전통적 박사 학위도 취득했다. 지금은 박사 과정 학생들을 지도할 때 연구 범위를 제한하도록 지도한다. 내가 그런 조언을 직접 듣지 못한 것이 유감이다![1] 나는 멘토링 관계에 대한 척도를 개발하고 검증하여 시간이 지남에 따라 멘토링 쌍에 적용하는 연구 프로그램을 설계했다. 그것은 매우 복잡하고 까다로운 작업이었고 시간이 너무 오래 걸렸지만, 멘토링과 스폰서십의 혼합이 지배적인 미국 문헌과는 분명히 구별되는 개발적 멘토링을 명확하게 확립할 수 있었다.

1990년대 초, 나는 운 좋게도 한 멘토링 컨퍼런스에서 고(故) 데이비드 메긴슨을 만났다. 평생의 우정이 빠르게 꽃을 피웠다. 우리는 함께 EMCC를 결성하고 여러 권의 책을 공동 집필하거나 공동 편집했다. 이렇게 완벽한 협력자이자 동반자를 만난 것은 흔치 않은 특권이며, 그 사실에 매우 감사하다.

직계 가족은 나에게 너무나 소중하기 때문에 마지막으로 남겨두었다. 나의 아내 폴리는 50년이 넘는 결혼 생활 동안 현명하고 세심한 아내이다. 네 아들은 모두 내가 친구로 선택할 사람들이다. 세 명의 장남은 나와 함께 세계 최고봉을 향한 수많은 탐험에 동행했다.

아들들은 6명의 손자를 낳았는데, 모두 할아버지를 놀리는 법을 배웠다. 막내아들 조나단은 다운증후군과 자폐증을 앓고 있다. 그는 나에게 엄청난 배움의 원천이자 지속적인 기쁨이었다. 그와 함께 배운 인내심은 나를 더 나은 사람으로 만들었다.

75세에도 여전히 글을 쓰고, 연구하고, 가르치는 이유는 무엇일까? 나에게 에너지가 있고 그 일이 나에게 에너지를 주기 때문이다. 나의 인생 이야기는 나 혼자만의 이야기가 아니라 운 좋게도 교류할 수 있었던 모든 훌륭한 사람들의 이야기의 각주이다. 그들 모두에게 감사드린다.

참고

1 내 자신에게 잔인할 정도로 솔직하게 말하자면, 나는 내 자아가 이 분야의 리더로서
  중요한 연구를 해야 한다고 말하게 내버려두었다!

맺는글

고(故) 모리스 슈발리에Maurice Chevalier와 허마이어니 깅골드Hermione Gingold
는 노래 '잘 기억하고 있다 I Remember It Well'에서 이를 잘 표현했다. 우리가
우리 자신에 대해 이야기하는 서사는 부분적으로는 현실이고 부분적으로
는 허구이다. 우리가 이야기의 일부를 떠올릴 때마다 우리의 창의적인 두
뇌는 예측할 수 없는 방식으로 세부 사항을 더하고 빼면서 편집한다.

개인적인 관점에서 역사적 리뷰를 쓰는 것은 어려운 일이었다! 나의 기
억이 옳다고 어떻게 검증할 수 있는가? 내가 운 좋게 교류했던 사람들, 나
의 아이디어에 영감을 준 사람들의 공로는 어떻게 인정할 수 있을까? 특
히 내가 그들보다 오래 살았다면!

날짜 순서를 올바로 맞추는 데는 Google Scholar가 큰 도움이 되었다.
이 원고를 비평하고 어려운 질문을 던져준 전 세계의 모든 동료들에게 감
사의 마음을 전한다.

자서전을 쓴다는 생각은 나를 경악하게 만들었다. 자기 정당화에 대한

깊은 욕구가 없다면 누가 그런 이기적인 일에 몰두하고 싶어할지 상상조차 할 수 없다. 하지만 이 회고적 평가를 통해 내가 얻은 배움과 자기 발견은 엄청나고 겸손하게 만들었다.

40여 년에 걸친 나의 학습 여정이 다른 코치, 멘토, 리더들이 개방적 학습 여정에 대해 생각하는 데 도움이 된다면, 가치 있는 노력이라고 생각한다. 그리고 아무도 신경 쓰지 않는다면 적어도 나는 모든 조각을 모으는 것이 즐거웠다!

데이비드 클러터벅

클러터벅의 저서, 공동 집필 및 공동 편집물

- *How to be a good corporate citizen,* (1981) McGraw - Hill, Maidenhead

- *The Remaking of Work,* (1981) with Roy Hill, Grant McIntyre, London

- *The Winning Streak,* (1983) with Walter Goldsmith, Weidenfeld/Penguin

- *The Winning Streak Workout Book*(1983) with Walter Goldsmith, Weidenfeld, London

- *The Winning Streak Check Book,* (1983) with Walter Goldsmith, Penguin, London

- *New Patterns of Work*(1985) Gower, Aldershot

- *Everyone needs a mentor*(1985, 1991, 2001, 2004, 2014) CIPD Wimbledon

- *Clore: The Man and his Millions*(1986) with Marion Devine, Weidenfeld, London

- *Businesswoman*(1987) with Marion Devine, Macmillan, London

- *The Marketing Edge*, with Tony McBurnie, Weidenfeld, London

- *Management Buyouts*, with Marion Devine, Hutchinson, London

- *Turnaround*(1988) with Rebecca Nelson, Mercury, London

- *The Decline & Rise of British Industry*(1988) with Stuart Crainer, Weidenfeld, London

- *Just–in–time: A global status report*(1989) with Chris Voss, IFS, London

- *Information 2000*(1990) Pitman, London

- *The Makers of Management*(1990) with Stuart Crainer, Macmillan

- *The Phoenix Factor: a study of corporate decline*(1990), with Sue Kernaghan, Weidenfeld, London

- *Making Customers Count*(1991) with Sue Kernaghan, Mercury, London

- *Working with the Community*(1991) with Deborah Snow, Weidenfeld, London

- *Going private*(1991) with Susan Kernaghan and Deborah Snow, Mercury, London

- *Actions speak louder*(1992) with Dez Dearlove and Deborah Snow, Kogan Page, London

- *Inspired Customer Service*(1993) with Graham Clark and Colin Armistead, Kogan Page, London

- *The independent board director*(1993) with Peter Waine, McGraw – Hill, Maidenhead

- *Raising the profile: marketing the HR function*(1993) with Desmond

Dearlove, CIPD, Wimbledon

- *The power of empowerment* (1994) Kogan Page, London
- *Mentoring in Action* (1995) with David Megginson, Kogan Page, London
- *Consenting Adults: Making the most of mentoring*, Channel Four Publications, London,
- *The charity as a business* (1986) with Dez Dearlove, Directory of Social Change, London
- *Strategic management of internal communications*, (1996) with Linda Gatley, Business Intelligence, London
- *The Winning Streak, Mark II* (1997) with Walter Goldsmith, Orion, London
- *The Interim Manager* (1998) with Dez Dearlove, Pitman
- *Learning Alliances* (1998) CIPD, Wimbledon
- *Mentoring Diagnostic Kit* (1998) Clutterbuck Associates, Burnham, Bucks
- *Doing it different* (1999) Orion, London
- *Mentoring Executives and Directors* (1999) with David Megginson, Blackwell, Oxford
- *Making 360 degree appraisal work for you* (2000) with Bernard Wynne, Peter Honey Publications
- *Transforming Internal Communication* (2001) with Sue Kernaghan, Business Intelligence, London

- *Mentoring and Diversity: An international perspective*(2002) with Belle Rose Ragins, Butterworth/Heinemann, Oxford
- *Implementing mentoring schemes*(2002) with Nadine Klasen, Butterworth/Heinemann, Oxford
- *Talking Business*(2002) with Sheila Hirst, Butterworth/Heinemann
- *The Situational Mentor*(2003) with Gill Lane, Gower, Aldershot
- *Managing Work–Life Balance*(2003) CIPD, Wimbledon
- *Techniques for Coaching and Mentoring*(2004) with David Megginson, Butterworth, Oxford
- *Making Coaching Work: Creating a coaching culture*(2005) with David Megginson, CIPD, Wimbledon
- *Mentoring in Action 2*(2005) with David Megginson, Bob Garvey, Paul Stokes and Ruth Garrett – Harris, Kogan Page, London
- *Coaching the Team at Work*(2007) Nicholas Brealey, London
- Thesis: A longitudinal study of the effectiveness of developmental mentoring, King's College London
- *Further Techniques for Coaching and Mentoring*(2009) with David Megginson
- *Complete Handbook of Coaching*(2010) Ed. With Elaine Cox and Tatiana Bachkirova), Sage, London
- *Virtual Coach, Virtual Mentor*(2010) with Zulfi Hussain, IAP Publishing, Charlotte, N
- *Developing Successful Diversity Mentoring Programmes*(2012) with

Kirsten M. Poulsen and France Kochan, McGraw – Hill, Maidenhead

- *Coaching and Mentoring Supervision: Theory and Practice* (2012) Ed. With Tatiana Bachkirova & Peter Jackson) McGraw – Hill, Maidenhead
- *Writing your first book* (2012) David Clutterbuck Partnership, Maidenhead
- *The Talent Wave* (2012) Kogan Page, London
- *Beyond Goals: Effective Strategies for Coaching and Mentoring* (2013) with David Megginson and Susan David, Gower
- *Making the most of developmental mentoring* (2013) Coaching and Mentoring International, Maidenhead
- *Powerful questions for coaches and mentors* (2013) Coaching and Mentoring International, Maidenhead
- *The Leader's Guide to Being Coached* (2014) Coaching and Mentoring International, Maidenhead
- *Maintaining momentum of mentoring programmes* (e – book, 2014) Coaching and Mentoring International, Maidenhead
- *Techniques for Coaching and Mentoring vol 3* (2016) with David Megginson and Natalie Lancer, Routledge, Abingdon, Oxford
- *Coaching Supervision: A practical Guide for Supervisees* (2016) with Carol Whitaker and Michelle Lucas, Routledge, Oxford
- *Building and sustaining the coaching culture* (2016) with David Megginson and Agnieszka Bajer, CIPD, Wimbledon
- *Mentoring New Parents at Work* (2016) with Nicki Seignot, Routledge,

Oxford

- *The Sage Handbook of Mentoring* (2016) with Frances Kochan, Laura Lunsford, Nora Dominguez, and Julie Haddock – Millar, Sage, London
- *Coaching & Mentoring in Asia–Pacific* (2017), with Anna Blackman and Derrick Kon
- *Cool Coaching and Mentoring for Kids* (2017) Coaching and Mentoring International, Maidenhead
- *Powerful questions for team coaches* (2017) Coaching and Mentoring International, Maidenhead
- *Practitioner's Handbook of Team Coaching* (2019) with Judie Gannon, Sandra Hayes, Ioanna Iordanou, Krister Lowe, and Doug McKie, Routledge, London
- *Coaching the Team at Work 2* (2020) Nicholas Brealey, London
- *How to be a great coachee,* (2020) Coaching and Mentoring International, Maidenhead
- *The team coaching casebook* (2022) with Tammy Turner and Colm Murphy, Open University Press, London

진행 중인 도서

- *Handbook of Ethics in Coaching* (2022) Ed with Wendy – Ann Smith, Jonathan Passmore, Eve Turner and Yi – Ling Lai
- *The complete guide to team coaching: tools and techniques* (2023) with Colm Murphy and Dumisani Magadlela, Routledge, Oxford

- *The Coach's Guide to Reflective Practice*(2023) with Eve Turner, Routledge, Oxford
- *Coaching in a politicised environment*(2023) with Lise Lewis, Tim Bright, andRiddhika Khoosal), Routledge, Oxford

기타 진행 중인 도서의 주제

- Coach maturity(the becoming of a coach)
- Reciprocal mentoring
- Mentoring dads
- Neurodiversity in coaching

아동서

- *The Tales of Gribble the Goblin*(1983) Hodder & Stoughton, London
- *Pegleg the Pirate*(2014) David Clutterbuck Partnership, Maidenhead
- *My grandad's a dragon*(2015) David Clutterbuck Partnership, Maidenhead

부록 2 | 만우절 블로그의 전통

만우절의 전통은 수백 년의 역사를 가지고 있다. 나에게는 아무리 현명하고 똑똑한 사람이라도 가짜 뉴스에 얼마나 취약한지 일깨워주는 소중한

날이다. 나는 몇 년 동안 매년 코칭의 다양한 측면에 대해 블로그를 게시해 왔다. 목표는 코칭업의 일부 요소, 특히 오만함, 거만함, 속임수(또는 세 가지 모두)가 있는 부분을 비웃는 것이다. 아래 예는 최근 블로그에서 발췌한 것이다. "나는 절대 그런 말에 속지 않을 거야!"라고 생각한다면, 당신이 본능적으로 동의한 부분과 그것이 일반적으로 거짓 정보에 대해 당신의 어떤 취약성을 드러내는지 생각해보기 바란다.

핫 스톤 코칭을 위한 뜨거운 환호

코칭은 고객이 편안하고 상대방과 자신 모두에게 주의를 기울일 때 가장 효과적이다. 핫 스톤Hot stone 코칭은 고객의 내면 세계와 일반적인 마음챙김에 대한 관심을 높이기 위한 수단으로 제안되었다. 일반적인 코칭처럼 고객과 코치가 서로 마주 보는 대신, 핫 스톤 코칭에서는 코치가 고객의 옆에 앉는다. 고객이 엎드려 있는 경우, 코치는 고객의 머리 뒤쪽에 앉으며, 고객이 위를 보고 누워 있는 경우에는 머리 위쪽에 앉는다. 이렇게 하면 눈을 마주치지 않게 된다. 이러한 분리는 코칭 대화의 순수성과 코치와 고객 간의 신뢰감을 높인다고 한다. 고객은 완전히 옷을 입고 있을 수도 있고, 상반신이 노출된 상태일 수도 있다.

핫 스톤 코칭의 전문가들은 스톤이 이 과정의 중요한 부분이라고 주장한다. 전형적인 스톤 세트는 비교적 큰 것부터 아주 작은 것까지 다양하다. 보통 매우 광택이 나며 화석을 포함하고 있다 – 이전에 살아 있었던 생물의 통합이 코치와 고객 간의 '연결'을 강화한다고 주장되지만, 이것이 어떻게 작용할 수 있는지에 대한 메커니즘은 제시되지 않았다. 스톤은 전략적인 위치에 배치되며, 이는 대략적으로 침술 지점과 유사하다. 선택된 돌의 크기는 그 돌이 덮는 장기의 중요성에 따라 달라진다. 일반적으로 두 개의 다른 차크라 스톤이 이마에 사용되며, 하나는 지성을 나타내고 다른 하나는 감정을 나타낸다. 이들 또한 크기가 다양할 수 있으며, 가장 작은 돌은 구매 부서 직원, 은행 매니저, 우버 운전사와 같은 사람들에게 흔히 사용된다.

이 접근법은 비교적 새로운 방법이지만, 그 효과에 대한 일부 경험적 증거가 수집되었다. 한 연구 사례에 따르면 핫 스톤 코칭이 어리석음을 치료하는데 통계적으로 유의미한 영향을 미치는 것으로 나타났다. 이 경우의 스톤의 온도가 섭씨 90도 이상으로 가열되었다는 점에 유의해야 한다. 고객이 모두 정치인이었던 또 다른 연구에서는 대조군(고객 8명, 대조군 8명)을 사용했지만 두 그룹 간에 유의미한 차이가 발견되지 않았다. 이 연구의 연구자들은 피부 밀도가 중재 효과를 가져왔을 가능성이 있다고 제안하고 있다. 핫스톤 코칭의 열성적인 지지자들은 고객 중심의 실천을 위한 8가지 핵심 원칙이 있다고 주장한다. 이 원칙들은 다음과 같다.

- 시간 초월 – 고객은 당신이 그들을 위해 모든 시간을 갖고 있으며 시간의 압박에서 벗어나 있다고 느끼는 것이 중요하다.
- 호기심 – 코치와 고객의 대화가 스스로의 경로를 찾도록 허용하며, 이 경로가 자신만의 시간과 방식으로 목표로 돌아갈 것이라는 것을 아는 것이다.
- 행복 – 코치는 자신 '내면의 미소'를 통해 고객의 영적 치유를 촉진한

다. 핫 스톤 코칭의 기원이 되는 태국에서는 13가지 다른 유형의 미소를 인식한다.

- 고요함 – 움직임의 부재가 정신적 및 신체적 이완을 촉진한다.
- 사랑 – 코치는 언어적 및 비언어적 방법으로 고객과 그들의 열망에 대한 관심을 표현한다.
- 생명의 흐름 – 마음과 몸 사이의 교감 감각이다.
- 무조건적 긍정적 존중 – 필수적인 로저스의 입장이다.
- 신념 – 충분히 이완할 수 있다면, 과정 안에서 그리고 고객의 능력으로 스스로 길을 찾을 수 있는 신념이다.

언젠가는 이 특성들을 위한 적절한 약어가 제시될 것이라고 확신한다.[1]

2017년 4월 1일

●

우주 최초의 코치가 되세요

일론 머스크가 차를 우주에 쏘아 올린 것처럼, 우리는 코치를 궤도로 보낼 것이다!

EMCC는 리차드 브랜슨의 버진 갤럭틱과 협력하여 우주에서 최초의 코치가 될 기회를 제공하는 공모전을 발표하게 되어 자랑스럽다. 2021년 초, 지구를 도는 45분 동안의 비행 중에 코칭 세션을 할 수 있는 기회를 가진 행운의 코치 한 명이 선정된다.

리차드 브랜슨은 자신의 성공의 많은 부분을 인생의 훌륭한 코치와 멘토들 덕분이라고 말한다. 이번 공모전은 코칭을 문자 그대로 새로운 차원으로 끌어올릴 것이다.

이 공모전에 참여하려는 코치는 전반적으로 건강해야 하며, 고중력이나 무중력 상태에서 영향을 받을 수 있는 질병이 없어야 한다. 최소 5년 이상의 코칭 경험이 있어야 하며, 다섯 명의 고객과 그들의 상사로부터 공식적으로 추천을 받아야 한다. EMCC EIA 인증(실무자 수준 이상) 소지자나 ICF 혹은 AC의 동등한 자격증을 보유한 코치에게 우선권이 주어진다. 10명의 코치들이 짧은 우주 비행사 훈련을 받게 되며, 그중 한 명이 실제 비행에 참여하게 된다.

이 기회를 통해 당신의 코칭 커리어를 한 단계 높이고 싶다면, 아래 주소를 통해 신청서를 받을 수 있다. 코칭 경력과 추천서 외에도 다음 주제에 대해 1000~2000단어 분량의 짧은 에세이를 제출해야 한다: "고객이 자신의 발을 지면에 붙이고 동시에 자신과 자신의 업무, 커리어에 대해 전략적으로 고공 관점에서 바라볼 수 있도록 하기 위해, 어떻게 도움을 주나요?" 창의성, 이론과의 관련성, 발표의 깊이에 따라 점수가 부여된다.

코칭 커리어의 어느 단계에 있든지, 이보다 높은 목표를 설정할 기회는 다시 오지 않을 것이다! 내년에 당신의 코칭 일이 로켓처럼 솟구치는 모습을 기대해 보라!

자세한 정보와 신청서는 headabovetheclouds@emccouncil.org로 문의 바람.

2020년 4월 1일

●

코칭에서 사이코패스를 재고?

지난 한 해 동안 코칭에 대한 통념에 의문을 제기하는 목소리가 전례 없이 높아졌다. 그중 가장 논란이 되었던 것은 올해 3월 초 북미, 유럽, 아시아 태평양 지역에서 300명 이상의 회원을 확보한 국제 소시오패스 코치 연합 International Alliance of Sociopathic Coaches, IASC이 결성되었다는 발표였다. 이 단체의 공식 창립 선언문에는 "비즈니스와 정치 분야의 리더 대다수가 나르시시즘과 사이코패스 스펙트럼에서 높은 점수를 기록한다. 그러나 코치는 일반적으로 이러한 리더들을 '치료'하도록 훈련받는다. 그러므로 IASC는 이러한 리더들을 성공적으로 만드는 특성에 정당성을 부여하고, 사이코패스 성격을 이해하고 공감하는 코치와 이들을 매칭하기 위해 존재한다."

IASC의 회원 자격은 26개 항목으로 구성된 레벤슨 사이코패스 척도 Levenson Psychopathy Scale에서 16점 이상을 받은 코치와 리더로 제한된다. 시험적으로 진실과 화해를 위한 트럼프 재단의 후원으로 윤리 강령이 시행되고 있다.

자세한 내용은 iasc.com 웹사이트를 참조 바람.

2021년 4월 1일

코치들이 다른 사람들보다 더 속기 쉬운가?

최근 연구에 따르면 그럴 수도 있다. '다양성 사고 연구 저널Journal of Divergent Thinking Studies'2에 실린 논문은 링크드인 프로필을 통해 선정된 약 6000명의 설문조사 응답을 수집한 연구 프로젝트에 대한 보고서를 발표했다. 선정 기준은 직책과 위치를 제외하고는 무작위로 선정되었다. 12개의 직무가 선정되었으며, 여기에는 엔지니어, 기타 과학자, 마케팅 및 영업, 인사… 그리고 코치가 포함되었다. 문화적 요인의 영향을 줄이기 위해 지역은 미국과 북미로 제한했다. 응답자들은 모두 온라인으로 Conway Gullibility Survey 설문조사를 완료했다. 이 설문조사는 새로운 정보를 접했을 때 사람들이 적용하는 비판적 능력의 수준을 측정하는 24개 항목의 진단 도구이다.

이 연구에 따르면 가장 속기 쉬운 직업은 창의적인 예술 분야와 마케팅 및 영업 분야로 나타났다. 이는 상상력이 더 풍부한 사람들이 새로운 정보를 기존의 내러티브에 통합하기 쉬운 이야기를 더 쉽게 만들어낸다는 최근 연구 결과와 일치한다. 그다음으로는 인사 분야가 그리고 세 번째는 코치이다. 논문의 저자들은 원인과 결과를 구별할 수 없다고 말한다(사람들의 직업 선택이 속기 쉬운 정도에 영향을 미치는지, 아니면 직무가 사람들에게 영향을 미치는지?). 그들은 결과에 대한 설명을 제시하지 않으며, 추가 연구가 필요하다고 제안한다.

이 연구(첫 번째 연구로서 아직 복제되지 않은)가 사실이라면, 코치와 코칭업 전체에 대해 흥미로운 질문을 제기한다. 저자들은 모든 직업적 역할을 가진 사람들이 스스로에게 자주 물어봐야 한다며, 다섯 가지 질문을 제시한다.

- 내가 전문 업무에 도입한 접근 방식이나 방법에 대한 근거는 무엇인가?
- 내가 믿고 싶은 것과 객관적으로 사실인 것을 어떻게 구분할 수 있나?
- 어떻게 하면 깊이 자리 잡은 가정에 도전하는 관점에 내 생각을 노출시킬 수 있을까?
- 새로운 정보를 접했을 때 어떻게 하면 엄격하게 의문을 제기할 수 있을까?
- 지금 내가 얼마나 속고 있는 걸까?

2022년 4월 1일

| 부록 3 | **귀하와 조직 간의 심리적 계약은 얼마나 공정한가?**[3] |

이 설문은 조직과의 관계에 대한 세 가지 중요한 측면을 어떻게 생각하는지를 측정하기 위해 고안되었다. 다음과 같다.

1. 값어치 교환 – 조직이 당신에게 보상하고 투자하는 방식과 귀하가 조직에 기여하는 것 사이의 교환이 얼마나 공정하다고 생각하는가?
2. 존중 교환 – 조직에서 인정받고 존중받는다고 느끼는 정도와 조직의

일원이 된 것에 자부심을 느끼는 정도이다.

3. 신념 교환 – 당신과 조직이 동일한 가치를 공유한다고 느끼는 정도이다.

각 질문에 하나의 답에 체크하거나 동그라미를 표시하고 마지막에 점수를 합산한다.

값어치 차원

- 내가 하는 일에 대한 보수가
  a. 매우 적당하다고 생각한다
  b. 적당하다고 생각한다
  c. 부족하다고 생각한다
- 내가 가진 스킬 개발의 기회는
  a. 평균 이상이라고 믿는다
  b. 평균이라고 믿는다
  c. 평균 이하라고 믿는다
- 이 조직이 나에게 투자하는 정도는
  a. 상당하다고 생각한다
  b. 어느 정도 있다고 생각한다
  c. 거의 없다고 생각한다
- 내 시장 가치는(공개 채용 시장에서 나의 가치 정도)
  a. 매년 내가 이곳에 머무는 동안 증가한다고 믿는다
  b. 매년 내가 이곳에 머무는 동안 일정하게 유지된다고 믿는다
  c. 매년 내가 이곳에 머무는 동안 감소한다고 믿는다

- 조직이 나에게 제공하는 퇴직 보장(은퇴 후 이용할 수 있는 자원의 안정성과 적절성) 수준은

  a. 매우 높다고 느낀다

  b. 합리적이라고 느낀다

  c. 낮다고 느낀다

- 나는 조직의 성과에

  a. 크게 기여하고 있다고 믿는다

  b. 공정하게 기여하고 있다고 믿는다

  c. 많이 기여하지 않고 있다고 믿는다

- 조직이 나에게 보상하는 정도는

  a. 내가 하는 일에 대해 매우 잘 보상한다고 믿는다

  b. 내가 하는 일에 대해 적당히 보상한다고 믿는다

  c. 내가 하는 일에 대해 부족하게 보상한다고 믿는다

- 이 조직에 머무는 동안 나는

  a. 많이 배울 것이라고 믿는다

  b. 적당히 배울 것이라고 믿는다

  c. 별로 배울 것이 없다고 믿는다

존중 차원

- 내 노력에

  a. 높은 인정을 받는다고 느낀다

  b. 적당한 인정을 받는다고 느낀다

  c. 부족한 인정을 받는다고 느낀다

- 내 의견이
  - a. 항상 경청되고 가치 있게 여겨진다고 느낀다
  - b. 가끔 경청되고 가치 있게 여겨진다고 느낀다
  - c. 드물게 경청되고 가치 있게 여겨진다고 느낀다
- 나는 이 조직에서
  - a. 큰 자부심을 느낀다.
  - b. 어느 정도 자부심을 느낀다.
  - c. 조금 혹은 거의 자부심을 느끼지 않는다.
- 나는 직장에서 상사들로부터
  - a. 많은 존중을 받는다고 믿는다
  - b. 적당한 존중을 받는다고 믿는다
  - c. 거의 존중을 받지 않는다고 믿는다
- 나는 직장에서 동료들로부터
  - a. 많은 존중을 받는다고 느낀다
  - b. 적당한 존중을 받는다고 느낀다
  - c. 거의 존중을 받지 않는다고 느낀다
- 나는 항상
  - a. 개인으로 대우받는다고 느낀다
  - b. 대개 개인으로 대우받는다고 느낀다
  - c. 드물게 개인으로 대우받는다고 느낀다
- 나는 회사에 대해
  - a. 높은 로열티를 느낀다
  - b. 어느 정도 로열티를 느낀다

c. 거의 로열티를 느끼지 않는다

- 나는 출근하는 것을

    a. 항상 또는 대부분의 경우 기대한다

    b. 가끔 기대한다

    c. 거의 또는 전혀 기대하지 않는다

신념 차원(공유 가치)

- 나는 조직이

    a. 매우 명확한 가치를 가지고 있다고 믿는다

    b. 상당히 명확한 가치를 가지고 있다고 믿는다

    c. 가치의 명확성이 거의 없다고 믿는다

- 나는 조직의 리더가 비즈니스 가치에 대해

    a. 좋은 롤 모델이라고 믿는다

    b. 합리적인 롤 모델이라고 믿는다

    c. 역할 모델이 부족하다고 믿는다

- 나는 회사의 리더들이

    a. 사람들을 대단히 신경 쓴다고 믿는다

    b. 사람들을 때때로 신경 쓴다고 믿는다

    c. 사람들을 신경 쓰지 않는다고 믿는다

- 나와 회사는 직원들에게 중요한 것이 무엇인지에 대한 인식이

    a. 매우 유사하다고 느낀다

    b. 상당히 비슷하다고 느낀다

    c. 매우 다르다고 느낀다

- 나와 회사는 고객을 대하는 방식에서 무엇이 중요한지에 대한 인식이
  a. 매우 유사하다고 느낀다
  b. 상당히 비슷하다고 느낀다
  c. 매우 다르다고 느낀다
- 나와 회사는 환경 이슈에서 무엇이 중요한지에 대한 인식이
  a. 매우 유사하다고 느낀다
  b. 상당히 비슷하다고 느낀다
  c. 매우 다르다고 느낀다
- 나는 윤리적 문제를 동료 및 상사와
  a. 항상 공개적으로 논의할 수 있다고 느낀다
  b. 일반적으로 공개적으로 논의할 수 있다고 느낀다
  c. 거의 공개적으로 논의할 수 없다고 느낀다
- 나는 이곳의 사람들이 경제적 압박이 원칙을 타협하도록 강요될 때
  a. 항상 옳은 일을 하려고 노력한다고 믿는다
  b. 때때로 옳은 일을 하려고 노력한다고 믿는다
  c. 원칙을 타협하는 경향이 있다고 믿는다

점수 해석하기

어느 영역에서든 'a' 응답이 적을수록 심리적 계약(조직과의 교환이 얼마나 공평하다고 느끼는지)이 약해진다. 세 가지 차원 중 하나라도 약하면 심리적 계약 전체가 위험에 처할 수 있다. 세 가지 모두 약할 경우, 직원의 동기와 업무 몰입이 낮을 가능성이 있으며, 직원들은 다른 곳으로 이동할 가능성이 높고, 변화에 대한 저항도 상대적으로 클 것이다. 이 세 가지 차

	a 점수	b 점수	c 점수
가치			
존중			
신념			

원은 고객이나 주주와 같은 다른 이해관계자와 비교하는 데도 사용할 수
있다.

코칭 문화 설문지4

각 행마다 회사 혹은 팀 상황을 가장 잘 설명하는 문장을 선택한다. 각 열의 점수를 합산하여 네 단계 간의 균형을 살펴본다.

코칭 문화 설문지			
A 초기 단계	B 전술적	C 전략적	D 통합된
11A 코칭이 전략 및 프로세스와 관련 없이 이루어진다	11B 코칭이 전략 문서 에서 언급된다	11C 관리자는 자신의 코칭 효과에 따라 평가된다	11D 주요 조직 성과 지표에 코칭 결과 가 포함된다
12A 코칭이 성과가 좋 지 않은 직원들을 교정하는 데 사용 된다	12B 코칭이 모든 직원 의 성과에 기여하 는 데 사용된다	12C 코칭이 성과의 주요 동인으로 사 용된다	12D 코칭이 개인, 팀, 그리고 조직의 성 과관리를 위한 방 법이다
13A 코치는 '있으면 좋은' 존재로 간주 된다	13B 코칭이 핵심 비즈 니스 드라이버와 호환된다	13C 핵심 비즈니스 드라이버가 명확 히 정의되고 코칭 이 이를 전달하는 수단으로 사용된 다	13D 프로젝트가 더 긴급하거나 중요 하거나 미션 – 필 수적 일수록 더 많은 코칭이 사용 된다
14A 코칭이 일반적인 관리와는 별개의 전문 활동으로 간 주된다	14B 코칭이 상사에 의 해 1:1로 성과 향상 을 위해 사용된다	14C 코칭이 팀과 프 로젝트에서의 작 업 방식으로 널리 사용된다	14D 코칭이 현장부터 이사회까지 모든 환경에서 사용된 다
21A 사람들은 상사가 코칭에 관심이 있 을 때만 코칭을 받는다	21B 코치이들은 성과 관리 프로세스의 일환으로 코칭을 받는다	21C 채용에서 은퇴까 지 사람들은 코칭 을 받을 것으로 기대한다	21D 직원들은 내부적 으로 그리고 고객, 공급업체, 외부 벤 치마크로부터 코 칭을 추구한다
22A 직원들은 상사가 코칭을 할 수 없 거나 하지 않을 경우 이를 받아들 인다	22B 직원들은 자주 코칭을 요청한다	22C 코칭을 받을 권 리가 조직 전반에 서 받아들여진다	22D 코치이들은 필요 할 경우 코칭을 위해 코치를 코칭 할 것이다
23A 코칭을 받는 방 법을 배우는 것은 운 좋게 코칭을 해주는 상사를 갖 는 것에서 온다	23B 코치이 교육이 코치 교육만큼 많 은 관심을 받는다	23C 코치이의 학습과 성과를 향한 의지 가 코칭을 자극한 다	23D 코칭이 코치이들 이 관리해야 하는 많은 동맹 중 하 나로 간주된다

코칭 문화 설문지

A 초기 단계	B 전술적	C 전략적	D 통합된
24A 외부 코치는 전 직서비스 전 단계로 사용된다	24B 외부 코치는 다양한 개발 문제를 지원하기 위해 널리 이용 가능하다	24C 외부 코치는 선임 관리자들의 코칭 감독/개발을 지원한다	24D 외부 코치는 내부 리더와 협력하여 코치이 주도의 개발 계획을 조정한다
31A 관리자들은 다양한 코칭 교육을 받거나 전혀 받지 않는다	31B 코칭 교육이 널리 제공된다	31C 다양한 코칭 교육 제공이 통합되어 있다	31D 코칭 교육이 개발 기회와 계획에 널리 퍼져 있다
32A 코칭은 사적인 문제로, 주목받거나 언급되지 않는다	32B 코치는 자신이 코칭을 하는지에 대한 피드백을 직원들로부터 받는다	32C 코치는 코치이에게서 지속적인 피드백을 받아 코칭 방법을 개선한다	32D 모든 매니저들은 자신의 코칭 방법에 대해 360도 피드백을 받는다
33A 일단 교육을 받은 후, 코치는 스스로 진행하도록 남겨진다	33B 코치는 교육 후 튜터로부터 후속 지원을 받는다	33C 코치는 동료, 코치, 튜터로부터 교육 워크숍 중 및 후에 피드백을 받는다	33D 코치는 동료와 튜터로부터 지속적인 실무에 대해 수퍼비전을 받는다
34A 조직은 코치를 인정하거나 인증하지 않는다	34B 코치는 다른 사람들의 성과에 대한 기여로 인정받는다	34C 코치는 인증을 통해 학습을 심화할 기회를 갖는다	34D 인증은 코칭의 CPD(Continuing Professional Development 지속적 전문성 개발) 일환으로 널리 사용된다
41A 지식이 권력의 원천으로 사용된다	41B 지식 공유는 경험 있는 직원에서 새로운 동료에게 공유가 흔히 이루어진다	41C 지식 공유가 사용되고, 인식되고, 중요시된다	41D 지식 공유가 상하, 동료 간에 이루어지는 것이 일상이다
42A 코치를 두는 것이 패션 액세서리로 여겨진다	42B 코칭이 성과 개선에 도움이 된다	42C 고성과 팀원들이 서로 코칭을 한다	42D 코칭이 고성과 조직을 개발하는 데 널리 사용된다
43A 상위 팀의 구성원들은 코칭에 대해 이야기하지 않는다	43B 상위 팀의 구성원들은 자신의 코칭에 대해 이야기한다	43C 상위 팀은 자신의 코칭/코칭 받기에서의 도전에 대해 이야기한다	43D 상위 팀은 자신의 코칭에 대한 피드백을 구하고 사용한다

코칭 문화 설문지			
A 초기 단계	B 전술적	C 전략적	D 통합된
44A 코치는 코치이들이 책임을 지도록 격려한다	44B 코칭은 인사/개발 프로젝트로 진행된다	44C 현장 직원들이 코칭으로의 전환을 주도적으로 이끈다	44D 헌신적인 현장 직원들이 코칭 개발에 전념한다
51A 코치는 코치가 보는 기술 격차를 메우는 데 집중한다	51B 코칭은 코치이들의 개발 목표에서 시작된다	51C 코칭은 학습자들의 꿈이나 열망에 의해 추진된다	51D 코칭은 개인의 꿈과 공동의 조직 비전을 통합한다
52A 코칭은 개인의 필요에서 시작된다	52B 코칭은 공동 학습과 대화를 포함한다	52C 코치들 네트워크가 함께 발전하며, 공동 코칭을 사용한다	52D 학습 의제와 열망이 조직 전체에 걸쳐 널리 공유된다
53A 서로 연결되지 않은 다양한 코칭 이니셔티브가 있다	53B 코칭 이니셔티브가 각자의 역할을 가지며 서로 연결된다	53C 코칭은 조직 의제에 대해 탐구적인 자세를 발전시키는 데 사용된다	53D 부서/기능 간의 광범위한 코칭에서 자율성과 협력이 동등하게 중요시된다
54A 코치는 종종 직설적이고 거칠다	54B 코치는 종종 솔직하고 단도직입적이다	54C 어려운 문제에 대한 상호 대화 – 코치와 코치이 모두 학습에 열려 있다	54D 조직의 맹점과 약점이 코칭 관계에서 다뤄진다
61A 코칭은 인사/개발 이니셔티브이다	61B 고위 그룹이 코칭으로의 전환을 지지한다	61C 고위 그룹이 목표 달성을 위해 코칭을 사용하는 모습을 보여준다	61D 고위 그룹이 조직 개발과 코칭 스타일의 사용을 통합한다
62A 일부 개인은 코치가 되는 것에 열정을 가진다	62B 현장 관리자들이 자신의 영역에서 코칭 이니셔티브를 주도한다	62C 현장 관리자들이 조직 전반에 걸쳐 코칭에 책임을 진다	62D 코칭은 프로젝트 관리와 다양한 회의에서 사용된다
63A 코치는 문화 변화의 필요성을 인식하고 있다	63B 코치는 코칭을 통해 문화 변화를 옹호한다	63C 코치는 관리 스타일, 코칭, 그리고 문화 간의 연관성을 설명한다	63D 코치는 관리 스타일, 코칭, 그리고 문화 간의 연관성을 실제로 나타낸다
64A 코치는 코치이들이 책임을 지도록 격려한다	64B 코치는 코치이들이 성과를 낼 수 있는 기회를 제공하거나 창출한다	64C 코치이와 코치는 상호 지원과 도전을 적극적으로 관리한다	64D 코치이들은 자신의 성과에 대해 책임을 지고 비난 없이 접근한다

당신과 당신의 6가지 삶의 줄기[5]

이 셀프 작성 설문지는 당신의 삶과 일의 다양한 측면 사이의 현재 균형과 원하는 균형을 명확하게 파악하는 데 도움을 주기 위한 것이다. 각 삶의 영역에서 '현재'와 '원하는' 점수 간의 차이가 당신의 시간과 에너지를 어떻게 사용하는지 계획하고 변경하는 데 도움을 줄 것이다.

리스트에 없는 그러나 당신에게 중요한 다른 요소들을 추가할 수 있다.

각 항목에 대해 1(나와 전혀 다름)부터 5(나와 매우 비슷함)까지의 척도를 사용한다. 1열은 현재 상황/현재 상태를 위한 것이며, 2열은 지금 또는 단기/중기 미래에 원하는 것/중요한 것을 위한 것이다. 3열은 1열과 2열의 점수 간의 차이로, 2열이 1열보다 높은 경우(즉, 원하는 것을 충분히 얻지 못하는 경우)를 나타낸다. 4열은 원하는 것보다 더 많이 얻고 있는 점수(있다면)를 위한 것이다.

설문지를 완료한 후에는 가장 큰 차이를 살펴보고 다음을 고려해본다.

- 내가 이 문제에 대해 무언가를 하는 것이 나와 내 주변 사람들에게 얼마나 중요한가?
- 나는 이 문제에 대한 조치를 미룰 여유가 있나?(예상되는 결과는 무엇인가?)
- 나는 구체적으로 언제 무엇을 할 수 있나?

당신과 당신 업무(현재 직업)

	Have 가짐	Want 원함	Have < Want 가짐 < 원함	Have > Want 가짐 > 원함
성장하고 배울 수 있는 기회				
높은 정규직 급여				
상당한 보너스를 받을 수 있는 기회				
상사로부터의 인정				
동료로부터의 인정				
독립성 – 혼자서 일하기				
보안				
상사와의 훌륭한 업무 관계				
동료와의 훌륭한 업무 관계				
근무 시간과 방식을 자유롭게 선택할 수 있는 자유				
팀의 일원이라는 느낌				
사람들과 함께 일하기				
좋은 물리적 근무 조건				
상대적으로 스트레스에서 자유로움				
주도권을 잡을 수 있음				
다양성				
여행 기회				
프로모션 기회				
기타				

당신과 당신의 커리어(향후 업무)

	Have 가짐	Want 원함	Have < Want 가짐 < 원함	Have > Want 가짐 > 원함
재정적으로 독립하기				
훨씬 더 큰 책임감 달성하기				
내 분야의 전문가 되기				
다양한 경력 보유하기				
명확하고 예측 가능한 진행 경로 확보하기				
많은 기회를 열어주는 유연한 커리어 계획을 갖기				
다양한 문화/지역에서 근무하기				
원활한 네트워크 구축하기				
내 커리어에 대한 통제감 갖기				
내 경력에 대한 강한 목적의식 갖기				
내 개인적 가치와 일치하는 일 하기				
기타				

당신과 당신의 가까운 관계들

	Have 가짐	Want 원함	Have＜Want 가짐＜원함	Have＞Want 가짐＞원함
가족과 함께 대화하고 휴식을 취하는 시간				
친구들과 대화하고 휴식을 취하는 시간				
가족과의 관계에 쏟을 수 있는 에너지				
친구와의 관계에 쏟을 수 있는 에너지				
진정으로 나를 아끼는 사람들을 주변에 두기				
가족 및 친구와의 관계의 질				
놀이 시간 갖기				
기타				

당신과 당신의 웰빙

	Have 가짐	Want 원함	Have＜Want 가짐＜원함	Have＞Want 가짐＞원함
건강 유지				
낮은 스트레스 수준				
체중 관리				
전반적인 에너지 수준				
건강한 식습관 갖기				
일반적인 웰빙 감각				
기타				

지적 성장

	Have 가짐	Want 원함	Have<Want 가짐<원함	Have>Want 가짐>원함
업무와 무관한 취미나 관심사 추구				
업무 외에서의 정신적 자극 얻기				
자신이 성숙해지고 있다고 느끼기				
자격 취득을 위해 노력하기				
경험을 되돌아보는 시간 갖기				
폭넓게 독서하기				
기타				

당신과 당신의 더 넓은 소속감

	Have 가짐	Want 원함	Have<Want 가짐<원함	Have>Want 가짐>원함
자원 봉사하기(무언가 돌려주기)				
업무 외 커뮤니티에 소속되기 (예: 교회 또는 사원, 아마추어 연극 그룹)				
관리 능력을 기여하기(예: 학교 총재 또는 자선 단체 이사 등)				
문화적 정체성을 존중하고 강조하기				
영적 웰빙 감각을 느끼기				
기타				

참고

1 힌트: 8가지 원칙의 각 첫 자를 거꾸로 써보라.
  BULLSHIT
  - Timelessness
  - Inquisitiveness
  - Happiness
  - Stillness
  - Love
  - Life flow
  - Unconditional positive regard
  - Belief

2 Quick, PE and Doughty, CK(2022) *Journal of Divergent Thinking Studies* volume 3 pp127 - 145

3 ©이 설문지의 저작권은 David Clutterbuck Partnership에 있다. 종이 사본은 무료로 사용할 수 있지만 설문지를 전자적으로 업로드하려면 라이선스가 필요하다.

4 ©이 설문지의 저작권은 David Clutterbuck Partnership에 있다. 종이 사본은 무료로 사용할 수 있지만 설문지를 전자적으로 업로드하려면 라이선스가 필요하다.

5 ©이 설문지의 저작권은 David Clutterbuck Partnership에 있다. 종이 사본은 무료로 사용할 수 있지만 설문지를 전자적으로 업로드하려면 라이선스가 필요하다.